Mitarbeiter motivieren

Die Motivation der Mitarbeiter und Mitarbeiterinnen zählt zu den wichtigsten Managementaufgaben und ist besonders für frischgebackene Führungskräfte eine wirkliche Herausforderung. Hier finden sie eine aktuelle und praxisorientierte Einführung in die Grundregeln der Mitarbeitermotivation.

Anne Bruce ist Leiterin zahlreicher Seminare über Management, Führung und Kundenorientierung und ist als Beraterin für Großunternehmen wie Southern Company, Southwest Airlines und Merrill Lynch tätig.

James S. Pepitone ist erfahrener Managementberater, der seit über 20 Jahren für weltweit führende Unternehmen tätig ist, und gilt als Pionier im Bereich Motivation und Leistungssteigerung.

Anne Bruce, James S. Pepitone

Mitarbeiter motivieren

Der Praxisratgeber für die neue
Führungsposition

Aus dem Englischen von
Birgit Schöbitz

Campus Verlag
Frankfurt/New York

Die Deutsche Bibliothek – CIP-Einheitsaufnahme

Ein Titeldatensatz für die Publikation ist bei
Der Deutschen Bibliothek erhältlich
ISBN 3-593-36821-8

Copyright © 2001 Campus Verlag GmbH, Frankfurt/Main
Umschlaggestaltung: Guido Klütsch, Köln
Umschlagmotiv: © Image Bank, Frankfurt
Satz: Fotosatz L. Huhn, Maintal-Bischofsheim
Druck und Bindung: Media-Print, Paderborn
Gedruckt auf säurefreiem und chlorfrei gebleichtem Papier.
Printed in Germany

Besuchen Sie uns im Internet: www.campus.de

Inhalt

Einleitung 9

1. Motivation kommt von innen 13

Motivation kommt von innen und von außen 14
Die drei üblichsten Methoden, Motivation zu
beeinflussen 21
Persönliche Beziehungen: der Schlüssel für bessere
Leistungen 23

2. Die Natur des Menschen am Arbeitsplatz berücksichtigen . 25

Warum welche Dinge wann und wie geschehen 25
Das Konzept der Theorie X und Theorie Y 26
Auf menschliche Bedürfnisse eingehen 32
Der Mensch und seine Arbeit 38

3. Unternehmerisches Denken fördern 40

Behandeln Sie Ihre Mitarbeiter wie Geschäftspartner . . 40
Fünf Schritte auf dem Weg zum unternehmerischen
Denken 41
Bringen Sie Ihre Mitarbeiter dazu, sich als Firmeninhaber
zu fühlen 57

4. Motivation und Leistung miteinander verknüpfen 59

Was versteht man unter Leistung? 60
Acht Schritte zur Leistungssteigerung 62
Erwarten Sie Höchstleistungen – und seien Sie
auf Überraschungen gefasst 74
Mithilfe des Pygmalioneffekts die Leistung der Mitarbeiter
steigern 76
Leistung: Antrieb und Richtung 83

5. Die Selbstmotivation der Mitarbeiter stärken 86

Mitarbeitermotivation durch mehr Verantwortung
steigern 86
Lassen Sie Ihre Mitarbeiter echte Verantwortung
übernehmen und Befugnisse wirklich nutzen 88
Das Verhältnis zwischen Managern und Angestellten
neu definieren 94
Wie Sie Ihren Mitarbeitern helfen können, die
Verantwortung für die Selbstmotivation zu übernehmen . 98
Verantwortlichkeit fördern 103
Was veranlasst uns zu unseren Handlungen? 104

6. Eine Frage der Hoffnung und Zuversicht 107

Tiefgründiges über das menschliche Potenzial 107
Vertrauen Sie Ihren Mitarbeitern 109
Vertrauen beruht auf Gegenseitigkeit 111
Die Vorteile eines vertrauensvollen Arbeitsklimas 115
Überlassen Sie Ihren Mitarbeitern die Hauptrolle 119
Die Zukunft gestalten 124

7. Spaß und Motivation 127

Humor – von der psychologischen Seite her gesehen . . . 128
Spaß: eine effektive Unternehmensstrategie 130
Wie die Arbeit zum Vergnügen wird 134

8. Angriff auf die Demotivatoren 140

Es liegt an Ihnen, ob Sie Ihre Mitarbeiter motivieren
oder demotivieren 141
Der Kampf gegen die Demotivatoren 144
Der erste Schritt: Nur die Besten einstellen 145
Der zweite Schritt: Versuchen Sie, die Besten zu halten . 149
Der dritte Schritt: Geben Sie Ihren Mitarbeitern ehrliches
Feedback, loben und fördern Sie sie 152
Der vierte Schritt: Bilden Sie Vertrauen 160
Demotivatoren? Welche Demotivatoren? 163

9. Machen Sie Ihren Mitarbeitern den Weg frei 165

Wichtige Bestandteile eines Systems 166
Die menschliche Komponente in der Geschäftswelt . . . 169
Einsicht in Ihr System gewinnen 171
Die Fähigkeit, sich anzupassen 174
Das System ändern 175
Sich um das System kümmern 178
Die Herausforderung: Das System verstehen und
verbessern 181

10. Das ganze Team motivieren 183

Der menschliche Aspekt der Teamarbeit 183
Mitarbeiterführung sollte aus dem Herzen kommen . . 185
Ein Team bilden: Was hat Liebe damit zu tun? 189
Warum ist Teamarbeit so wichtig? 192
Eigenverantwortliche Teams managen 196
Teams, Teams, Teams 199

11. Das synergistische Potenzial voll ausschöpfen 202

Im Team aus dem Vollen schöpfen 203
Lernen am Vorbild 206
Machen Sie Gebrauch von den klugen Köpfen um
Sie herum 211
Energie auftanken 214

Mehr Energie – mehr Synergie 217
Zusammenarbeit 218

12. Alles unter einen Hut bringen 220

Entweder Motivation oder Mittelmäßigkeit 220
Mitarbeiter fördern – aber wie? 223
Erstellen Sie ein Supervisionsprogramm 227
Bereiten Sie Ihre Mitarbeiter auf Änderungen vor 231
Sie können andere motivieren 234

Danksagung 237

Register 239

Einleitung

Für Sie als frischgebackene Führungskraft gehört es mit zu den herausforderndsten Aufgaben, Ihre Kollegen und Mitarbeiter richtig zu motivieren. Das bedeutet, das Beste aus ihnen herauszuholen, sie anzuspornen, Risiken einzugehen, unternehmerisch zu denken und ihr grenzenloses und synergistisches Potenzial freizusetzen. Schließlich sind Sie doch der Manager, oder? Gehört das etwa nicht zu Ihren Aufgaben, gerade jetzt in dieser neuen Situation?

Ja, schon, aber die Zeiten haben sich geändert. Mittlerweile sind nicht mehr nur Sie allein dafür zuständig, jeden einzelnen Mitarbeiter zu motivieren. Sie müssen sich dieser vielleicht noch ungewohnten Herausforderung gemeinsam mit Ihren Untergebenen stellen und ihnen klar machen, dass auch sie selbst für ihre Motivation verantwortlich sind. Und genau darum geht es in diesem Buch.

Das Ziel eines Managers, ob er jetzt sechs Monate oder sechs Jahre in seinem Job ist, muss lauten: Hilfestellung leisten, um eine wirklich motivierende Atmosphäre im Unternehmen zu schaffen, sodass jeder Mitarbeiter gerne Tag für Tag sein Bestes gibt – insbesondere dann, wenn der Vorgesetzte einmal nicht hinschaut.

Wahrscheinlich denken Sie jetzt »Na ja, wie soll das Ganze denn in der Praxis aussehen? Wer hat denn so viel Zeit, darüber ein ganzes Buch zu lesen? Wie lautet die Zauberformel?« Keine Angst, wir verstehen Sie! Auch wir waren einmal nicht schlauer. Wir wissen, mit welchen Schwierigkeiten Sie zu kämpfen haben und was alles passieren kann. Und uns ist klar, dass die Frage, wie sich Mitarbeiter motivieren lassen, in der Alltagshektik ganz schnell in den Hintergrund rückt.

Es handelt sich hier um ein echtes Dilemma. Wir konnten beobachten, wie sich Mitarbeiter auf ihren Lorbeeren ausruhten, je mehr Routine sie in ihrem Job bekamen und je genauer sie wussten, was sie zu tun hatten. Andererseits wissen wir natürlich, wie wichtig Ihre Rolle als Führungskraft ist. Gerade am Anfang der neuen beruflichen Situation sind Sie dafür zuständig, für eine motivierende Atmosphäre in Ihrem Unternehmen zu sorgen.

Wir haben dieses Buch geschrieben, weil wir davon überzeugt sind, dass Sie über genügend Macht und Einfluss verfügen, um etwas zu bewirken – sonst hätten Sie Ihre neue Führungsposition nicht bekommen. Mit dem passenden Handwerkszeug und den richtigen Techniken, die in diesem Buch vorgestellt werden, werden Sie für frischen Wind in Ihrer Firma sorgen. Es liegt bei Ihnen, alle Mitarbeiter und Kollegen zu motivieren. Sie können ein Klima schaffen, das das Beste aus Ihren Leuten herauskitzelt, weil sie lernen, sich selbst zu motivieren.

Wir haben dieses Buch geschrieben, damit Sie eine anregende Atmosphäre aufbauen können – wie Sie das machen, erfahren Sie von uns! Lesen Sie dieses Buch nicht nur, handeln Sie danach!

Worum es in diesem Buch geht

Es reicht mittlerweile nicht mehr aus, seinen Mitmenschen einfache Verhaltenstipps zu geben oder sie mit simplen Anreizen zu locken. Auch Motivationstrainer – wie gut auch immer sie sein mögen – stoßen hier schnell an ihre Grenzen.

Mitarbeiter sind besser informiert als je zuvor. Sie sind klug und gebildet genug, um die manipulativen Taktiken, die viele Manager bis vor kurzem noch sehr erfolgreich eingesetzt haben, auf den ersten Blick zu durchschauen. Die Mitarbeiter von heute möchten vor allem Zufriedenheit in ihrem Beruf. Eine gute Bezahlung oder ein wohlklingender Titel reichen nicht mehr aus.

Gerade als frischgebackene Führungskraft müssen Sie sich diesen neuen Ansprüchen stellen, und dazu benötigen Sie das entsprechende Hintergrundwissen über folgende Themen, die Gegenstand unseres Buches sind:

- Motivation kommt vor allem von innen.
- Alles, was wir über die »menschliche Natur« wissen, dient als Erklärung für das Verhalten unserer Mitarbeiter.
- Manager müssen ihren Untergebenen »unternehmerisches Denken« nahe bringen und ein »Wir-Gefühl« schaffen.
- Motivation und Höchstleistungen sind eng miteinander verknüpft.
- Jeder Mitarbeiter muss wissen, womit er sich selbst am meisten motivieren kann und seine Hoffnungen und Lebensziele genau kennen.
- Mitarbeiter müssen auf ihre Bedürfnisse in Sachen Selbstmotivation eingehen.
- Mitarbeiter leisten bessere Arbeit, wenn sie ihnen Spaß macht.
- Damit Motivation nicht nur ein Strohfeuer bleibt, müssen Sie als Manager sämtliche »Motivationskiller« aus dem Weg räumen.
- Manager müssen die Geschäftsabläufe in ihrem Betrieb genau kennen und wissen, wie sie sich auf die Mitarbeiter auswirken.
- Bei Teamarbeit kommt es auf die Menschen, ihre Interessen, Motivation und Dynamik an.
- Manager sollten wissen, was Synergie bewirken kann und wie sie sich freisetzen lässt.
- Motivierende Manager begreifen sich als Helfer, Begleiter und Trainer ihrer Mitarbeiter und sind sich der Verantwortung bewusst, sie auf mögliche Änderungen vorzubereiten.

Dieses Buch kann Ihnen dabei helfen, sich zu einem motivierenden Manager zu entwickeln. In der Praxis bedeutet dies, dass Ihre Mitarbeiter produktiver werden. Wenn Sie das Buch aufmerksam gelesen haben, sind Sie besser dafür gerüstet, eine höchst motivierende Umgebung zu schaffen und Ihrem Unternehmen zu noch mehr Erfolg zu verhelfen. Außerdem werden Sie dann jeden Einzelnen Ihrer Mitarbeiter motivieren können und wissen, wie Sie Ihr Handwerkszeug auf jeder Ebene – Firma, Arbeitsteams, einzelne Mitarbeiter – einsetzen können.

Wir hoffen, dass *Mitarbeiter motivieren* zu einem unverzicht-baren Ratgeber für Sie wird, den Sie immer wieder gerne zur Hand nehmen, und dass Sie nach der Lektüre unseres Buches ein Arbeits-klima schaffen können, in dem Ihre Mitarbeiter wissen, was von ihnen erwartet wird, sie sich mit Leidenschaft ihren Aufgaben wid-men – und immer ihr Bestes geben.

1.

Motivation kommt von innen

Was heißt denn eigentlich Motivation? Normalerweise verstehen wir darunter verschiedene Antriebskräfte, die uns dazu veranlassen, etwas Bestimmtes zu tun. Wir alle haben eine ganze Menge davon. Liegen wir beispielsweise gemütlich auf dem Sofa und schauen fern, dann wollen wir in diesem Moment einfach nur entspannen und unterhalten werden. Motivation und Antrieb entspringen körperlichen Bedürfnissen wie Hunger oder Sexualtrieb. Dann gibt es noch die psychologischen Bedürfnisse wie der Wunsch nach Anerkennung und Zuneigung oder das Bedürfnis, ein sinnvolles Leben zu führen.

Die meisten Menschen sind motiviert, wenn es darum geht, etwas zu erreichen, was in ihren Augen das Beste für sie ist. Diese Motivation kann sowohl zu einem dummen, unüberlegten oder gar selbstzerstörerischen Verhalten führen, als auch zu brillanten Leistungen oder dem selbstlosen Einsatz für das Wohlergehen anderer. Die meisten Menschen führt Motivation überwiegend zu ganz normalen Aktivitäten und üblicherweise auch zu befriedigenden Folgen.

Ein Manager, der sich beruflich mit dem Thema Motivation auseinandersetzt, sollte vor allem eines niemals vergessen: »Es ist ein Ding der Unmöglichkeit, andere Menschen zu motivieren. Man kann lediglich Einfluss auf die bereits vorhandene Motivation der Mitarbeiter nehmen«. In Ihren Ohren mag das stark nach einem Allgemeinplatz klingen, doch in unserem Buch geht es ausschließlich darum, wie man den Einfluss auf die bereits vorhandene Motivation nutzen kann, um Mitarbeiter zu Höchstleistungen zu bringen. Als Manager sollten Sie sich das Ziel setzen, Ihre Mitarbeiter dazu anzuregen, ihr persönliches Wohlergehen mit dem ihres Unternehmens gleichzusetzen. Nur dann werden sie genügend motiviert sein, um bei der Arbeit vollen Einsatz zu zeigen – schließlich liegt das in ihrem eigenen Interesse.

Als Manager, der mit seinen Mitarbeitern interagiert, müssen Sie sich über einen weiteren Punkt im Klaren sein: »Es ist ein Ding der Unmöglichkeit, keinen Einfluss auf die Motivation seiner Mitarbeiter zu nehmen«, was sich positiv, aber auch negativ für das Unternehmen auswirken kann. Geben Sie sich zum Beispiel abweisend und verschlossen und verweigern Ihren Mitarbeitern das in ihren Augen nötige Handwerkszeug, wird das sicherlich als Zeichen dafür interpretiert, dass Ihnen Ihre Mitarbeiter egal sind, was sich nachteilig auf deren Einstellung zum Unternehmen auswirkt und die Arbeitsleistungen sinken lässt.

Als Manager müssen Sie sich folgende Frage stellen: »Übe ich einen guten oder schlechten Einfluss auf die Motivation meiner Mitarbeiter aus?« Sie werden sehen, dass wir uns im ganzen Buch immer wieder damit auseinandersetzen, wie Sie die Motivation Ihrer Mitarbeiter positiv beeinflussen können.

Geschickt managen

Sie können Einfluss nehmen   Denken Sie immer daran, dass Sie – auf welche Weise auch immer – die Motivation Ihrer Mitarbeiter, gute Arbeit zu leisten, beeinflussen. Viele Führungskräfte vergessen dies nur allzu gerne. Nur wenn Sie sich diese Tatsache immer wieder vor Augen halten, können Sie die Leistungen und Teamfähigkeit Ihrer Mitarbeiter positiv beeinflussen.

Motivation kommt von innen und von außen

Die meisten Menschen glauben, dass Motivation von *innen*, also aus uns selbst, kommt. Wir verspüren den Wunsch oder Willen, etwas zu tun und verhalten uns dementsprechend. Doch wir agieren nicht im luftleeren Raum. Um uns pulsiert das Leben, und unsere Erfahrungen beeinflussen unser Verhalten. Das bedeutet, dass Motivation auch von äußeren Faktoren beeinflusst wird. Zu diesen Faktoren zählen unter anderem Belohnung, Anerkennung, Prämien, Beförderungen und Lob. So ist es zum Beispiel wunderbar, wenn uns die Arbeit Spaß macht, doch wenn die Bezahlung oder Anerkennung zu wünschen übrig lassen, werden wir uns sicherlich fragen, ob unsere Anstrengungen sich lohnen. Diese Form der Motivation wird als *extrinsisch*, als von außen kommend, bezeichnet und beeinflusst natürlich auch die *intrinsische* Motivation. Vorsicht, machen Sie jetzt keinen Fehler: Alles, was wir tun, tun wir deshalb, weil wir davon überzeugt sind, dass es unseren momentanen und künftigen Zielen oder Bedürfnissen dient.

Fachbegriffe

Intrinsisch Faktoren, die uns aus uns selbst heraus motivieren – wie persönliche Interessen, Wünsche und deren Erfüllung.

Extrinsisch Äußere Faktoren, die unsere inneren Bedürfnisse, Wünsche und dementsprechend unser Verhalten beeinflussen – wie Belohnung, Beförderung und Lob.

Extrinsische Faktoren werden oft mit Motivation gleichgesetzt, doch das ist eigentlich nicht korrekt. Äußerliche Faktoren mögen zwar die Motivation beeinflussen, sind jedoch immer unseren individuellen intrinsischen Bedürfnissen untergeordnet – das heißt, wir müssen sie aus innerer Überzeugung befürworten.

Letztendlich bedeutet dies, dass eine Verbindung zwischen unserer intrinsischen Motivation und den extrinsischen Anreizen bestehen muss. Ohne diese Verbindung führt auch keine Belohnung zu kontinuierlich hoher Arbeitsleistung, sondern veranlasst Mitarbeiter lediglich, sich solange einzusetzen, bis ihnen die Belohnung sicher ist, um dann in ihrer Leistung wieder nachzulassen. Wird also beispielsweise eine Leistungsprämie bezahlt, wenn pro Tag eine bestimmte Stückzahl produziert wird, werden sich die Mitarbeiter sicherlich anstrengen, bis sie die Prämie erreicht haben, doch anschließend gibt es für sie keinen Grund mehr, dieses Leistungsniveau weiterhin aufrechtzuerhalten.

Für uns bedeutet die Motivation von Mitarbeitern daher, ihnen zu helfen, eine Verbindung zwischen ihrem inneren Antrieb, persönliche Bedürfnisse befriedigen zu wollen, und guten Arbeitsleistungen herzustellen. Sobald Mitarbeiter ihr eigenes Wohlergehen mit dem ihres Arbeitgebers gleichsetzen, werden sie von sich aus hart arbeiten – weil es dann in ihrem eigenen Interesse liegt.

Aus der Praxis

Sind Sie davon überzeugt, dass Motivation ausschließlich und immer von innen kommt? Denken Sie doch mal an Ihre eigenen Erfahrungen. Wann hat Ihnen Ihre Arbeit am meisten Spaß gemacht? Wann waren Sie trotz Stress mit voller Begeisterung dabei? Nun, bei den meisten von uns traf das wohl zu, als wir uns für Projekte einsetzten, in die wir persönlich involviert waren – Aufgaben, bei denen wir davon überzeugt waren, dass sie uns und andere ein großes Stück weiterbringen. Wir haben uns also damit identifiziert und uns besonders deshalb angestrengt, weil wir einen persönlichen Vorteil darin sahen, die Arbeit erfolgreich zu Ende zu bringen. Und genau das ist intrinsische Motivation.

Die drei »Z's« der intrinsischen Motivation

Der Forscher Alfie Kohn plädiert dafür, dass Manager das Konzept der intrinsischen Motivation in- und auswendig kennen müssen. Er legt Führungskräften ans Herz, sich mit den von ihm so bezeichneten »drei Z's« der Motivation – Zusammenarbeit,

Zufriedenheit und Zuständigkeit – zu befassen. Er beschreibt diese Begriffe folgendermaßen:

- *Zusammenarbeit*: Im Team sind Menschen stärker motiviert, hart zu arbeiten, vor allem, wenn sie die Möglichkeit haben, sich gegenseitig zum Erfolg zu verhelfen. Wenn es Ihnen gelingt, dafür zu sorgen, dass nicht ein Mitarbeiter allein für den Erfolg oder Misserfolg eines Projekts verantwortlich ist, schaffen Sie somit eine Atmosphäre von natürlicher Motivation und Teamgeist.
- *Zufriedenheit*: Menschen legen sich gerne ins Zeug, wenn sie wissen, welche Vorteile sie ihrer Firma verschaffen und wie sich ihr Einsatz auf ihre Kollegen auswirkt. Wenn Sie dafür sorgen, dass sich Ihre Mitarbeiter für ihre Arbeit interessieren und stolz darauf sind, werden Sie schon bald merken, dass sich die Mühe gelohnt hat. Noch einfacher wird die ganze Sache, wenn Sie den passenden Job für einen Mitarbeiter haben.
- *Zuständigkeit*: Menschen fühlen sich motiviert, ihr Äußerstes zu geben, wenn sie im Rahmen ihrer Kompetenz eigenständig Entscheidungen treffen können. Sorgen Sie dafür, dass Ihre Mitarbeiter angemessene Entscheidungsbefugnisse haben und geben Sie ihnen die erforderlichen Hilfsmittel und Unterstützung.

Geschickt managen

Die drei Z's einsetzen Sie werden Ihre Mitarbeiter besser motivieren können, wenn Sie die drei Z's – Zusammenarbeit, Zufriedenheit, Zuständigkeit – berücksichtigen. Befriedigen Sie das Bedürfnis nach Gemeinschaft und Zugehörigkeit, indem Sie Teamarbeit und Teamgeist fördern. Sorgen Sie dafür, dass die Arbeit spannend ist und Spaß macht, zum Beispiel indem Sie Ihren Mitarbeitern hin und wieder eine besondere Aufgabe zuweisen. Legen Sie eindeutige Zuständigkeiten fest und gewähren Sie einfach mal einen Kostenrahmen bis zu 500 Euro, den Ihre Mitarbeiter ohne Genehmigung für Büromaterialien, Werkzeuge und ähnliches ausgeben können.

Es ist sicherlich nicht schwierig herauszufinden, was Ihre Mitarbeiter wirklich auf Touren bringt und das Beste aus ihnen herauslockt. Vielleicht sprühen Sie vor Ideen, den richtigen Anreiz zu finden – eine Sonderprämie, eine Beförderung, ein neues Büro oder einen zusätzlichen freien Tag. Weitaus wichtiger ist es jedoch, sich auf die Faktoren zu konzentrieren, die die Begeisterung des Mitarbeiters für seine Arbeit beeinflussen – alles, was von innen kommt.

Intrinsische Motivation und die Identifizierung mit dem Unternehmen

Ein Mitarbeiter, der sich mit seinem Unternehmen verbunden fühlt, wird freiwillig Überstunden leisten, um eine wichtige Aufgabe abschließen zu können, selbst wenn dies seine privaten Pläne für den Feierabend durcheinander bringt.

Sollten Sie darauf abzielen, Ihre Mitarbeiter durch extrinsische Faktoren motivieren zu wollen, ist es relativ unwahrscheinlich, dass sie freiwillig länger arbeiten wollen. Auf diese Weise gewinnen sie eher das Gefühl, sie würden sich zwar für die Firma, aber nicht für ihre eigenen Interessen einsetzen. Sicherlich kennen auch Sie Reaktionen wie diese: »He, das gehört aber nicht zu meinem Job. Was habe ich denn davon, wenn ich länger bleibe?« Na, klingt Ihnen das vertraut?

Denken Sie einmal darüber nach, warum Sie zuweilen den Eindruck haben, Ihre Mitarbeiter wären nicht motiviert genug, um gute Arbeit für Sie zu leisten. Sind vielleicht einige der nachfolgenden Ursachen auch in Ihrem Arbeitsumfeld zu finden?

- Angst oder Einschüchterung,
- Bürokratismus oder Papierkrieg,
- starker Termindruck und Sorgen,
- widersprüchliche Ziele oder Mitteilungen innerhalb des Unternehmens,
- langfristige und kurzfristige Ziele der Firma sind nicht aufeinander abgestimmt,
- mangelnde Mitarbeiterführung,

- unklare Vorgaben,
- Zeit und Ressourcen sind zu knapp bemessen,
- das Management weiß die Arbeit der »Frontliner«
nicht zu würdigen.

Wären Sie unter diesen Umständen motiviert? Wahrscheinlich nicht. Andererseits fallen Ihnen jetzt vermutlich Ihre »Sorgenkinder« ein: »Manche Menschen betrachten ihre Arbeit nur als eine Form des Lebensunterhalts, und das Einzige, was sie interessiert, ist ihr Verdienst. Es ist ziemlich schwierig, Manager von solchen Mitarbeitern zu sein.« Stimmt genau. Doch inwieweit wirken sich Ihr eigenes Verhalten und Ihre Einstellung auf Ihre Mitarbeiter aus? Versuchen Sie doch einmal, die guten Seiten Ihrer »Sorgenkinder« zu sehen.

Egal, ob Sie in München, Hamburg oder Köln sind: Unkooperative und unangenehme Zeitgenossen gibt es überall. Aber in München, Hamburg oder Köln werden Sie auch extrem motivierte Menschen mit einer positiven Ausstrahlung finden, denen die Arbeit viel Spaß macht. Es kommt nur darauf an, wonach Sie suchen. Selbst bei Menschen, die einen gelangweilten, frustrierten Eindruck hinterlassen oder bei denen Sie das Gefühl haben, sie würden niemals für andere den Finger krumm machen, sind gute Eigenschaften – und das oft nicht zu knapp – vorhanden.

Es ist eine Art Naturgesetz, dass Menschen grundsätzlich motiviert sind. Die spannende Frage ist nur, worauf ihre Motivation abzielt. Sie als Manager müssen ein Umfeld schaffen, in dem sich Ihre Mitarbeiter motiviert fühlen, tagein, tagaus gute Arbeit zu leisten. Hier ein paar Tipps, wie Sie das schaffen können:

- Stärken Sie das Selbstbewusstsein Ihrer Mitarbeiter, indem Sie sie für gute Arbeit loben.
- Zeigen Sie Geduld und persönliches Interesse.
- Fragen Sie nach Vorschlägen und berücksichtigen Sie diese dann auch.
- Ermutigen Sie Ihre Mitarbeiter, die Arbeitsabläufe zu verbessern und schulen Sie sie darin.
- Lernen Sie, introvertierte Mitarbeiter ebenso zu schätzen wie extrovertierte.

- Lassen Sie Ihre Mitarbeiter an Ihren Vorstellungen und Plänen teilhaben und bitten Sie sie um Anregungen.
- Zeigen Sie Ihren Mitarbeitern, wie sie bestimmte Aufgaben selbstständig erledigen können und fördern Sie Eigeninitiative.
- Bei Beförderungen muss die Leistung, nicht das Alter zählen.
- Bitten Sie Ihre Mitarbeiter um Lösungen für bestimmte Probleme und setzen Sie sich dann dafür ein.
- Machen Sie Ihren Mitarbeitern klar, inwieweit sich ihre Arbeit auf das Wohl der gesamten Firma auswirkt.
- Kommunizieren und interagieren Sie mit Ihren Mitarbeitern.
- Sorgen Sie für Anreize.

Überlegen Sie sich, was für Ihre Mitarbeiter herausspringt

Wenn Sie ernsthaft die Motivation Ihrer Mitarbeiter verbessern möchten, müssen Sie die Gründe und Ursachen für ihr Handeln kennen. Ihre eigenen, persönlichen Gründe und Ursachen motivie-

Geschickt managen

Nicht alle Mitarbeiter werden sich begeistern lassen   Sie dürfen nicht erwarten, dass sich jeder einzelne Mitarbeiter voll und ganz mit der Firma identifiziert oder so stark motiviert ist, dass Sie mit dem Leistungsniveau zufrieden sind. Weisen Sie diesen Mitarbeitern Aufgaben zu, für die sie sich optimal eignen und die sie auch gerne erledigen. Meistens kündigen Mitarbeiter von selbst, wenn sie merken, dass sie nicht zum Rest des Teams passen, das mit Begeisterung und Einsatz bei der Arbeit ist. Gibt es in Ihrer Abteilung einen Mitarbeiter, der andere Kollegen demotiviert, sollten Sie ohne zu zögern ein ernstes Wort mit ihm darüber reden, wie er sich seine Zukunft in der Firma vorstellt.

ren nur Sie selbst, nicht aber andere. Mitarbeiter fragen sich bei fast jeder Aufgabe: »Und was bringt mir das?« Es ist Ihr Job, ihre Motive herauszufinden und sie dabei zu unterstützen, diese mit den Zielen und Plänen des Unternehmens in Einklang zu bringen. Sie werden sehen, wie positiv dies sich auf die Leistungen der Mitarbeiter auswirkt.

Sobald Sie diesen Schritt erfolgreich hinter sich gebracht haben, werden Ihre Mitarbeiter fragen: »Und was bringt uns das?« Warum? Weil sie erkennen, dass ihre eigenen Interessen und die des Unternehmens übereinstimmen, sobald Sie als Manager sich um die Bedürfnisse Ihrer Mitarbeiter gekümmert haben. Es mag eine Weile dauern, bis es soweit ist, aber wenn Sie am Ball bleiben, wird das auf die meisten zutreffen.

Die drei üblichsten Methoden, Motivation zu beeinflussen

Die meisten Manager versuchen, mit einer der drei folgenden Methoden Einfluss auf die Motivation ihrer Mitarbeiter zu nehmen – mit mehr oder weniger Erfolg: Angst, Anreiz oder – gelegentlich – die Chance, sich persönlich weiter zu entwickeln. Werfen wir nun einen kurzen Blick auf diese Ansätze und ihre wahrscheinlichen Folgen:

Angst

Diese Methode geht meist mit hohen Arbeitslosenzahlen einher, das heißt, es gibt mehr qualifizierte Arbeitskräfte als freie Arbeitsplätze auf dem Markt. In einem Betrieb, in dem die Arbeitsplätze bedroht sind, werden sich viele Angestellte wohl bewusst anstrengen, produktiver zu sein, Überstunden zu machen oder mehr tun als eigentlich von ihnen erwartet wird.

Sind Mitarbeiter durch Angst motiviert, geht es ihnen nicht

darum, etwas Bestimmtes zu gewinnen, sondern darum, etwas nicht zu verlieren: den Job. Eine gewisse Zeit lang mag diese Methode wohl funktionieren und zur Erhöhung der Produktivität beitragen, die Gefahr dabei ist jedoch, dass dies nur kurzfristig klappt. Langfristig gesehen kann sich Angst sogar äußerst nachteilig auf das Unternehmen auswirken. Bringen Sie Ihre Mitarbeiter auf Dauer durch Angst dazu, härter zu arbeiten, wird die Angst allmählich zum einzigen Gefühl, das sie mit ihrer Arbeit verbinden. Das erzeugt wiederum Wut und Ärger und untergräbt die Zusammenarbeit und Kommunikation. Im schlimmsten Fall führt dies möglicherweise sogar zu Sabotageakten.

Anreiz

Eine häufig angewandte Methode zur Mitarbeitermotivation ist die so genannte »Karottenmethode«. Manager halten einen bestimmten Anreiz genau vor die Nase ihrer Mitarbeiter und hoffen, sie so dazu zu bringen, sich anzustrengen, um die Belohnung zu erhaschen. Diese Methode ist so weit verbreitet, dass Sie vermutlich keinen Grund sehen, einmal darüber nachzudenken, ob sie auch langfristig funktionieren kann. Natürlich strengen sich die Mitarbeiter dafür an, doch was passiert, wenn sie am Ziel angekommen sind?

Der Nachteil dieser Methode liegt darin, dass die Mitarbeiter jedes Mal belohnt werden wollen, wenn sie etwas erledigt haben. Sie als Manager müssen sich immer mehr und bessere Anreize einfallen lassen, damit Ihre Mitarbeiter ihren Job erledigen. Das kann sogar so weit ausarten, dass Ihre Angestellten nur noch das Mindestpensum erfüllen, wenn keine Belohnung mehr winkt.

Persönliche Weiterentwicklung

Mit dieser Methode erreichen Sie, dass Ihre Mitarbeiter die Einstellung zu ihrer Arbeit überdenken, sich neue Fähigkeiten aneignen und einen Sinn darin sehen, tagein, tagaus zur Arbeit zu gehen.

Unserer Meinung nach liegt hier der Schlüssel zum Erfolg, wenn Sie die größtmögliche Motivation Ihrer Angestellten erreichen möchten, da diese Methode genau am richtigen Punkt ansetzt, nämlich dem natürlichen menschlichen Bedürfnis, sich um sein eigenes Wohl zu kümmern. Weiter hinten in diesem Buch erfahren Sie noch weitere Methoden, wie Sie Ihren Mitarbeitern die Chance auf persönliche Weiterentwicklung im Beruf bieten können.

Persönliche Beziehungen: der Schlüssel für bessere Leistungen

Es ist ein Ding der Unmöglichkeit, Menschen ebenso zu managen wie einen Etat. Die Art Ihrer Beziehung zu Ihren Mitarbeitern ist ausschlaggebend für deren Motivation, sich am Arbeitsplatz zu engagieren. Lassen Sie uns noch einmal auf den Punkt zu sprechen kommen, den wir bereits zu Beginn dieses Kapitels angeschnitten haben: »Sie können Menschen nicht motivieren, Sie können nur auf ihre bereits vorhandene Motivation Einfluss nehmen«.

Checkliste für Ihren Erfolg

- Menschen sind motiviert, das zu tun, was in ihrem eigenen Interesse liegt.
- Man kann andere Menschen nicht motivieren. Man kann nur Einfluss darauf nehmen, wozu sie bereits von sich aus motiviert sind. Als Manager werden Sie die Motivation Ihrer Mitarbeiter immer beeinflussen, egal ob die Folgen positiv oder negativ sind. Achten Sie also darauf, nur das zu tun, was positive Auswirkungen mit sich bringt.
- Man spricht im Allgemeinen von *extrinsischer* und *intrinsischer* Motivation. Im Grunde genommen gibt es jedoch nur die intrinsische Form der Motivation, denn al-

les, was unter den Begriff extrinsische Motivation fällt, sind äußere Faktoren, die sich auf unsere intrinsische Motivation auswirken.

- Alfie Kohn macht sich für die drei Z's der Motivation stark: *Zusammenarbeit*, *Zufriedenheit* und *Zuständigkeit*. Wir Menschen fühlen uns motiviert, hart zu arbeiten, wenn wir zur Zusammenarbeit ermutigt werden, wenn wir wissen, welchen Beitrag wir mit unserer Arbeit zum Wohl des Unternehmens leisten, und wenn wir im Rahmen unserer Zuständigkeit selbstständig Entscheidungen treffen können.

- Die drei am häufigsten von Managern eingesetzten Methoden zur Motivationssteigerung arbeiten mit Angst, Anreizen und der Chance auf persönliche Weiterentwicklung. Die beiden ersten können die Motivation untergraben. Mithilfe der letzten können Sie dazu beitragen, Ihre Mitarbeiter zu Höchstleistungen anzuspornen.

2.

Die Natur des Menschen am Arbeitsplatz berücksichtigen

Wir alle hängen von unserer persönlichen Motivation ab, um bei jeder beliebigen Tätigkeit unser Bestes geben zu können. Ohne Motivation erscheint jede Situation meist unerfreulicher oder schwieriger als sie es im Grunde genommen ist.

William James, Psychologe und Philosoph, hat einmal gesagt: »Das am tiefsten verwurzelte menschliche Bedürfnis ist das nach Anerkennung.« James' Theorie zufolge sollte ein erfolgreicher Manager die persönlichen Wertvorstellungen und Motivationen seiner Mitarbeiter berücksichtigen und so ein Wir-Gefühl erzeugen. Diese Theorie ist heutzutage unerlässlich, wenn es um Mitarbeiterführung geht.

Als Führungskraft müssen Sie viel von der menschlichen Natur und den Beweggründen Ihrer Mitarbeiter verstehen. Nur wenn Sie sich damit auseinandersetzen, können Sie eine gute Beziehung zu Ihren Angestellten aufbauen und für ein produktives und angenehmes Arbeitsklima sorgen.

Warum welche Dinge wann und wie geschehen

Es ist zuweilen sehr schwer, andere Menschen zu verstehen. Manchmal überrascht es uns, was sie tun, ein anderes Mal enttäuscht es uns, was sie nicht tun, und hin und wieder frustriert es uns, wenn sie etwas auf ganz unerwartete Weise tun. Doch wenn Sie sich mit einigen grundlegenden Theorien über die menschliche

Natur auseinandersetzen, werden Sie viel einfacher Antworten auf die Fragen finden, warum in Ihrem Arbeitsumfeld welche Dinge wann und wie passieren.

Sie fragen sich gerade, wie Ihnen Theorien dabei helfen können, das Verhalten anderer zu verstehen?

Nun, das kommt ganz darauf an, wie Sie diese Theorien nutzen. Man kann natürlich mit keiner Theorie der Welt das Verhalten von Menschen vorhersagen, doch Theorien geben Aufschluss darüber, was passieren könnte und dienen als nützliche Ratgeber, wie Sie mit bestimmten Situationen umgehen können – auf diese Weise wird die Überraschung, die Enttäuschung oder die Frustration nicht ganz so groß.

Das Konzept der Theorie X und Theorie Y

In seinem Buch *Der Mensch im Unternehmen* (1960) beschrieb Douglas McGregor einen neuartigen Erklärungsversuch, aus welcher Sicht Manager ihre Mitarbeiter sehen. Er übertrug dabei verschiedene Konzepte über die menschliche Natur auf die Arbeitswelt und beschrieb zwei Alternativen: *Theorie X* und *Theorie Y*. Diese beiden Theorien stellt man sich am besten als gegensätzliche Extreme vor.

McGregor fand heraus, dass Manager, die an Theorie X glauben, folgende Einstellungen vertreten:

- Arbeit an sich ist schrecklich.
- Der Durchschnittsmensch ist faul und kein bisschen ehrgeizig.
- Die Menschen ziehen es vor, kontrolliert und überwacht zu werden.
- Der typische Arbeiter will keine Verantwortung übernehmen.
- Geld ist für den typischen Arbeiter der wichtigste Anreiz.
- Arbeiter müssen dazu gezwungen oder bestochen werden, um sich für die Ziele des Unternehmens einzusetzen.

In scharfem Gegensatz dazu stehen nach McGregor die Einstellungen von Managern, die an Theorie Y glauben:

- Arbeit macht Spaß.
- Arbeiten ist eine ebenso natürliche Beschäftigung wie Spielen.
- Anerkennung und Selbsterfüllung sind ebenso wichtig wie der Verdienst.
- Arbeiter und Angestellte engagieren sich in ihrem Job.
- Mitarbeiter kontrollieren sich selbst und wollen Verantwortung übernehmen.
- Angestellte aller Ebenen zeigen Kreativität und Ideenreichtum, wenn sie die Möglichkeit dazu haben.

Gut, nun nehmen Sie sich bitte einen Augenblick Zeit und denken darüber nach, wie *Sie* sich Ihren Mitarbeitern gegenüber verhalten, wie *Sie* sie behandeln und wie *Sie* über sie reden. Stellen Sie sich einen x-beliebigen Arbeitstag vor und achten Sie darauf, was Sie tun und sagen. An welcher Stelle unseres Spektrums stehen Sie? Gehören Sie zu einem extremen Vertreter von Theorie X oder Theorie Y? Oder sind Sie eher im Mittelfeld zu finden, und wenn ja, tendieren Sie deutlich in eine der beiden Richtungen?

Fachbegriffe

Die Theorie X von McGregor   Sie besagt, dass Arbeit an sich schrecklich ist, die Mitarbeiter faul und in keinster Weise ehrgeizig sind, dass Arbeiter überwacht und kontrolliert werden wollen, sich vor Verantwortung drücken, Geld die wichtigste Motivation ist und man bei ihnen nur mit Zwang oder Bestechung etwas erreicht.

Die Theorie Y von McGregor   Sie besagt, dass Arbeit Spaß macht, etwas ganz Natürliches ist, dass Anerkennung und Befriedigung im Job genauso wichtig sind wie der Verdienst, dass sich Mitarbeiter engagieren, sich selbst kontrollieren, Verantwortung übernehmen wollen und sehr kreativ und ideenreich sind, wenn sie die Möglichkeit dazu haben.

Theorie X und Theorie Y beschreiben, welche Mutmaßungen Manager über ihre Mitarbeiter anstellen. Entscheidend dabei ist, dass wir Menschen dazu neigen, uns nach unseren Mutmaßungen zu verhalten: Wir behandeln unsere Mitarbeiter entsprechend unseren Überzeugungen über die menschliche Natur.

Ihre eigenen Mutmaßungen beeinflussen in großem Umfang die Beziehung, die Sie als Manager zu Ihren Mitarbeitern aufbauen, und die Maßnahmen, mit denen Sie deren Motivation zu steigern versuchen. Diese unterschiedlichen bewussten oder unbewussten Überzeugungen wirken sich darauf aus, wie Sie mit Ihren Mitarbeitern interagieren, sie führen und bestimmen auch das Arbeitsklima.

Den eigenen Managementstil nachvollziehen

Die Annahmen, die McGregor unter Theorie X beziehungsweise Y zusammenfasst, sind gegensätzliche Extreme auf einer Skala. Vermutlich gibt es kaum Führungskräfte, die tatsächlich extreme X- oder Y-Positionen beziehen, doch kann dieser theoretische Ansatz Ihnen dabei helfen, Ihren eigenen Führungsstil – Ihren Managementinstinkt, wenn Sie so wollen – besser zu verstehen. Außerdem wissen Sie dadurch besser, wann Sie Ihr Verhalten einer bestimmten Situation, einem bestimmten Umfeld, einer Kultur oder bestimmten Mitarbeitern anpassen müssen.

Es spielt im Grunde genommen keine große Rolle, ob Sie eher zum Typ X oder Typ Y gehören, da Sie so oder so Ihren Job erledigen und mit Menschen umgehen müssen. Der Schlüssel zum Erfolg liegt darin, herauszufinden, mit welchem Managementstil man die Mitarbeiter zu höchster Motivation bringen kann.

Beim Managementstil nach Theorie X traut man nur einer Person zu, das Richtige zu tun – nämlich sich selbst. Auf die Beziehung zu den Mitarbeitern übertragen könnte man von einem dominanten Managementstil sprechen. Beim Managementstil nach Theorie Y traut der Manager sich und seinen Mitarbeitern zu, das Richtige zu tun – und zwar gemeinsam, weshalb wir diesen Stil als teamorientiert bezeichnen.

Betrachten wir noch einmal die Unterschiede zwischen beiden Managementstilen:

Dominanter Manager (Theorie X):

- trifft Entscheidungen ohne Beteiligung anderer,
- übernimmt und behält die Kontrolle,
- stellt seine Entscheidungen nie in Frage,
- ist zielorientiert und manchmal sehr anspruchsvoll,
- übt wenn nötig Druck aus, um seine Ziele zu erreichen,
- bestraft Mitarbeiter, denen ein Fehler unterläuft,
- tritt entschlossen auf und geht entschieden gegen mangelhafte Arbeitsleistungen vor,
- duldet keine Kritik aus seinem Team.

Teamorientierter Manager (Theorie Y):

- trifft Entscheidungen durch Erzielen eines Konsens und sorgt für ein Gefühl der Gemeinsamkeit und Beteiligung,
- fördert Kreativität und Eigeninitiative,
- leitet andere an und hilft ihnen bei ihrer Arbeit,
- geht mit gutem Beispiel voran,
- lobt gute Arbeit,
- hilft seinen Mitarbeitern, an und mit ihrer Arbeit zu wachsen und mehr Verantwortung zu übernehmen,
- schätzt und fördert Teamarbeit.

Lehnt sich Ihr Managementstil an Theorie X an, werden Sie vermutlich auf eine Weise mit Ihren Mitarbeitern umgehen, die alle Aussagen dieser Theorie bestätigt und zu einem entsprechenden Arbeitsklima beiträgt. Wahrscheinlich üben Sie Druck auf Ihre Mitarbeiter aus, erteilen für jeden einzelnen Schritt konkrete Anweisungen und sagen ihnen, was und wie sie etwas tun sollen. Sie schauen ihnen ständig über die Schulter, was ihren Mitarbeitern überhaupt nicht gefällt, weshalb sie negativ auf Ihre ständige Bevormundung und Kontrolle reagieren. Das wiederum bestärkt Sie in Ihrer Überzeugung, dass Mitarbeiter ständig unter die Luke genommen werden müssen, damit gute Arbeit geleistet wird.

Anders ausgedrückt, werden so die Vermutungen von Theorie X zur Realität. Vielleicht ist Ihnen gar nicht bewusst, dass Sie ein Arbeitsumfeld nach Theorie X schaffen und Ihre Mitarbeiter nur darauf reagieren – aus diesem Grund ist es so wichtig, diese Theorien zu verstehen, um ein effizienter Manager sein zu können. Es macht doch keinen Sinn, ein Arbeitsumfeld zu schaffen, welches das Leistungsniveau unter das von Ihnen angestrebte drückt.

Genau das Gegenteil passiert, wenn sich Ihr Managementstil an Theorie Y anlehnt. Weil Sie von den Fähigkeiten Ihrer Mitarbeiter überzeugt sind, bilden Sie ein Klima gegenseitigen Vertrauens und eröffnen ihnen die Möglichkeit, ihren Job in Eigenverantwortung so gut wie möglich zu erledigen. Außerdem können Sie sich sicher sein, dass Ihre Mitarbeiter positiv auf die Unterstützung und den Respekt, den Sie ihnen entgegenbringen, reagieren. Auch hier werden die theoretischen Vermutungen zur Wirklichkeit.

Geschickt managen

Rechnen Sie mit dem Besten   Die Vermutungen, die Sie über die Motivation Ihrer Mitarbeiter zu guter Arbeitsleistung anstellen, beeinflussen Ihr Verhalten ihnen gegenüber. Wenn Sie mit hoher Motivation und guter Leistung rechnen und dementsprechend auftreten, reagieren auch Ihre Mitarbeiter entsprechend positiv. Selbst wenn Sie hin und wieder ganz genaue Anweisungen zu einer bestimmten Aufgabe erteilen müssen, werden Ihre Mitarbeiter darauf kooperativ eingehen und das Richtige tun, solange Sie dabei eine freundliche und hilfsbereite Einstellung ausstrahlen.

Bei der Theorie Y geht es um Verhaltensweisen, die Sie im Umgang mit Ihren Mitarbeitern pflegen. Denken Sie einmal an all die Menschen, mit denen Sie täglich zu tun haben – insbesondere an Ihre Untergebenen, die Sie anweisen, aber auch an gleichgestellte Kollegen und Vorgesetzte. Diese Menschen zeichnen sich durch unterschiedliche Erfahrungen, Engagement und Interesse an ihrem Be-

Vorsicht, Falle!

Fälle, bei denen Theorie X angesagt ist Wenn Ihre Mitarbeiter ihre Befugnisse zum Nachteil anderer einsetzen, ihre Kompetenzen missbrauchen, gegen die Firmenpolitik verstoßen und Arbeitsgruppen gefährden, oder wenn in Notfällen die Sicherheit bedroht ist, müssen Sie zu einem stark richtungsweisenden Managementstil übergehen.

ruf aus. Aus diesem Grund ist es unlogisch, davon auszugehen, dass ein Manager des Typs Y ausnahmslos jedem Mitarbeiter die Verantwortung für Aufgaben, die anscheinend auf ihn zugeschnitten sind oder die die ganze Abteilung beziehungsweise den ganzen Betrieb betreffen, übertragen kann.

Oft müssen Sie Ihr Verhalten an die Bedürfnisse einzelner Mitarbeiter oder an die jeweilige Situation anpassen. Greifen Sie dabei auf Ihren gesunden Menschenverstand und Ihr Urteilsvermögen zurück und berücksichtigen Sie Zeitpunkt, Ort, Umstände und die Person, um die es gerade geht.

Geschickt managen

Die innere Einstellung ist entscheidend In manchen Situationen müssen Sie als Manager die Führung übernehmen, auch wenn Sie sich der Relevanz von Theorie Y bewusst sind. Doch das ist in Ordnung. Das Einzige, was zählt, ist Ihre Einstellung. Manager des Typs Y weisen ihre Mitarbeiter an, damit sie Erfolg haben, und nicht, weil sie der Vorgesetzte sind. Wichtig ist, wie Sie mit Ihren Mitarbeitern umgehen. Wenn Sie Ihren Mitarbeitern zum Erfolg verhelfen wollen und ihnen darin jede Form der Unterstützung bieten, werden sie das mit Sicherheit bemerken und Ihre Hilfe annehmen.

Betrachten Sie das Ganze doch einmal so: Bricht in Ihrem Unternehmen ein Feuer aus, berufen Sie bestimmt nicht erst eine Besprechung ein, um darüber abzustimmen, wer die Feuerwehr benachrichtigt, den Feuerlöscher holt und so weiter. Andererseits sollten Sie keine allzu großen Erwartungen an ein Brainstorming stellen, wenn Sie kreative Lösungen erzwingen wollen und Druck darauf ausüben, dass sofort jemand mit einer genialen Idee aufwartet.

Auf menschliche Bedürfnisse eingehen

Das Konzept von McGregor hilft Ihnen als Manager dabei, erfolgreich mit Ihren Mitarbeitern zu interagieren und zu verstehen, was Sie damit erreichen können. Weiterhin ungeklärt ist jedoch, was einen Menschen zu einem bestimmten Verhalten antreibt. Abraham Maslow, ein bekannter und angesehener Verhaltensforscher, gibt uns auf diese Frage eine Antwort, die allgemeine Akzeptanz gefunden hat.

Wie bereits erläutert, kommt Motivation aus uns selbst heraus, doch welche inneren Kräfte stecken dahinter? Maslow versuchte, diese Frage zu beantworten, indem er die *Bedürfnisse* analysierte,

Fachbegriffe

Maslows Hierarchie der Bedürfnisse Nach der von Abraham Maslow entwickelten Struktur zum besseren Verständnis der verschiedenen menschlichen Bedürfnisse müssen zunächst diejenigen Bedürfnisse befriedigt werden, die in dieser Hierarchie ganz unten stehen, um sich dann gewissermaßen »hocharbeiten« zu können. Den Anfang machen die körperlichen Bedürfnisse, das Bedürfnis nach Schutz und Sicherheit, gefolgt von sozialen Bedürfnissen, egoistischen Bedürfnissen und dem Bedürfnis nach Selbstverwirklichung.

die menschlichen Verhaltensweisen zugrunde liegen. Er teilte diese Bedürfnisse in verschiedene Kategorien ein und stellte so seine *Hierarchie der Bedürfnisse* auf, die je nach Wichtigkeit für das Überleben unterschiedliche Prioritäten genießen.

Seiner Theorie zufolge handelt es sich bei den inneren Kräften, die in uns eine Motivation erzeugen, um grundlegende *körperliche Bedürfnisse* – nach Nahrung, Wasser, Luft und einem Dach über dem Kopf. Die nächste Kategorie in seiner Hierarchie ist das *Bedürfnis* nach *Sicherheit* und *Schutz*, die dritte Ebene beinhaltet alle *sozialen Bedürfnisse* wie den Wunsch, geliebt zu werden, zu einer Gruppe zu gehören und von anderen respektiert zu werden. Bei der vierten Ebene kommt das *Ego* ins Spiel, das mit Selbstachtung, Status, Prestige und Anerkennung zu tun hat, und schließlich gibt es da noch das *Streben* nach *Selbstverwirklichung*, das Bedürfnis, unser persönliches Potenzial umzusetzen und das Beste aus unserem Talent und unseren Fähigkeiten zu machen.

Leistung mit individuellen Bedürfnissen verknüpfen

Und welchen Vorteil bringt Ihnen als Manager nun Maslows Konzept? Sie können lernen, wie Sie die Leistung eines Mitarbeiters steigern, indem Sie sein Arbeitsverhalten mit der Erfüllung seiner Bedürfnisse verbinden. Mitarbeiter sind motiviert, gute Arbeit zu leisten, wenn sie dadurch ihre eigenen Bedürfnisse befriedigen.

Die Herausforderung liegt für Sie darin, dass unterschiedliche Menschen auch unterschiedliche Bedürfnisse haben, die sich mit der Zeit oder unter bestimmten Umständen ändern. Sie können das Konzept der Bedürfnishierarchie jedoch als Art Anleitung benutzen. Und nun wollen wir uns einmal näher ansehen, wie sich Maslows Theorie auf das Schaffen eines Arbeitsklimas auswirkt, das den Bedürfnissen der Mitarbeiter entgegenkommt und in dem sie produktiv arbeiten wollen.

Geschickt managen

Je stärker das Bedürfnis, umso stärker die Motivation   Je stärker das Bedürfnis ist, das durch eine bestimmte Arbeit befriedigt wird, umso größer ist die Motivation, die entsprechende Tätigkeit zu erledigen – und umso wichtiger ist sie für den Mitarbeiter. Der kluge Manager achtet daher darauf, dass mit der Arbeit zuerst die Bedürfnisse befriedigt werden, die auf der unteren Ebene der Bedürfnishierarchie angesiedelt sind, um sich anschließend zu überlegen, wie auch die Bedürfnisse der oberen Hierarchieebenen am Arbeitsplatz erfüllt werden können. Bei dieser Vorgehensweise werden Ihre Mitarbeiter wesentlich stärker motiviert sein.

Wenn Sie versuchen, nur grundlegende Bedürfnisse Ihrer Mitarbeiter durch die Arbeit zu befriedigen, ist es eher unwahrscheinlich, dass sie hoch motiviert sind. Ist jedoch der Verdienst angemessen hoch und tragen Ihre Mitarbeiter zudem auch Verantwortung, steigt ihre Motivation – weil ihre Arbeit Bedürfnisse der obersten Kategorie erfüllt.

Wissen, was Menschen antreibt

Als Führungskraft müssen Sie die Beweggründe Ihrer Mitarbeiter kennen. Können Ihre Leute ihre persönlichen Bedürfnisse befriedigen, während sie für das Unternehmen wichtige Arbeit leisten, sind sie hoch motiviert, ihr Bestes zu geben. Unabhängig davon, welche Aufgabe Sie Ihren Mitarbeitern übertragen, können Sie ihnen das Gefühl verschaffen, dass sie für ihre Arbeit verantwortlich sind und diese für das Unternehmen wichtig ist.

Nun, wie können Sie die Bedürfnisse Ihrer Mitarbeiter herausfinden?

Und wie stellen Sie fest, ob und wie diese Bedürfnisse befriedigt werden?

Wir können Ihnen folgende Vorgehensweise empfehlen:

- Beobachten Sie Ihre Mitarbeiter bei der Arbeit. Was bringt sie in Gang und was bremst sie? Auf welche Weise erledigen sie bestimmte Aufgaben? Gestatten Sie ihnen, nach ihren eigenen Arbeitsmethoden vorzugehen, solange vernünftige Ergebnisse dabei herauskommen.

Geschickt managen

VSSNHIS! VSSNHIS! Nein, das ist kein verschnupfter Niesanfall – dahinter verbirgt sich ein gut gemeinter Rat: *Verschanzen Sie sich nicht hinter Ihrem Schreibtisch!* Besuchen Sie Ihre Mitarbeiter am Arbeitsplatz. Verbringen Sie Zeit mit Ihnen. Wenn das in Ihrem Unternehmen unüblich ist, werden Ihre Mitarbeiter vielleicht zuerst den Verdacht hegen, Sie wollten sie ausspionieren oder ihre Positionen untergraben. Doch sobald sie gemerkt haben, dass Sie nicht der Feind sind, werden Sie die menschliche Seite Ihrer Mitarbeiter entdecken und erfahren, welche Art der Unterstützung sie von Ihnen benötigen und wie Sie besser zusammenarbeiten können, um die gemeinsamen Ziele zu erreichen.

- Stellen Sie Fokusgruppen zusammen, um herauszufinden, was sich Ihre Mitarbeiter von der Arbeit versprechen. Stellen Sie im Brainstorming fest, was ihre Arbeit noch befriedigender machen würde, und vergessen Sie anschließend nicht, diese Vorschläge auch umzusetzen.
- Denken Sie daran, dass jeder Mensch einzigartig ist. Fragen Sie nach besonderen Talenten und Fähigkeiten, wer weiß, vielleicht entdecken Sie bei Ihren Mitarbeitern wertvolles und bisher ungenutztes Potenzial.
- Verteilen Sie einen Fragebogen über Verhalten am Arbeitsplatz und bitten Sie um Verbesserungsvorschläge. Setzen Sie die Er-

Vorsicht, Falle!

Angst und Argwohn Bei Mitarbeiterbefragungen zu deren Problemen am Arbeitsplatz und der Suche nach Verbesserungsmöglichkeiten ist vor allem ein Punkt wichtig: Ihre Mitarbeiter müssen merken, dass Sie ernsthaft an ihren Problemen oder Vorschlägen interessiert sind. Sie müssen Ihnen vertrauen können, dass Sie ihre Aussagen nicht gegen sie verwenden, weil sie sich ja beschwert haben und Sie keine Kritik in den eigenen Reihen dulden. Am besten Sie bilden eine Arbeitsgruppe, hören genau zu und setzen die Vorschläge möglichst schnell um. So lernen Ihre Mitarbeiter, dass Sie Verbesserungen durchsetzen möchten und dabei auf ihre Unterstützung angewiesen sind.

gebnisse um! Führen Sie Änderungen durch, von denen jeder – Sie eingenommen – profitiert.

- Führen Sie ein letztes Gespräch mit Mitarbeitern, die Ihr Unternehmen verlassen möchten. Nutzen Sie diese Informationen, um ein Arbeitsklima zu schaffen, in dem keiner freiwillig kündigt.
- Gehen Sie davon aus, dass persönliche Weiterentwicklung, Anerkennung, Kreativität und sinnvolle Arbeit für Ihre Mitarbeiter ebenso wichtig sind wie für Sie selbst. Bitten Sie Ihre Mitarbeiter um eine Beschreibung des idealen Arbeitsplatzes und fragen Sie, was ihnen zurzeit an ihrer Arbeit gefällt und was nicht. Nutzen Sie diese Informationen, um die Arbeit für Ihre Untergebenen befriedigender zu machen.

Gut, nun haben Sie also herausgefunden, welche Bedürfnisse Ihre Mitarbeiter haben und wie sie diese anhand ihrer Arbeit befriedigen. Wie sieht Ihr nächster Schritt aus? Nun, das hängt davon ab, was Sie gelernt haben. Wir empfehlen folgende Vorgehensweise:

Wie können Sie auf die *körperlichen Bedürfnisse* Ihrer Mitarbeiter eingehen?

- Schaffen Sie einen angenehmen, sicheren und bequemen Arbeitsplatz. Zeigen Sie ihnen, dass sie ihre Persönlichkeit nicht an der Garderobe abgeben müssen.
- Zahlen Sie angemessene Gehälter, sodass Ihre Mitarbeiter problemlos für das leibliche Wohl ihrer Familien sorgen können.
- Bieten Sie Mitarbeitern, die mehr Geld verdienen müssen oder wollen, die Möglichkeit, sich durch Überstunden oder Sonderprämien etwas dazu zu verdienen.

Wie können Sie auf das *Bedürfnis* Ihrer Mitarbeiter nach *Schutz* und *Sicherheit* eingehen?

- Behandeln Sie Ihre Mitarbeiter fair und bleiben Sie konsequent.
- Schützen Sie Ihre Mitarbeiter durch entsprechende Sicherheitsbestimmungen und Arbeitsschutzmaßnahmen.
- Schützen Sie Ihre Mitarbeiter – zum Beispiel durch einen Sicherheitsdienst vor Gewalttätigkeiten.
- Geben Sie Informationen regelmäßig weiter.

Wie können Sie auf die *sozialen Bedürfnisse* Ihrer Mitarbeiter eingehen?

- Ermöglichen Sie die Arbeit im Team und mit anderen Abteilungen.
- Sorgen Sie dafür, dass sich Ihre Mitarbeiter untereinander kennen lernen und von ihren Teamkollegen akzeptiert und geschätzt werden.
- Zeigen Sie, dass Sie sich um die Teammitglieder kümmern und fördern Sie auch die gegenseitige Unterstützung.

Wie können Sie auf die *individuellen* Bedürfnisse Ihrer Mitarbeiter eingehen?

- Geben Sie positives Feedback und geizen Sie nicht mit Lob.
- Bieten Sie Ihren Mitarbeitern die Möglichkeit, ihr Können unter Beweis zu stellen und setzen Sie sie dort ein, wo sie ihre Fähigkeiten und ihr Talent am besten nutzen können.
- Entwickeln Sie ein in mehrere Stufen gegliedertes Anerkennungsprogramm für gute Leistungen.

- Bitten Sie Ihre Mitarbeiter um ihre Meinung. Ziehen Sie sie in den Entscheidungsfindungsprozess mit ein.
- Bedanken Sie sich bei Ihren Mitarbeitern.

Wie können Sie auf das *Bedürfnis* Ihrer Mitarbeiter nach *Selbstverwirklichung* eingehen?

- Lassen Sie eigenständiges Arbeiten zu.
- Ermöglichen Sie es Ihren Mitarbeitern, kreativ zu sein.
- Behandeln Sie Fehler als Lernerfahrung.
- Schaffen Sie Möglichkeiten, anspruchsvollere Arbeiten erledigen zu können.
- Unterstützen Sie die persönliche und berufliche Weiterentwicklung Ihrer Mitarbeiter durch Schulungen und Fortbildungsseminare.

Natürlich können Sie nicht jedes einzelne Bedürfnis aller Mitarbeiter befriedigen. Das ist schlicht und einfach unmöglich – nicht zuletzt deswegen, weil das Arbeitsleben, so befriedigend es auch sein mag, nicht unser ganzes Leben ist, und es sogar gefährlich sein kann, beides miteinander gleichzusetzen. Wenn es Ihnen jedoch gelingt, einige Bedürfnisse Ihrer Mitarbeiter zu befriedigen und ihre Motivation für die Arbeit in Ihrem Unternehmen zu verstärken, ist es für sie meist leichter, auch ein befriedigendes Leben außerhalb der Arbeit zu führen. Und auch Sie werden es auf diese Weise in Ihrem eigenen Job einfacher haben, weil Sie nicht ständig mit der Peitsche in der Hand durch Ihre Abteilung laufen oder eine Karotte vor die Nase Ihrer Mitarbeiter halten müssen.

Der Mensch und seine Arbeit

Dieses Kapitel trägt die Überschrift »Die Natur des Menschen am Arbeitsplatz berücksichtigen« – und das aus gutem Grund. Wir können unsere Natur nicht ablegen wie einen Mantel, sobald wir am Arbeitsplatz erscheinen, und haben auch immer noch dieselben Bedürfnisse. Um hohe Leistungen Ihrer Mitarbeiter zu erzielen, müssen Sie gewissermaßen an deren Persönlichkeit »andocken«, sie ermutigen und ihnen dabei helfen, ihre Bedürfnisse zu befriedigen. Sie müssen dafür sorgen, dass sich Ihre Mitarbeiter an ihrem Arbeitsplatz wohl fühlen und ihre Wünsche verwirklichen können. Auf diese Weise stellen Sie sicher, dass ihr persönliches Wohl und das des Unternehmens Hand in Hand gehen.

Checkliste für Ihren Erfolg

- Machen Sie sich die menschliche Natur und die Beweggründe menschlichen Verhaltens klar. Aufgrund dieses Wissens können Sie bessere Beziehungen zu Ihren Mitarbeitern eingehen und ein produktiveres und angenehmeres Arbeitsklima schaffen.

- Manager schätzen Mitarbeiter aufgrund ihrer Annahmen über die menschliche Natur ein. Das Konzept von Douglas McGregor beschreibt Theorie X und Y als die beiden Extreme. Anhänger der Theorie X gehen davon aus, dass Mitarbeiter keinen Spaß an der Arbeit finden und streng kontrolliert werden müssen. Theorie Y hingegen besagt, dass die Menschen Freude an ihrer Arbeit haben und bei entsprechender Gelegenheit und Unterstützung gerne hervorragende Leistungen erzielen.

- Menschen handeln entsprechend ihren grundlegenden Bedürfnissen. Abraham Maslow hat diese Bedürfnisse analysiert und je nach Relevanz in verschiedene Kategorien eingeteilt. Zu den wichtigsten Bedürfnissen zählen körperliche Bedürfnisse und das Bedürfnis nach Sicherheit, anschließend kommen soziale Bedürfnisse, persönliche Bedürfnisse und das Bedürfnis nach Selbstverwirklichung. Sie müssen die Bedürfnisse Ihrer Mitarbeiter kennen, um eine Verbindung zwischen ihnen und ihrer beruflichen Tätigkeit schaffen zu können und sie besser zu motivieren, gute Leistungen im Beruf zu erbringen.

3.

Unternehmerisches Denken fördern

Möchten Sie, dass Ihre Mitarbeiter die wertvollste und wertschaffendste betriebliche Ressource darstellen und dazu motiviert sind, ihr Bestes zu geben, müssen Sie dafür sorgen, dass sie Verantwortung für die Firma übernehmen. Effiziente Manager behandeln ihre Mitarbeiter daher wie Geschäftspartner. Warum? Wenn sich Menschen für etwas verantwortlich fühlen oder es gar als ihren Besitz betrachten, kümmern sie sich auch darum.

Behandeln Sie Ihre Mitarbeiter wie Geschäftspartner

Unternehmerisches Denken zu fördern geht weit über Gewinn- oder Aktienbeteiligungen hinaus. Es handelt sich viel mehr um eine die Motivation anregende Einstellung, die Sie als Manager bei anderen auslösen. Gesellschaften wie Hewlett-Packard, Southwest Airlines, Nordstrom, Intel, Starbucks, Wal-Mart, Microsoft und Hunderten von mittelständischen Unternehmen ist es gelungen, dieses Verhalten zu fördern und in Gewinn umzuschlagen. Ihre Mitarbeiter sind generell hoch motiviert und stolz auf ihre Leistungen, da sie nicht wie angestellte Hilfskräfte, sondern wie Teilhaber oder echte Partner behandelt werden.

Wie können Sie eine Atmosphäre schaffen, die unternehmerisches Denken und den Stolz der Mitarbeiter auf ihre Arbeit fördert? Nun, zunächst einmal müssen Sie sich klar machen, dass die

Arbeitnehmer von heute ein Wörtchen mitreden wollen, wie ein Unternehmen geführt werden soll. Im Grunde hängt der Erfolg eines Unternehmens von seinen Beschäftigten ab, vor allem wenn sie wissen, wie es operiert. Durch die Art, wie Sie mit Ihren Mitarbeitern umgehen, können Sie sie zu unternehmerischem Denken bewegen und sie dazu motivieren, sich selbst als Teil des Firmenerfolgs zu begreifen.

In der modernen Arbeitswelt, in der sich Änderungen rasch vollziehen, müssen die Beschäftigten sehr viel mehr über ihre Firma wissen als es zur Erledigung ihrer Aufgaben notwendig ist. Aus diesem Grund müssen Sie Ihre Mitarbeiter darüber informieren, wie der Betrieb organisiert ist, was die Konkurrenz macht und sie ermutigen, Risiken einzugehen und kreativ zu sein. Anders ausgedrückt müssen Sie ihnen dabei helfen, ihr Potenzial in vollem Umfang auszuschöpfen.

Fachbegriffe

Unternehmerisches Denken   In diesem Kontext verstehen wir darunter: »denken wie ein Firmeninhaber«. Dieser Begriff beschreibt zwar häufig die Verhaltensweise eines Selbstständigen oder Einzelkämpfers, doch wir wollen damit lediglich das Gefühl von Verantwortung bezeichnen, das ein Mitarbeiter für seine Arbeit empfindet, weil er sich als Teilhaber oder Geschäftspartner sieht, dem der Erfolg des Unternehmens am Herzen liegt.

Fünf Schritte auf dem Weg zum unternehmerischen Denken

Mit den fünf folgenden Tipps können Sie Ihre Mitarbeiter zu unternehmerischem Denken und Handeln bewegen:

1. Erklären Sie, worum es in Ihrem Unternehmen geht.
2. Zeigen Sie auf, wie die Firma operiert, um Gewinn zu erwirtschaften.
3. Informieren Sie Ihre Mitarbeiter über die Konkurrenz.
4. Ermutigen Sie sie, kalkulierbare Risiken einzugehen.
5. Fördern Sie innovatives Denken.

Bitte denken Sie bei der Umsetzung dieser Strategien daran, dass es Ihnen nicht darum geht, einen Trupp von unabhängigen Entscheidungsträgern aufzuziehen, denen nichts am Wohl ihrer Kollegen oder der Firma liegt. Versuchen Sie einfach, dass unternehmerisches Denken in Ihrem Betrieb zur Selbstverständlichkeit wird und dass Ihre Mitarbeiter stolz auf ihre Arbeit sind und sich für die Firma und die Unternehmensziele engagieren.

1. Schritt: Erklären Sie, worum es in Ihrem Unternehmen geht

Ihr Erfolg als Manager hängt wesentlich davon ab, ob Sie die Firmenpolitik und -ziele, aber auch die Strategien, die eingesetzt werden, um diese Ziele zu erreichen, verstanden haben. Als Manager wissen Sie, wie wichtig es ist, dass Sie sich und Ihre Arbeit als Teil eines großen Ganzen sehen. Da Ihnen bewusst ist, wie und wo Sie in das Unternehmen passen, können Sie Ihre Rolle und Aufgabe begreifen und nachvollziehen, warum Sie diesen verantwortungsvollen Posten bekleiden. Bestimmt fällt es Ihnen deshalb leichter, sich mit Ihrer Firma zu identifizieren, und Sie sind motiviert, ganze Arbeit in Ihrem Job zu leisten.

Das Gleiche gilt auch für Ihre Mitarbeiter. Wenn sie gut über die Firma informiert sind und wissen, welche Rolle sie darin spielen, sind sie viel motivierter und können eine positive Einstellung zu ihrer Arbeit und ihren Kollegen entwickeln. Natürlich müssen Sie deshalb nicht gleich jeden zum Manager machen, doch sollten Sie Ihren Mitarbeitern dabei helfen, über ihren eigenen Schreibtisch hinweg sehen zu können und zu wissen, was um sie herum passiert. Nur wenn ihnen klar ist, welchen Beitrag sie in diesem

System leisten und dass es durchaus auf sie und ihre Arbeitsleistung ankommt, können sie ihre Aufgaben sinnvoll und vernünftig erfüllen.

Nun, was können Sie also tun, um Ihren Mitarbeitern ihre Rolle zu erklären, damit sie sich als wertvoller Teil des großen Ganzen fühlen? Versuchen Sie es doch einmal damit:

- Verteilen Sie Unterlagen und Bücher über Ihre Firma. Führen Sie ein Firmentagebuch, in das Sie Wichtiges aus der Firmengeschichte – Niederlagen und Siege – eintragen. Auf diese Weise lernen Ihre Mitarbeiter die Entwicklung des Unternehmens kennen und können sich umso besser damit identifizieren und stolz darauf sein.
- Gibt es in Ihrem Unternehmen einen Jahresbericht, sollten Sie ihn Ihren Mitarbeitern zeigen und erklären. Erläutern Sie die Botschaft des Firmenvorstands, die Rückschlüsse über die Firmenpolitik und -ziele zulässt, zeigen Sie Etappensiege der Firma auf und beschreiben Sie, welche Probleme möglicherweise auf das Unternehmen zukommen.
- Lassen Sie Ihre Mitarbeiter die monatlichen Gewinn- und Verlustrechnungen einsehen. So können sie sich besser vorstellen, welchen Beitrag sie durch ihre Arbeit für das Wohl des Unternehmens leisten und können über ihren Tellerrand hinaus blicken.
- Sorgen Sie dafür, dass Ihre Mitarbeiter die Mission Ihres Unternehmens nachvollziehen können. Regen Sie Diskussionen darüber an und erklären Sie, wie sich diese Mission auf Entscheidungen und Vorgehensweisen auswirkt.
- Bitten Sie Ihre Mitarbeiter zu prüfen, inwieweit sie dazu beitragen können, die Firmenziele zu erreichen. Diskutieren Sie die Aufgaben Ihrer Abteilung und Ihre strategischen Ziele. Selbstverständlich müssen Ihre Mitarbeiter dann auch gewisse Spielräume haben, ihre Ideen in die Tat umzusetzen.
- Ermutigen Sie Ihre Mitarbeiter, Lösungen für bestimmte Probleme im Team zu erarbeiten und zu realisieren. Je nachdem, für wie angemessen Sie es erachten, kann dies hoch offiziell oder auch ganz formlos vor sich gehen. Wichtig ist, dass sich Ihre

Mitarbeiter damit auseinandersetzen, wie sie gemeinsam das Arbeitsumfeld verbessern und die Leistung der gesamten Abteilung steigern können.

- Betonen Sie, wie wichtig die Presseabteilung ist, sofern in Ihrem Betrieb vorhanden. Schlagen Sie vor, dass Ihre Mitarbeiter Kopien wichtiger Beschlüsse der Firmenspitze, Zeitungsartikel über das Unternehmen, die aktuellen Werbekampagnen und Firmenbroschüren erhalten, oder kopieren und verteilen Sie diese Unterlagen selbst.

2. Schritt: Zeigen Sie auf, wie die Firma operiert, um Gewinn zu erwirtschaften

Als Manager wissen Sie natürlich bestens, wie Ihr Unternehmen operiert und seine Finanzen regelt. Vielleicht können Sie sich deshalb gar nicht vorstellen, was es bedeutet, wenn man keine Ahnung davon hat, wie sich die Arbeit jedes einzelnen Mitarbeiters auf die Geschäftsprozesse der Firma auswirkt. Mitarbeiter, die eine klare Vorstellung von der Organisation ihres Unternehmens haben und wissen, wofür Geld ausgegeben und womit es verdient wird, sind besser motiviert, ihren eigenen Beitrag zu leisten.

Nun, wie verdeutlichen Sie Ihren Mitarbeitern, wie wichtig jeder Einzelne für das Wohl der gesamten Firma ist? Probieren Sie es doch einmal damit:

- Organisieren Sie eine Schulung über Betriebsführung und Grundlagen der Betriebswirtschaft für alle Mitarbeiter. Es werden viele Schulungspakete angeboten, die sich leicht auf Ihr Unternehmen anpassen lassen. In manchen Schulungen lernen die Teilnehmer auf spielerische Weise, wie eine Firma geführt wird und wie es zu Gewinnen oder auch Verlusten kommt. Eine recht angenehme Methode, etwas über die Finanzen zu lernen, nicht wahr?
- Verteilen Sie Unterlagen über Geschäftsstrategien, finanzielle Ziele und die Firmenphilosophie. Die meisten dieser Berichte finden sich mit Sicherheit in der Presseabteilung. Diskutieren

Werkzeuge

Open-Book-Management In den letzten Jahren hat sich das »Open-Book-Management« immer mehr durchgesetzt. Wie der Name schon sagt, soll die Finanzlage des Unternehmens ein offenes Buch für die Beschäftigten sein. Dazu gehört auch das Offenlegen der Personalkosten und der durch das Personal erzielten Gewinne. Möchten Sie mehr darüber erfahren? Dann empfehlen wir Ihnen die Lektüre von *The Great Game of Business* (1992) von Jack Stack, das viele tolle Ideen zu diesem Thema enthält, oder informieren Sie sich im Internet unter www.greatgame.com.

Sie bei jeder Besprechung über mindestens ein Thema. Keine Angst, Ihr Konferenzzimmer soll sich nicht in einen Seminarraum verwandeln, aber Sie sollten sich ein paar Minuten Zeit nehmen, um jedes Dokument zusammenzufassen und seine Bedeutung für das Unternehmen und Ihre Mitarbeiter erläutern. Anschließend fassen Sie kurz zusammen, welchen Beitrag Ihre Abteilung – in Zahlen ausgedrückt – dafür leistet.

- Analysieren Sie Situationen, in denen deutlich wird, welche Auswirkungen ein einzelner Mitarbeiter auf die gesamte Firma haben kann. Das wird manchen von ihnen mit Sicherheit die Augen öffnen! Garantiert können auch Sie in diesem Zusammenhang aus dem Nähkästchen plaudern. In den meisten Unternehmen gibt es die eine oder andere Horrorgeschichte über Mitarbeiter, die nur mangelhafte Arbeit geleistet hatten oder sich der Relevanz ihrer Tätigkeit für das ganze Unternehmen nicht bewusst waren.

Egal, ob Sie auf wahre Begebenheiten zurückgreifen oder sich realistische Situationen ausdenken, Sie müssen sich dabei nur eines vor Augen halten: Ihre Mitarbeiter sollen begreifen, dass sich bereits das Verhalten eines Einzelnen auf die ganze Firma, mögliche Gehaltserhöhungen, Prämienzahlungen, Gewinnbeteiligungen und so weiter auswirken kann.

Vorsicht, Falle!

Wenn Sie Ihren Mitarbeitern von den Fehlern einzelner Angestellter berichten – insbesondere, wenn es sich um Horrorgeschichten aus dem eigenen Betrieb handelt – müssen Sie darauf achten, dass Ihre Mitarbeiter verstehen, dass es Ihnen nur darum geht, ihnen die negativen Folgen für das Unternehmen klar zu machen. Reiten Sie keinesfalls auf den negativen Konsequenzen herum, die dieser Vorfall für den jeweiligen Mitarbeiter hatte. Schließlich wollen Sie das unternehmerische Denken Ihrer Mitarbeiter fördern und ihnen keine Angst einjagen!

Wenn Sie Ihren Mitarbeitern klar machen, dass sie sich als Rädchen in einer großen Maschinerie sehen sollten, und ihnen der Domino-Effekt ihrer Tätigkeit bewusst wird, dann wird sich langsam aber sicher unternehmerisches Denken in ihren Köpfen festsetzen, und Sie werden sich auf dem besten Weg zu einer erfolgreichen und motivierenden Firma befinden. Andererseits mag es in manchen Unternehmen dazu kommen, dass sich aufgrund dieser Managementhaltung stattdessen Angst ausbreitet. Unser erklärtes Ziel ist es jedoch, das Schreckgespenst Angst ein für alle Mal hinter dicke Mauern zu verbannen. Kein Mensch kann vernünftig mit verängstigten Mitarbeitern arbeiten! Was Sie brauchen sind kluge, ausgebildete und hoch motivierte Leute, die genau wissen, was sie für den Erfolg des ganzen Unternehmens tun können.

Aus der Praxis

Stellen wir uns doch einmal folgende Situation vor: Ein Flughafenarbeiter, der in der Gepäckabfertigung beschäftigt ist, ist alles andere als motiviert, seinen Job gut zu erledigen. Wie wirkt sich diese Haltung auf die Fluggesellschaft aus?

Ein Flugzeug landet mit Verspätung, und der Aktenkoffer eines Passagiers muss in Windeseile zu seinem Anschlussflugzeug transportiert werden. Doch unserem Arbeiter ist einfach nicht danach, sich derart abzuhetzen. Er fragt sich: »Was bringt mir das schon?« Schließlich lässt er den Koffer einfach auf dem Gepäckband liegen, sodass er erst mit dem nächsten Flug – sechs Stunden später – nachkommt.

Unser Fluggast, eine Managerin, die auf ihr Gepäckstück wartet, hat an diesem Nachmittag eine wichtige Besprechung, für die sie einige Unterlagen aus ihrem Koffer braucht. Verärgert wendet sie sich an den Informationsschalter und beschwert sich. Dort wird ihr mitgeteilt, dass ihr Aktenkoffer erst mit dem nächsten Flug ankommt, zu spät für die Besprechung. Die wütende Vielfliegerin teilt ihren Unmut anderen Passagieren mit und später, bei der Besprechung, auch ihren Kollegen. Es gelingt ihr nicht, den dicken Auftrag für ihre Firma zu ergattern, weil ihr wichtige Unterlagen fehlen.

Wie wirkt sich nun das Verhalten des Arbeiters auf die Fluggesellschaft aus? Nun, zum einen hat sie einen wichtigen Kunden verloren, der in Zukunft wohl bei einer anderen Gesellschaft buchen wird. Vielleicht kann sie aber auch andere Passagiere und die Geschäftsfreunde der Managerin nicht länger zu ihren Fluggästen zählen. Das bedeutet einen erheblichen Umsatzverlust, der durchaus im fünfstelligen Bereich liegen dürfte, vor allem, wenn man daran denkt, dass unsere Geschichte noch nicht zu Ende ist. Für die anderen Mitarbeiter der Fluggesellschaft bedeutete dieser Vorfall ein erhebliches Mehr an Arbeit, da sie den Fehler ihres Kollegen ausbügeln mussten.

Selbstverständlich dürfte dies kein Einzelfall sein, der sich in einem bestimmten Jahr bei dieser Fluggesellschaft ereignet. Überschlagen Sie doch einmal kurz, welche Schadensumme dann zusammenkommt. Genau, jetzt geht es um einen Umsatzverlust und Folgekosten in Millionenhöhe, um diesen Imageverlust wieder gutzumachen – ganz zu schweigen von der vielen Extraarbeit.

3. Schritt: Informieren Sie Ihre Mitarbeiter über die Konkurrenz

Wenn Mitarbeiter an einem Strang ziehen sollen, um gegen die Konkurrenz zu bestehen, lässt sich ihre Motivation dadurch steigern, dass sie genau wissen, gegen wen oder was sie eigentlich konkurrieren. Nichts fördert den Zusammenhalt eines Teams mehr als die Herausforderung, der Konkurrenz immer eine Nasenlänge voraus zu sein und so einen aktiven Beitrag für das Wachstum des Unternehmens zu leisten.

Sie brauchen den Ehrgeiz Ihrer Mitarbeiter nicht unnötig anstacheln, schließlich kämpfen sie nicht um die Fußballweltmeisterschaft. Es geht lediglich darum, ihnen ein weiteres Teil des Puzzles zu geben, denn zu dem großen Bild gehört auch die Konkurrenz.

Wenn Sie verfolgen, was die Konkurrenz treibt, können Sie eine Menge lernen – nicht nur, wie Sie den Marktanteil Ihres Unternehmens vergrößern, sondern wie und welche Verbesserungen Sie in Ihrer Firma umsetzen können. Nachfolgend ein paar Tipps, wie Sie und Ihre Mitarbeiter mehr über die Konkurrenz erfahren können:

- Bitten Sie Ihr Personal, sich bei den Kunden zu erkundigen, wie Ihr Unternehmen im Vergleich mit der Konkurrenz abschneidet.
- Beauftragen Sie einen Mitarbeiter, sich regelmäßig Werbematerial der Konkurrenz zu beschaffen, sodass Sie alles über deren Produkte oder Dienstleistungen erfahren.
- Legen Sie eine Akte für *Konkurrenzprofile* an (siehe Kasten Fachbegriffe). Mithilfe dieser Profile kann Ihr Team Strategien entwickeln, um sich einen Wettbewerbsvorteil zu sichern.

Ihre Mitarbeiter sollten aber nicht nur über die Konkurrenz informiert sein, sondern auch über die Branche, in der Ihre Firma tätig ist. So wie es die Motivation Ihrer Mitarbeiter steigert, wenn sie wissen, welche Rolle sie für das Unternehmen spielen, kann es sie auch zu Höchstleistungen anspornen, wenn sie sich darüber im Klaren sind, welchen Platz Ihr Unternehmen in der jeweiligen Branche einnimmt.

Fachbegriffe

Konkurrenzprofil Darunter versteht man eine Akte, die sämtliche verfügbaren Informationen über die Konkurrenz wie Preispolitik, Werbematerial, Profile der Topmanager, eine Aufzählung der Stärken und Schwächen, Firmenphilosophie, verliehene Auszeichnungen und Preise, Marktanteil, globale Präsenz, Mitarbeiterrekrutierung und Personalpolitik enthält.

Wie können Sie Ihren Mitarbeitern dieses Wissen vermitteln? Nachfolgend einige – zugegebenermaßen kühne – Vorschläge:

- Sorgen Sie dafür, dass Ihre Mitarbeiter immer auf dem neuesten Wissensstand der Technik sind, indem Sie sie zu Messen und Konferenzen schicken.
- Suchen Sie in der Bibliothek nach von Behörden oder Berufsverbänden herausgegebenen Richtlinien für die Industrie, und verteilen Sie diese.
- Zahlen Sie Ihren Mitarbeitern die Mitgliedsbeiträge für Berufsverbände. Erlauben Sie ihnen, die entsprechende Fachliteratur während der Arbeitszeit zu lesen. Eine gute Idee ist es auch, gelegentlich einen Fachartikel, zum Beispiel über neue Entwicklungen oder Fallstudien, zu kopieren und in Ihrer Abteilung zu verteilen. (Achtung: Manchmal brauchen Sie dafür die Genehmigung des Verfassers.)
- Suchen Sie im Internet nach Büchern, Veröffentlichungen und Forschungsergebnissen zu der Branche, in der Ihre Firma tätig ist.
- Schließen Sie sich Diskussionsgruppen im Internet an, die sich mit Themen aus Ihrer Branche oder allgemeinen Managementpraktiken befassen. (Unter www.quality.org. finden Sie Interessantes zum Thema Management.)

Vorsicht!

Ihre Angestellten und die Konkurrenz   Manchmal entpuppt es sich als heikle Angelegenheit, wenn Ihre Mitarbeiter viel über die Konkurrenz, vor allem über deren Personalpolitik, wissen. Ein wirklich heißes Eisen! Da hilft nur eins: Sorgen Sie dafür, dass Ihr Unternehmen in den Augen Ihrer Mitarbeiter der bessere Arbeitsplatz ist – ein Ort, an dem viel mehr als gute Verdienstmöglichkeiten motivieren.

* Treten Sie selbst oder als Unternehmen Firmenverbänden bei, die in derselben Branche tätig sind, ähnlich strukturiert sind, eine vergleichbare Marktposition innehaben, eine Marktnische gefunden haben und so weiter. Denken Sie bitte daran, dass Sie mit diesen Ratschlägen die Motivation Ihrer Mitarbeiter steigern wollen, indem Sie ihnen vermitteln, wie wichtig ihre Arbeit für sie selbst und das Unternehmen ist. Berücksichtigen Sie die Bedürfnisse und Gefühle Ihrer Mitarbeiter und verzetteln Sie sich nicht, indem Sie alle unsere Vorschläge auf einmal umsetzen. Manche Mitarbeiter könnten sich von so vielen Informationen erschlagen fühlen oder befürchten, dass Ihre Erwartungen an sie zu hoch gesteckt sind. Ihre Mitarbeiter sollen ihr Wissen vertiefen, aber sich nicht im Informationschaos verirren. Denken Sie daran, Ihren Mitarbeitern klar zu machen, welchen Zweck Sie verfolgen.

4. Schritt: Ermutigen Sie Ihre Mitarbeiter, kalkulierbare Risiken einzugehen

Risikobereitschaft galt lange als rotes Tuch für Erfolg. Aber die Fähigkeit, kreativ kalkulierbare Risiken einzugehen, ist für jedes Unternehmen ein Gewinn. Für das Management bedeutet dies, dass es den Mitarbeitern das Ausprobieren neuer, erfolgversprechender

Arbeitsmethoden ermöglichen sollte, wobei ihnen die nötige Rückendeckung geboten werden muss, wenn sie sich auf solche Risiken einlassen.

Doch warum sind nicht mehr Mitarbeiter bereit, ein gewisses Risiko einzugehen? Wahrscheinlich haben sie die Erfahrung gemacht, dass ihnen im Falle eines Scheiterns drastische Sanktionen oder sogar die Kündigung drohen. Manchmal kommt es sogar vor, dass Mitarbeiter, deren Risikobereitschaft sich als voller Erfolg herausstellte, gleichzeitig mit dem anerkennenden Klaps auf die Schulter auch die Standpauke dafür kriegen, dass sie die Initiative ergriffen haben. Schließlich ist es ein Unding, sich über bewährte Genehmigungsverfahren hinwegzusetzen, und werden denn nicht die Manager gut dafür bezahlt, vertretbare Risiken einzugehen? Leider vermittelt das Management auch heute noch eine widersprüchliche Botschaft: »Wir erwarten von Ihnen Risikobereitschaft – Sie dürfen nur nicht versagen!«

Es ist noch kein Meister vom Himmel gefallen. Gute Manager wissen, dass die Risikobereitschaft Teil des unternehmerischen Denkens ist. Aus diesem Grund sollten Sie Ihre Mitarbeiter ermutigen, unterstützen und belohnen, wenn sie vernünftige Risiken eingehen. Nur wer wagt, gewinnt. Unternehmen, die sich vor Innovationen scheuen, treten meist auf der Stelle – oder gehen sogar pleite.

Geschickt managen

Wer nichts wagt, kann nichts gewinnen   »Man verliert bei jedem nicht gewagten Schlag 100 Prozent Treffer«, hat der berühmte Hockeyspieler Wayne Gretzky einmal gesagt. Dieser Satz sollte als Poster in sämtlichen Büros hängen. Nicht zuletzt verdankt Gretzky dieser Aussage seinen Spitznamen »Wayne, der Große«. Und da wäre noch etwas: Gretzky hat seine zahlreichen Auszeichnungen nicht nur seiner hohen Trefferquote, sondern auch seiner ausgezeichneten Teamarbeit zu verdanken.

Wie können Sie ein Betriebsklima schaffen, das Ihren Mitarbeitern die Angst nimmt, Risiken einzugehen? Schöne Worte allein reichen nicht aus, wie uns die Erfahrung gelehrt hat. Probieren Sie doch einmal folgende Möglichkeiten aus:

- Lassen Sie Ihre Mitarbeiter Entscheidungen treffen, die ein gewisses Risiko bergen.
- Werten Sie Fehler als Erfahrung. Nutzen Sie ein eventuelles Scheitern, um Ihren Mitarbeitern zu zeigen, dass man aus Fehlern lernen kann.
- Halten Sie sich an den Leitsatz, dass Rückschläge etwas völlig Normales sind, wenn man ein Risiko eingeht.
- Ermutigen Sie Ihre Mitarbeiter, die Initiative zu ergreifen und feiern Sie ihren Erfolg. Selbst wenn es schief geht, sollten Sie Ihre Mitarbeiter für ihr Engagement loben und die Frage klären, was sie daraus lernen können.
- Machen Sie Ihren Mitarbeitern den Unterschied zwischen einem kalkulierbaren Risiko und einem Vabanquespiel klar.

Vorsicht!

Kalkulierbare Risiken eingehen Was ist der Unterschied zwischen einem vernünftigen Risiko und einem Vabanquespiel? Bei Extremfällen sind wir uns sicherlich alle einig und können uns schnell entscheiden. Aber was ist mit den etwas kniffligeren Fällen wie zum Beispiel einem Glücksspiel? Würden Sie 5 Euro einsetzen, wenn die Chance auf einen Gewinn von 25 000 Euro bei drei zu eins liegt? Wie entscheiden Sie bei einem Gewinnverhältnis von 30 zu eins? Und bei 30 000 zu eins? An welchem Punkt wird ein vernünftiges Risiko zu einem Vabanquespiel? Vermutlich werden wir uns darüber nicht so schnell einigen können. Und genau daran sollten Sie denken, wenn Sie Ihre Mitarbeiter auffordern, Risiken einzugehen. Manche sind sich einfach unsicher, wo die Grenze liegt. Geben Sie Ihnen anhand von Beispielen Hilfestellung.

(Denken Sie aber bitte daran, dass es mehr als eine Lösung geben kann. Lesen Sie dazu auch unsere Warnung.)

- Gehen Sie mit gutem Beispiel voran. Probieren Sie neue Wege aus. Wenn Sie niemals ins Rudern kommen, bedeutet dies vermutlich, dass Sie sich immer auf die sichere Seite begeben und nie etwas Neues riskieren. Nennen Sie uns einen Grund, warum Ihre Mitarbeiter Risiken eingehen sollten, wenn Sie es nie tun!
- Erläutern Sie, wie sich ein Risiko abwägen lässt. Klären Sie, wo die Gefahr liegt, ermitteln Sie anhand objektiver Kriterien die Erfolgsaussichten und entscheiden Sie dann, ob sich das Risiko lohnt, und ob die Firma hinter den möglichen Ergebnissen stehen kann.

Praxistipps

Risiken einschätzen   Risiken lassen sich nicht immer vermeiden, aber sie verlieren ihren Schrecken, wenn man weiß, wie man sie einschätzen kann. Nutzen Sie dafür diese Checkliste:

1. Was kann alles schief gehen?
2. Lohnt sich der Einsatz im Vergleich zum möglichen Gewinn? Beantworten Sie diese Frage mithilfe objektiver Kriterien.
3. Fragen Sie sich, ob es das Risiko wert ist.
4. Vergewissern Sie sich, ob Ihre Firma hinter den möglichen Endergebnissen steht.

5. Schritt: Fördern Sie innovatives Denken

Der Erfolg eines Unternehmens und sein Sieg im Kampf ums Überleben hängen meistens davon ab, ob seine Manager wissen, wie sie mit neuen Situationen umgehen können und daran, ob sie den aktuellen Veränderungen manchmal sogar einen Schritt voraus sind. Dies ist mit Sicherheit der Fall, wenn sie den Mitarbeitern ermöglichen, innovativ zu denken, oder besser noch, sie darin bestärken. Anders ausgedrückt bedeutet dies, dass Führungskräfte ihre Mitarbeiter dabei unterstützen müssen, Neues auszuprobieren.

Fachbegriffe

Brainstorming Dieser Begriff wird so häufig und in den unterschiedlichsten Kontexten verwendet, dass wir ein paar Worte darüber verlieren wollen. Das Wichtigste beim Brainstorming ist eine offene Atmosphäre, in der die Ideen nur so sprudeln – unabhängig davon, ob sie letzten Endes praktikabel sind oder wer die Lorbeeren dafür einheimst.

Wie können Sie das als Führungskraft umsetzen? Hier ein paar Techniken:

- Planen Sie Brainstormingsitzungen mit Ihren Mitarbeitern und bitten Sie dabei um möglichst kreative und innovative Vorschläge.
- Unterstützen Sie innovative Ideen und helfen Sie bei ihrer Umsetzung.
- Organisieren Sie eine Schulung über kreatives Denken oder besorgen Sie Bücher zu diesem Thema wie zum Beispiel *Denkanstoß* (1992) von Roger Von Oech.
- Informieren Sie alle Mitarbeiter über kreative Ideen von Kollegen, im persönlichen Gespräch, durch einen Aushang am Schwarzen Brett oder sonstige firmeninterne Kommunikationsmittel.
- Setzen Sie Musik ein, um kreative Energie freizusetzen.

Nun denken Sie vielleicht: »Klingt ja durchaus sinnvoll, aber in meiner Abteilung funktioniert das bestimmt nicht.« Hm, vielleicht haben Sie Recht – andererseits könnten Sie sich aber auch täuschen. Was hindert Ihre Mitarbeiter daran, kreativ zu denken? Was immer ihre Kreativität auch bremsen mag, es ist Ihr Job, es herauszufinden und zu eliminieren. Wie Sie dabei vorgehen, hängt natürlich ganz von Ihrem Arbeitsumfeld ab. Vielleicht können Sie ja die folgenden Methoden ausprobieren:

- Vertrauen Sie den kreativen Fähigkeiten Ihrer Mitarbeiter. Räumen Sie ihnen die entsprechenden Befugnisse ein, wenn bestimmte Aufgaben mithilfe neuer Methoden bearbeitet werden sollen und stellen Sie die erforderlichen Ressourcen zur Verfügung. Mangelndes Vertrauen in Ihre Mitarbeiter wird bestimmt als Zeichen dafür gewertet, dass Innovationen unerwünscht sind.
- Sprechen Sie mit Ihren Mitarbeitern über mögliche Ängste und beseitigen sie diese. Manche Menschen sind zum Beispiel davon überzeugt, dass nicht ein Funken Kreativität in ihnen steckt. Andere wiederum sind brillante Denker und können Ideen ebenso rasch analysieren und beurteilen, wie sie ihnen in den Sinn kommen.
- Stellen Sie sicher, dass jeder Mitarbeiter weiß, worauf es beim Brainstorming ankommt – eine freundliche und offene Atmosphäre zu schaffen, die jeden dazu anregt, seinen Ideen freien Lauf zu lassen – egal, wie undurchführbar sie auf den ersten Blick auch scheinen.

Praxistipps

Eine Brainstormingsitzung   Eine gute Brainstormingsitzung abzuhalten ist kinderleicht, wenn Sie sie so einfach wie möglich gestalten. Holen Sie sich einen Mitarbeiter aus einer anderen Abteilung – jemand, der schnell denken und noch schneller mitschreiben kann. Besorgen Sie sich einen Marker und ein Flipchart oder Kreide und eine Tafel. Weisen Sie den Kollegen an, alle Ideen zu notieren. So wird verhindert, dass der Ideenfluss Ihrer Mitarbeiter durch das Aufschreiben gebremst wird, außerdem ist es einfacher, auf neue Ideen zu kommen, wenn man ab und zu mal einen Blick auf bereits genannte werfen kann. Ziel ist es, dass Anwesende keine Zeit damit vergeuden, ihre Ideen auf Praxistauglichkeit zu prüfen, sondern spontan alles sagen, was ihnen gerade einfällt.

- Betonen Sie regelmäßig die Vorteile innovativen Handelns – und die Nachteile, wenn man dieselben Dinge immer wieder auf dieselbe Weise erledigt.

- Bestrafen Sie niemanden dafür, dass er keinen Erfolg mit seiner neuen Methode hatte. Sorgen Sie stattdessen dafür, dass alle aus diesem Fehler lernen.
- Machen Sie deutlich, dass Sie offene Worte und kreatives Denken schätzen.
- Gehen Sie niemals davon aus, dass etwas nicht klappen kann, nur weil es bisher noch keiner ausprobiert hat.
- Prüfen Sie die Ideen Ihrer Mitarbeiter sorgfältig. Besprechen Sie, wie Sie einen Vorschlag gemeinsam erfolgreich umsetzen können und hacken Sie nicht auf den Schwächen einer Idee herum.
- Entspannen Sie sich und nehmen Sie die Sache locker. Nehmen Sie sich selbst nicht zu wichtig, und vergessen Sie nicht Ihren Humor.

Praxistipps

Bunte Fahnen   Manchmal passiert es, dass wir uns bei unseren kreativen Sitzungen zu viel auf einmal vornehmen, was meistens dazu führt, dass nur weniges erfolgreich abgeschlossen wird. Dann kann es hilfreich sein, wenn Sie verschiedenfarbige Fahnen zum Einsatz bringen.

Beschaffen Sie sich drei Fahnen – eine grüne, eine gelbe und eine rote. (Nehmen Sie einfach farbiges Papier und befestigen Sie es an einem Stift.) Bringen Sie die Fahnen in die nächste Brainstormingsitzung mit und erklären Sie den Anwesenden ihre Bedeutung: Grün bedeutet freie Fahrt für Ideen, gelb heißt, wir analysieren sie und rot bedeutet, nach möglichen Schwachstellen dieser Vorschläge zu suchen. Wenn Sie also Ideen hören wollen, stellen Sie die grüne Fahne sichtbar für alle – am besten mitten auf den Schreibtisch – auf. Nun kann jeder ganz offen seine Vorschläge machen. Möchten Sie diese anschließend kurz analysieren, stellen Sie die gelbe Fahne auf. Ganz zum Schluss kommt dann die rote ins Spiel, und die kritische Auseinandersetzung mit den gesammelten Ideen kann beginnen.

Bringen Sie Ihre Mitarbeiter dazu, sich als Firmeninhaber zu fühlen

Sollen Ihre Mitarbeiter sich selbst mehr in ihre Arbeit einbringen? Dann müssen Sie dafür sorgen, dass sie sich in ihrer Arbeit besser wiederfinden. In den ersten beiden Kapiteln haben wir uns damit befasst. Im dritten sind wir schon ein Stück weiter gekommen und haben uns mit unternehmerischem Denken auseinandergesetzt.

Für die meisten Mitarbeiter scheint das nur ein kleiner Schritt zu sein – zumindest in der Theorie – weil sich die Leute normalerweise mit ihrer Arbeit identifizieren und das Gefühl haben möchten, dass sie mehr als nur ein kleiner Teil einer Riesenmaschine sind. In Ihrem Fall könnte dieser Schritt dann etwas schwieriger sein.

Denken Sie immer an das Grundkonzept: Möchten Sie Ihre Mitarbeiter zu Höchstleistungen motivieren, müssen Sie ihnen das Gefühl vermitteln, dass nur sie selbst für ihren Job verantwortlich sind, dass sie Teil einer großen Familie sind und – vor allem – dass sie in gewissem Sinne auch Firmeninhaber sind.

Checkliste für Ihren Erfolg

- Unternehmerisches Denken ist vor allem deshalb so wichtig, weil Menschen, die einen gewissen Stolz für ihren Besitz empfinden, sich auch besser darum kümmern.
- Damit sich Mitarbeiter wie ein Firmenchef fühlen und sich entsprechend verhalten, müssen Sie ihnen alles über Ihr Unternehmen erklären: Wie operiert es, wie regelt es seine Finanzen, was macht die Konkurrenz und so weiter. Außerdem müssen Sie Innovation und Risikobereitschaft fördern.
- Sorgen Sie dafür, dass Ihre Mitarbeiter das Unternehmen und die Rolle, die sie darin spielen, bestens kennen – das steigert die Motivation und erzeugt eine positive Einstellung zur Arbeit und den Kollegen.

- Florierende Unternehmen haben ihren Erfolg oft der Tatsache zu verdanken, dass die Führungskräfte ihre Mitarbeiter ermutigen, kreativ zu denken und Neues auszuprobieren.

4.

Motivation und Leistung miteinander verknüpfen

Beschleicht Sie manchmal das Gefühl, als hätten Sie keinen oder nur sehr wenig Einfluss auf die Motivation Ihrer Mitarbeiter? Vielleicht tröstet Sie der Gedanke, dass Sie damit nicht alleine sind.

Stellen wir uns den Tatsachen: Manche Faktoren, die sich auf die Begeisterung der Mitarbeiter für ihren Job auswirken, entziehen sich einfach Ihrem Einflussbereich. Dazu gehören zum Beispiel Arbeitsbedingungen, bestimmte Aufträge, Gehalts- und Sonderzahlungen, aber auch private Angelegenheiten.

Trotzdem müssen Sie sich immer wieder vor Augen halten, dass es einen Zusammenhang zwischen Motivation und Leistung gibt. Mitarbeiter, die sich täglich mächtig ins Zeug legen, tun dies nicht für Sie, sondern für sich selbst. Wir müssen für die Mitarbeiter eine Verbindung zwischen ihrer eigenen Bedürfnisbefriedigung und Spitzenleistungen im Beruf herstellen. Und genau hier kommt das Management ins Spiel.

Widerstehen Sie dabei der Versuchung, mit Zuckerbrot und Peitsche zu arbeiten. Es mag nicht immer einfach sein, diese Verbindung herzustellen, aber – glauben Sie uns – dieses Problem lässt sich auch mit weniger drastischen Mitteln lösen. Eignen Sie sich die Methoden an, die sich in der Praxis bereits bewährt haben, und probieren Sie sie zum richtigen Zeitpunkt aus. Auf diese Weise merken Sie recht schnell, was in Ihrer Abteilung funktioniert und was nicht.

Entwickeln Sie eine allgemeine Strategie, an die Sie sich konsequent halten, nicht dass Ihre Mitarbeiter den Eindruck gewinnen, bei diesen Techniken handelte es sich um vorübergehende »Modeerscheinungen«. Als erstes müssen Sie die von uns gleich erläuterten Methoden verstehen und wissen, warum sie funktionieren. Anschließend wenden Sie diejenigen an, von denen Sie glauben, dass sie die Motivation Ihrer Mitarbeiter steigern könnten.

In diesem Kapitel finden Sie viele Methoden und Techniken, und einige der Strategien haben sich in der Praxis extrem gut bewährt. Wir möchten Sie aber auch dazu anregen, über Ihren Tellerrand zu blicken und altbekannte Managementregeln, die Sie oder Ihre Kollegen anwenden, zu überdenken. Sie werden überrascht sein, wie sehr Sie die Produktivität Ihrer Mitarbeiter steigern können, wenn Sie geeignete innovative Methoden einsetzen und diese durch Ihren persönlichen Stil, Geschäftssinn und Führungsqualitäten individuell gestalten.

Was versteht man unter Leistung?

Der Begriff *Leistung* wird Ihnen in diesem Kapitel noch häufig begegnen, doch was bedeutet er eigentlich? Leistungssteigerung ist sicherlich ein wichtiges Ziel für alle Manager, doch jemand, der ir-

Fachbegriffe

Leistung   Glauben Sie ja nicht, dass wir Ihnen diesen Begriff definieren. Sicherlich könnten wir im Duden nachschlagen, aber ob das in diesem Fall hilft? Sie müssen selbst exakt festlegen, was Sie darunter verstehen und es dann Ihren Mitarbeitern vermitteln. In den meisten Büchern über Management werden Sie keine Definition von *Leistung* finden, weil wir alle ganz selbstverständlich davon ausgehen, dass jedem klar ist, was damit gemeint ist. Ein Trugschluss – und vor allem bei unseren Mitarbeitern dürfen wir uns da keineswegs sicher sein, dass wir wirklich dasselbe meinen.

gendwelche Waren herstellt oder Dinge verkauft, versteht sicherlich etwas anderes darunter als ein Designer von Werbematerialien für alles Mögliche auf dieser Welt.

Leistung ist also ein Begriff, der sich je nach Kontext oder Situation ändert. Das wussten Sie bereits? Klar. Nur, könnte es sein, dass dieser Begriff so selbstverständlich für Sie ist, dass Sie sich nicht die Mühe machen, ihn Ihren Angestellten zu erklären?

Machen Sie nicht den Fehler, davon auszugehen, dass Ihre Mitarbeiter wissen, was Sie unter Leistung verstehen. Es ist Ihr Job, ihnen Leistungsstandards genau zu erklären. Hier finden Sie gleich alles, was Ihre Mitarbeiter über Leistung wissen müssen:

- Was wird von mir erwartet?
- Welche Rolle spiele ich als Teil der Gruppe und des Unternehmens?
- Was versteht man unter mangelnder Leistung?
- Was muss ich tun, um dem Leistungsstandard zu genügen?

Sie können Ihre Erwartungen an die Leistung Ihrer Mitarbeiter bereits beim Vorstellungsgespräch, bei der Leistungsbeurteilung, während der Strategieplanung oder zu Beginn eines neuen Projekts erklären. Fakt ist, dass Sie es erklären müssen. Vermutlich haben

Geschickt managen

Berücksichtigen Sie den Kontext   Ein kluger Manager weiß, dass alles vom Zusammenhang, den Umständen und dem Kontext abhängt. Man kann daher nicht davon ausgehen, dass eine beliebige Managementmethode unter verschiedenen Umständen auf dieselbe Weise funktioniert. Bevor Sie neue Methoden ausprobieren, sollten Sie deshalb das Verhältnis zu Ihren Mitarbeitern prüfen und sie besser kennen lernen. Nur dann können Sie aus den in diesem Kapitel genannten Techniken die für Ihre Mitarbeiter geeignete auswählen und sie an die in Ihrer Abteilung herrschenden Umstände und Ihren persönlichen Managementstil anpassen.

Sie ja sowieso schon eine recht genaue Vorstellung davon, was Sie von Ihren Mitarbeitern erwarten können oder haben sich bereits stundenlang den Kopf darüber zerbrochen, was das Beste für Ihre Abteilung oder das Unternehmen wäre. Es lohnt sich sicherlich, noch etwas mehr Zeit und Mühe zu investieren und sicherzustellen, dass Ihre Mitarbeiter unter *Leistung* dasselbe verstehen wie Sie.

Acht Schritte zur Leistungssteigerung

Die folgenden acht Schritte zeigen Ihnen, wie Sie und Ihre Mitarbeiter produktiver zusammenarbeiten können. Außerdem erfahren Sie, wie Sie die Motivation Ihrer Mitarbeiter steigern und eine Verbindung zwischen ihren Interessen und denen des Unternehmens herstellen können.

1. Schritt: Fördern Sie Ihre Mitarbeiter

Ersparen Sie es Ihren Mitarbeitern, Tag für Tag dieselben Aufgaben auf dieselbe Art und Weise erledigen zu müssen. Sorgen Sie für Abwechslung und helfen Sie ihnen, ihre Rolle in der großen Familie zu finden.

Die meisten Menschen sind ehrgeizig und wollen etwas dazulernen. Falls sie jedoch den Eindruck gewinnen, die neuen Aufgaben würden ihnen aufgezwungen und es wären sehr hohe Erwartungen damit verbunden, flaut der Eifer schnell wieder ab. Machen Sie Ihren Mitarbeitern klar, dass Sie ihnen lediglich dabei helfen möchten, sich weiterzuentwickeln. Stellen Sie zum Beispiel individuelle Leistungsziele auf, die über die momentanen Anforderungen eines Jobs hinausgehen. Außerdem sollten Sie ihnen erklären, welchen Beitrag sie für das Unternehmen leisten und wie sich die Arbeit eines jeden Mitarbeiters auf die seiner Kollegen auswirkt. So können Sie Ihre Leute anspornen, sich eigene Verbesserungsvorschläge zu überlegen.

Vorsicht!

Erwartungen übertreffen Machen Sie sich Sorgen, weil manche Mitarbeiter Ihren Erwartungen gerade mal so eben genügen, anstatt einmal mehr zu leisten? Finden Sie den Grund dafür heraus! Vielleicht möchten sie effizientere Arbeit leisten, befürchten aber, vor ihren Kollegen als »Streber« oder »Mamas Liebling« dazustehen oder sie glauben, dass es sowieso keiner merkt, wenn sie sich besonders anstrengen. Konzentrieren Sie sich also auf die Hemmschwellen und Ängste Ihrer Mitarbeiter und nicht nur auf Ihre eigenen Ziele.

2. Schritt: Eindeutige Standards festlegen

Welche Leistungsstandards gelten für einen bestimmten Arbeitsplatz? Legen Sie sie fest und schildern Sie im Detail, was passiert, wenn dieser Standard über- beziehungsweise unterschritten wird. Viele Menschen mussten schmunzeln, als ein Abgeordneter vor einigen Jahren zugab, dass er den Begriff Pornografie zwar nicht definieren könne, aber trotzdem behauptete, sich mit so etwas auszukennen. Wie kann man etwas bekämpfen, wenn man es nicht definieren kann? Sie als Manager stehen vor demselben Problem: Sie müssen in der Lage sein, Leistung zu definieren, damit Sie eine Steigerung erreichen können.

Besprechen Sie diesen Punkt mit Ihren Mitarbeitern und hören Sie gut zu, was sie dazu zu sagen haben. Bitten Sie jeden einzelnen Mitarbeiter, seine eigenen realistischen Parameter zur Leistungsbeurteilung aufzustellen.

Wenn Sie Ihre Mitarbeiter aktiv an der Festlegung von Leistungsstandards beteiligen, ist das nicht nur ein netter Zug von Ihnen, sondern zudem ein kluger Schachzug. Warum? Na, deshalb:

• Wenn Mitarbeiter bei der Entwicklung von Leistungsstandards mithelfen, werden sie Ihnen eher von potenziellen Schwierigkeiten erzählen, sodass bereits im Vorfeld Abhilfe geschaffen werden kann.

- Wenn Mitarbeiter bei der Entwicklung von Leistungsstandards mithelfen, werden sie die Standards besser nachvollziehen können und wissen, was dahinter steckt. Auf diese Weise können Sie sich die Zeit für langwierige Erklärungen sparen.
- Wenn Mitarbeiter bei der Entwicklung von Leistungsstandards mithelfen, werden sie diese Standards eher akzeptieren und bereit sein, sie auch zu erfüllen.

3. Schritt: Zuständigkeiten der einzelnen Mitarbeiter klären

Stellen Sie sicher, dass jeder Mitarbeiter weiß, wer wofür verantwortlich ist. Kennt der Einzelne seine Rolle und ist ihm klar, wie sich seine Arbeit auf die seiner Kollegen auswirkt, beugt dies möglichen Verwechslungen und Verwirrungen vor, und Ihre Mitarbeiter entwickeln ein besseres Gespür dafür, wie sie gemeinsam die vorgegebenen Ziele verwirklichen können.

Geschickt managen

Drücken Sie sich klar und deutlich aus!   Je genauer Sie Ihre Erwartungen darlegen, umso wahrscheinlicher werden Ihre Mitarbeiter sie erfüllen oder sogar übertreffen, da sie genau wissen, was in welcher Situation von ihnen erwartet wird. Dies setzt natürlich voraus, dass Manager die nötigen Hilfsmittel bereitstellen, Informationen weitergeben und die erforderliche Unterstützung bieten, damit sichergestellt ist, dass die Mitarbeiter ihre Arbeit erfolgreich erledigen können. Dies mag ganz selbstverständlich klingen, doch viele Manager gehen davon aus, dass ihre Mitarbeiter Gedanken lesen können und verlassen sich daher auf bloße Vermutungen.

Nachdem Sie die Zuständigkeiten für ganz normale Arbeitsvorgänge geklärt haben, müssen Sie auf Ausnahmesituationen zu sprechen kommen, bei denen sich Zuständigkeiten verschieben können. Erwarten Sie zum Beispiel, dass jemand der Auftragsabwicklung zu Hilfe eilt, wenn Not am Mann ist, müssen Sie diesen Fall genau planen und die Einzelheiten mit Ihren Mitarbeitern klären: Wann hat wer was zu tun. Sollen einige Mitarbeiter ihre Arbeit liegen lassen und am Wareneingang mit anpacken, wenn gleichzeitig mehrere Fuhren eintreffen, müssen sie diesen Fall vorher geplant und besprochen haben. Natürlich können Sie nicht für alle möglichen Störungen des normalen Arbeitstages so genannte Schubladenpläne vorbereiten, aber wenn im Vorfeld geklärt wird, wer in einer Ausnahmesituation wofür zuständig ist, können Ihre Mitarbeiter besser auf ungewöhnliche Situationen reagieren.

Ein Faktor, der die Motivation Ihrer Mitarbeiter untergraben kann, ist Unwissenheit darüber, was von ihnen erwartet wird. Sind sie sich hingegen sicher, wie sie sich in bestimmten Situationen verhalten sollen, fällt es ihnen bestimmt leichter herauszufinden, was sie in anderen Situationen tun könnten. Dann ist auch klar, dass es zu ihrem Job gehört, sich bestimmten Situationen anzupassen – und das Mehr an Verantwortung steigert bestimmt ihre Motivation.

Vorsicht!

Vorausschauend planen! Vernachlässigen Sie es manchmal (oder des Öfteren), Ihre Mitarbeiter auf eventuelle Verlagerungen ihrer Zuständigkeiten vorzubereiten? Stellen Sie manchmal (oder des Öfteren) fest, dass eine kleine Veränderung das absolute Chaos nach sich zieht? Gehen Sie nicht davon aus, dass im Notfall alle Mitarbeiter das Gleiche denken. Schubladenplanung ist kluges Management auf allen Ebenen.

Sind die Zuständigkeiten erst einmal geklärt, können Sie den nächsten Schritt wagen und ihren Mitarbeitern mehr Verantwortung übertragen. Das kann entweder nur für bestimmte Situationen oder Notfälle gelten, oder Sie setzen es als Mittel ein, einen Mitarbeiter auf diese Weise für sein Engagement oder bessere Leistungen zu belohnen, indem Sie ihn beispielsweise zum Gruppen- oder Projektleiter ernennen.

Unser Ziel lautet hierbei jedoch nicht, den Mitarbeitern mehr Arbeit aufzuhalsen. Es sollte ihnen klar sein, dass Sie ihr Engagement belohnen und ihnen die Gelegenheit bieten möchten, etwas dazuzulernen und sich beruflich weiterzuentwickeln. Können Sie diese Botschaft nicht vermitteln, werden Ihre Mitarbeiter von der zusätzlichen Verantwortung nicht gerade begeistert sein, da sie die Mehrarbeit nicht mit ihren eigenen Interessen in Verbindung bringen.

Fachbegriffe

Arbeitsplatzübergreifendes Training Mit diesem Begriff ist gemeint, dass alle Mitarbeiter einer bestimmten Abteilung fast alle Aufgaben, die dort anfallen, bearbeiten können. Auf diese Weise lässt sich die Gesamtleistung Ihrer Mitarbeiter trotz Unterbrechungen des Arbeitsablaufs oder krankheitsbedingten Ausfällen aufrechterhalten. Außerdem lernen Mitarbeiter die Arbeit der Kollegen besser zu schätzen, wenn sie deren Aufgaben einmal selbst erledigt haben, und es fördert zudem das Wir-Gefühl, was wiederum die Motivation steigert.

4. Schritt: Mitarbeiter an der Ausweitung von Leistungsstandards beteiligen

Die meisten Mitarbeiter möchten ein Wörtchen mitreden, wenn es darum geht, ihre Leistungsstandards anzuheben. Je stärker sie mit einbezogen werden, umso wahrscheinlicher werden die neuen

Standards anschließend auch eingehalten. Fragen Sie Ihre Mitarbeiter, wie sie sich den Weg zum gemeinsam festgelegten Ziel vorstellen. Geben Sie ihnen Zeit, über Ihre Vorschläge nachzudenken und darauf zu reagieren und bitten Sie sie um eigene Ideen, wie sich ihrer Meinung nach die Leistung steigern lässt.

Fachbegriffe

»Buy-in« oder sich die volle Unterstützung der Mitarbeiter sichern Jeder Manager verwendet diesen Begriff, doch jeder meint etwas anderes damit. Falls Sie glauben, die Unterstützung der Mitarbeiter für ein neues Programm ließe sich irgendwie erzwingen, können Sie mit ernsthaften Problemen rechnen. Ihre Mitarbeiter sind voll auf Ihrer Seite, wenn sie das jeweilige Vorhaben verinnerlichen und bereit sind, ihre Energie und Fähigkeiten in dieses Projekt zu stecken, so als ginge es um eine Investition in ein Jointventure. Behandeln Sie Ihre Mitarbeiter als gleichwertige Partner, dann werden sie auch dazu motiviert sein, Ihre Pläne wie die eigenen betrachten und sich doppelt anstrengen.

Wenn Sie Ihre Mitarbeiter in diesen Prozess integrieren, werden Sie wichtige Informationen erhalten, wie sich höhere Leistungen erzielen lassen – Informationen, auf die Sie vielleicht aus Ihrer Perspektive gar nicht gestoßen wären.

5. Schritt: Dokumentieren Sie, worauf Sie sich mit Ihren Mitarbeitern geeinigt haben

Erstellen Sie eine Liste der Leistungsstandards, wie die gemeinsam festgelegten Erwartungen an bestimmte Aufgaben erfüllt, oder besser noch, übertroffen werden können. Denken Sie daran, dass Ihnen am beruflichen Weiterkommen Ihrer Mitarbeiter gelegen ist, ohne sie dabei zu überfordern.

Legen Sie im Detail fest, wie sich bei jeder Aufgabenstellung der gesetzte Standard erreichen lässt. Dokumentieren Sie die entsprechenden Erwartungshaltungen. Händigen Sie jedem Mitarbeiter eine Kopie davon aus und behalten Sie eine für sich.

Sie können diese Unterlagen später zur Leistungsbewertung eines Mitarbeiters oder nach einem Projektabschluss heranziehen, um herauszufinden, inwieweit die gesteckten Ziele tatsächlich erreicht wurden.

Geschickt managen

Beziehen Sie Ihre Mitarbeiter mit ein   Wenn Manager ein bestimmtes Projekt planen, arbeiten sie in der Regel Hand in Hand, um Ziele, Zuständigkeiten und Strategien festzulegen oder treffen sich, um über Fortschritte zu diskutieren. Manager sind eigentlich alle der Meinung, dass diese Vorgehensweise Sinn macht. Nun, es macht ebenso viel Sinn, Mitarbeiter in derartige Planungen mit einzubeziehen. Können sie von Anfang an ein Wörtchen mitreden, identifizieren sie sich eher mit dem Projekt und zeigen unternehmerisches Denken, was sie wiederum anspornt, hart zu arbeiten, um einen erfolgreichen Abschluss zu erzielen.

6. Schritt: Legen Sie die Vorgehensweisen fest

Nachdem die Leistungsstandards feststehen, müssen Sie prüfen, welche Aufgaben zu welchem Job gehören. Finden Sie heraus, welcher Mitarbeiter für welche Tätigkeit qualifiziert und geeignet ist. Planen Sie die Aufgabenverteilung unter Berücksichtigung der Erfahrung und Kompetenz des jeweiligen Mitarbeiters.

Dann – und das ist sehr wichtig – müssen Sie jedem Mitarbeiter verdeutlichen, dass Sie bereit sind, diese Zuständigkeiten den tatsächlichen Gegebenheiten anzupassen, sobald sich im Verlauf eines Projekts herausstellt, welche Schwierigkeiten damit verbun-

Geschickt managen

Wissen, was zählt »Vertrauen ist gut, Kontrolle ist besser.« Über diese Binsenweisheit sollte jeder Manager noch einmal gründlich nachdenken. Allzu oft konzentrieren wir uns bei der Festlegung von Zielen und Standards nur darauf, was sich in Zahlen ausdrücken lässt, denn Zahlen haben so etwas Beruhigendes an sich. Doch besteht dabei die Gefahr, weniger offensichtliche, doch ganz entscheidende Dinge zu übersehen, die für Ihre Abteilung und die Firma im Allgemeinen wirklich wichtig sind. Und genau diese sollten Sie messen. Denken Sie daran: Jeder Manager weiß, *wie* man zählt, aber nur kluge Manager wissen, *was* zählt.

den sind. Selbstverständlich schrauben Sie Ihre Anforderungen dann nicht auf ein Mindestmaß zurück, doch müssen Sie dafür sorgen, dass Sie Ihre Mitarbeiter nicht überfordern und die Erwartungen an ihre Leistungen realistisch bleiben. Dadurch vermitteln Sie ihnen ein Gefühl von Sicherheit, sodass jeder offen und ehrlich über Erfolge und Misserfolge bei der Arbeit berichten kann. Anders ausgedrückt vermitteln Sie die Botschaft: »Irren ist menschlich.«

Dieses Gefühl von Sicherheit ist auch für Sie selbst von Vorteil. Warum? Weil auch Sie Ihre menschliche Seite zeigen können und nicht den unfehlbaren Manager spielen müssen, der es als persönliches Versagen empfindet, wenn er die ursprünglich geplante Vorgehensweise ändern muss.

7. Schritt: Beobachten und Nachhaken

Nehmen Sie sich die Zeit, um aufmerksam zu beobachten, wie sich die Dinge entwickeln. Warten Sie nicht ab, bis ein Projekt abgeschlossen ist, bevor Sie sich mit Ihren Mitarbeitern austauschen. Je nach Erfahrung Ihrer Mitarbeiter und der Komplexität der anfallenden Aufgaben sollten Sie bestimmte Projekte von Anfang bis Ende im Auge behalten.

Weniger erfahrene Mitarbeiter sind natürlich stärker auf Ihre Unterstützung angewiesen als »alte Hasen«, bei denen es genügen dürfte, wenn man ihnen versichert, dass sie Ihr vollstes Vertrauen genießen, aber jederzeit auf Sie zählen können, wenn Not am Mann ist. Dieses Nachhaken gibt Ihren Mitarbeitern das nötige Feedback über ihre Leistungen und zeigt ihnen, dass es Ihr Job ist, ihnen zum Erfolg zu verhelfen.

Geschickt managen

Verschanzen Sie sich nicht in Ihrem Büro!   Warten Sie nicht einfach in Ihrem Büro darauf, dass Ihre Mitarbeiter Sie aufsuchen. Genauso unangebracht ist es aber auch, in der Abteilung herumzuspazieren und ihnen gelegentlich über die Schulter zu sehen. Suchen Sie jeden einzelnen Mitarbeiter auf, und reden Sie mit ihm über seine Arbeit. Fragen Sie nach, wie es läuft und ob er Unterstützung benötigt, und lassen Sie Ihren Worten Taten folgen. Bieten Sie Ihren Mitarbeiter all die Hilfe, die sie brauchen, um gute Arbeit leisten zu können.

8. Schritt: Lassen Sie Ihre Mitarbeiter über finanzielle Belohnungen und sonstige Vorteile nicht im Ungewissen

Klären Sie Ihre Mitarbeitern genau darüber auf, mit welchen Belohnungen sie rechnen können, wenn sie gesetzte Leistungsstandards erreichen oder sogar überschreiten und planen Sie ihren Erfolg ein. Es mag zwar für Ihr Unternehmen finanziell günstiger erscheinen, wenn Mitarbeiter den gesetzten Standards ein kleines Stück hinterher hinken, da so keine Ausgaben für Belohnungen anfallen, doch

Vorsicht!

Halten Sie Ihre Versprechen   Versprechen Sie nur, was Sie auch halten können. Was glauben Sie, was Ihre Mitarbeiter denken werden, wenn Sie keinen Etat für Prämienzahlungen eingeplant haben? Dass man Ihnen vertrauen kann? Dass Sie Ihren Mitarbeitern vertrauen? Wahrscheinlich nicht! Die Aussicht auf eine Belohnung darf aber nie der einzige Grund für gute Arbeitsleistung sein. Eine Belohnung sollte immer als die Anerkennung guter Leistung betrachtet werden, aber niemals Selbstzweck sein.

der kluge Manager weiß, dass der Erfolg seiner Mitarbeiter – auch wenn er zunächst einmal Kosten verursacht – den Erfolg des Unternehmens nach sich zieht.

Haben Ihre Mitarbeiter den gesetzten Standard erreicht, müssen Sie sie umgehend dafür belohnen. (Das ist Teil Ihres Erfolgrezepts!) Die Rückzahlung eines Kredits können Sie gerne versuchen hinauszuzögern, doch bei Ihren Mitarbeitern ist eine Hinhaltetaktik fehl am Platz! Nur bei einer sofortigen Belohnung erkennen Ihre Mitarbeiter den Zusammenhang zwischen ihrer erbrachten Leistung und der Erfolgsprämie.

Nun, wie können Sie die gute Arbeit Ihrer Mitarbeiter belohnen? Klar, Geld ist die einfachste Möglichkeit, doch das kann ziemlich teuer werden und ist außerdem eine sehr unpersönliche Form der Anerkennung. Was halten Sie denn von folgenden Vorschlägen?

- **Mehr Befugnisse.** Auf diese Weise zeigen Sie Ihren Mitarbeitern, dass Sie ihnen zutrauen, die richtigen Entscheidungen zu treffen.
- **Mehr Verantwortung.** Sie beweisen hier, genau wie bei der Zuteilung von mehr Befugnissen, dass Sie Ihre Mitarbeiter respektieren, ihnen vertrauen und ihnen die Möglichkeit geben, sich weiterzuentwickeln.
- **Beförderung.** Vermittelt dieselbe Botschaft wie die beiden oben

stehenden Punkte und ist in der Regel mit einer Gehaltserhöhung verbunden.

- **Lob.** Sie könnten zum Beispiel ein Memo verfassen, in dem Sie die Leistungen eines bestimmten Mitarbeiters loben. Oder ein Topmanager kommt bei einer Sitzung lobend auf die Arbeit eines Mitarbeiters zu sprechen. Auf diese Weise wird ein Angestellter in seinem Engagement bestärkt und erfährt, dass man seine Leistungen zu schätzen weiß.
- **Hilfsmittel.** Zum Beispiel ein neuer Computer, neue Software, ein Assistent, ein höherer Etat für Bücher und Seminare.
- **Auszeichnungen.** Eine Urkunde, ein Gutschein oder die Anerkennung vor dem gesamten Team.
- **Flexiblere Arbeitszeiten.**
- **Öffentlicher Auftritt.** Gestatten Sie beispielsweise dem Mitarbeiter, eine Rede auf einer Konferenz zu halten oder bei der nächsten Managementsitzung eine Fallstudie zu präsentieren.
- **Materielle Belohnungen.** Reisen oder Einladungen zum Essen.

Geschickt managen

Belohnung und Motivation   Materielle und andere Formen der Belohnung helfen zwar, die Leistungen der Mitarbeiter zu steigern, dürfen aber, wie bereits betont, nicht zum Hauptmotiv für gute Arbeitsleistung werden. Auf Dauer funktioniert das nicht. Belohnungen sollten immer ein Dankeschön für gute Arbeit bleiben.

Für diese Vorschläge gelten drei Einschränkungen:

1. **Berücksichtigen Sie immer, welcher Mensch hinter den erzielten Leistungen steckt.** Die Belohnung muss nicht nur auf die erbrachte Arbeit, sondern auch auf den jeweiligen Mitarbeiter zugeschnitten sein. Möchten Sie zum Beispiel Ihr Verkaufsteam für seinen Einsatz belohnen, könnte eine Wochenendreise mit freier Unterkunft und Essen eine gute Idee sein. Ihren Handelsvertretern, die aus beruflichen Gründen sowieso ständig in

Hotels logieren müssen, werden Sie damit eher keine Freude machen.

2. **Seien Sie fair und einfühlsam.** Die faire Behandlung Ihrer Mitarbeiter und die Berücksichtigung verschiedener Persönlichkeiten dürften für Sie selbstverständlich sein. Halten Sie sich auch bei der Vergabe von Belohnungen an Ihre Richtlinien, denn wenn Sie davon ausgehen, dass sich jeder Mitarbeiter über eine Flasche Champagner oder die Gelegenheit freut, eine Präsentation zu halten, kann dies ins Auge gehen. Viele Menschen trinken keinen Alkohol oder haben Angst, vor einem Publikum eine Rede halten zu müssen.

3. **Bedenken Sie die Konsequenzen einer Belohnung.** Winkt als Belohnung für gute Arbeit mehr Verantwortung oder die Möglichkeit, öffentlich aufzutreten, sollten Sie sich vorher überlegen, ob der- oder diejenige tatsächlich auf Dauer mehr Verantwortung ertragen kann oder für gelungene öffentliche Auftritte geeignet ist.

Wie bereits erwähnt, sollten Sie den Erfolg Ihrer Mitarbeiter auch außerhalb Ihrer Abteilung, am besten im ganzen Unternehmen, verkünden. Die Verantwortlichen für Ihr betriebsinternes Mitteilungsblatt werden sicherlich gerne über eine weitere Erfolgsgeschichte berichten. (Außerdem wirft dies auch auf Sie ein gutes Licht, da es beweist, dass Sie Ihre Mitarbeiter motivieren können und wissen, wie man sich für ihren Erfolg bedankt.)

Vorsicht!

Belohnungen müssen etwas Besonderes sein Jede Form der Anerkennung von Leistungen muss sich deutlich von Notwendigkeiten unterscheiden. Benötigt ein Mitarbeiter zum Beispiel einen neuen Computer oder ein neues Programm, um seine Arbeit erledigen zu können, darf die Anschaffung nicht als Belohnung verkauft werden. Schließlich gehört es zu Ihrem Job, sich um die erforderliche Ausrüstung zu kümmern.

Erwarten Sie Höchstleistungen – und seien Sie auf Überraschungen gefasst

Mit einer hohen Erwartungshaltung besitzen Sie ein effizientes Mittel zur Leistungssteigerung Ihrer Mitarbeiter. Erwartungen an andere sind völlig normal und im Grunde genommen nicht zu vermeiden. Forschungsergebnissen zufolge besteht ein direkter Zusammenhang zwischen der Erwartungshaltung an die Mitarbeiter und der Produktivität, Ertragskraft und dem Gesamterfolg des Unternehmens.

Gehen wir doch einmal einen Schritt zurück. Im zweiten Kapitel haben wir Ihnen die Theorie von Douglas McGregor über die beiden Managertypen X und Y vorgestellt, Sie erinnern sich? Beide Typen beeinflussen die Motivation ihrer Mitarbeiter, jedoch auf vollkommen unterschiedliche Weise. Die Erwartungen von Managern an ihre Mitarbeiter werden in den meisten Fällen erfüllt – die Ergebnisse sind jedoch nicht immer die besten.

Sicherlich haben auch Sie schon einmal ähnliche Geschichten gehört: Ein Junge war von Anfang an schlecht in der Schule. In der fünften Klasse bekommt er plötzlich sehr gute Noten, was seine ehemaligen Lehrer völlig verblüfft. Neugierig erkundigen sie sich bei seinem jetzigen Lehrer, der erst seit kurzer Zeit an dieser Schule unterrichtet: »Wie haben Sie das nur geschafft, dass Bobby jetzt ein so guter Schüler ist? Wieso begreift er den Stoff mit einem Mal? Wie kann ein so dummer Junge so gut werden?« Die schlichte Antwort des neuen Lehrers lautet: »Weil ich ihn nicht wie einen dummen Jungen behandle.«

Leistungen hängen oft eng mit der Erwartungshaltung zusammen. Die Erwartungen eines Lehrers an seine Schüler bilden die Grundlage dafür, wie er mit ihnen umgeht. Dasselbe gilt natürlich auch für Manager und ihre Mitarbeiter. Mitarbeiter haben ein Gespür dafür, wenn nur wenig von ihnen erwartet wird, und der Wunsch, gute Arbeit zu leisten, wird dadurch geschmälert. Menschen versuchen normalerweise, die an sie gestellten Erwartungen zu erfüllen – egal, ob sie hoch geschraubt oder niedrig gesteckt sind. Was muss ein kluger Manager in diesem Zusammenhang also beachten?

Erwarten Sie bessere Leistungen

Erwartungen beeinflussen unser Verhalten. Einfach ausgedrückt leisten Ihre Mitarbeiter bessere Arbeit, wenn Sie als Manager das von ihnen erwarten. Dieses Phänomen ist als Pygmalioneffekt bekannt.

In der griechischen Mythologie war Pygmalion der König von Zypern und ein Bildhauer, der sich in eine von ihm geschaffene Mädchenstatue verliebte. Die Göttin Aphrodite erhörte sein Flehen und hauchte der Statue Leben ein.

Dieser Mythos basiert natürlich auf Tatsachen. Schon die alten Griechen erkannten, dass wir das Verhalten anderer durch unsere Erwartungen beeinflussen. Und daran hat sich bis heute nichts geändert. Wir verwenden den Begriff Pygmalioneffekt für das Phänomen, in bestimmten Situationen oder im Zusammenhang mit Menschen auf genau das zu stoßen, was wir erwartet haben.

Als Manager spielen Sie sozusagen die Rolle des Pygmalion für Ihre Mitarbeiter. Ihre Erwartungen führen zu besseren Leistungen, die manchmal Ihre Erwartungen sogar noch übertreffen.

Fachbegriffe

Pygmalioneffekt In einfachen Worten bedeutet dies nichts anderes, als dass wir dazu tendieren, die Erwartungen anderer an uns zu erfüllen. Natürlich müssen Sie Ihren Erwartungen Ausdruck verleihen: Rechnen Sie nicht auf göttlichen Beistand wie im Falle von Pygmalion und Aphrodite.

Wissenschaftler bestätigen den Pygmalioneffekt

Der Pygmalioneffekt ist nicht nur ein Mythos. Diese Theorie wurde in zahlreichen wissenschaftlichen Studien bestätigt. Hier die wichtigsten Ergebnisse dieser Forschungsarbeit:

- Schulkinder erzielen bessere Noten, wenn ihnen vor einer Prüfung gesagt wird, dass man gute Ergebnisse von ihnen erwartet.
- Arbeitskräfte erzielen bessere Leistungen, wenn ihren Managern im Vorfeld gesagt wird, dass sie nun ein Team aus außergewöhnlich intelligenten Mitarbeitern mit hohem Potenzial leiten werden. Die Manager behandeln diese Mitarbeiter dann entsprechend.
- Arbeitskräfte erreichen ein höheres Leistungsniveau, wenn ihre Gruppenleiter ihnen vorab klar machen, was von ihnen erwartet wird.

Diese und andere Studien belegen die Gültigkeit des Pygmalioneffekts: Sie haben die Möglichkeit, die Gefühle, die Einstellung und das Verhalten Ihrer Mitmenschen zu beeinflussen, indem Sie Ihren Erwartungen auf bewusster oder unbewusster Ebene Ausdruck verleihen.

Denken Sie doch einmal kurz an Ihre Mitmenschen: Mitarbeiter, Kollegen, enge Freunde, Nachbarn und Kinder. Trifft es denn nicht zu, dass die Art und Weise, wie wir über sie denken, unser Verhalten ihnen gegenüber beeinflusst? Und stimmt es denn nicht auch, dass unser Verhalten sich darauf auswirkt, wie sie sich wiederum uns gegenüber verhalten?

Mithilfe des Pygmalioneffekts die Leistung der Mitarbeiter steigern

Damit Sie aus dem Pygmalioneffekt tatsächlichen Nutzen ziehen und die Leistungen Ihrer Mitarbeiter steigern können, müssen Sie ihnen Ihr Interesse an ihrem Wohlbefinden zeigen. Dies gelingt Ihnen am besten mit den folgenden drei Schritten:

1. Schritt: Schaffen Sie ein Arbeitsklima, das hohe Leistungen möglich macht.
2. Schritt: Lassen Sie Ihre Mitarbeiter an Erfolgen teilhaben.
3. Schritt: Spornen Sie andere zu hohen Leistungen an.

Geschickt managen

Pygmalion im Management Nachfolgend ein höchst interessanter Artikel von J. Sterling Livingston, der 1969 im *Harvard Business Review* veröffentlicht wurde: »Ist er [der Manager] von seiner Fähigkeit überzeugt, sie [die Mitarbeiter] fördern und zu guten Leistungen motivieren zu können, sind seine Erwartungen an sie hoch. In seinem Umgang mit ihnen spiegelt sich seine Überzeugung wider, dass sie seinen Erwartungen gerecht werden. Hegt er jedoch Zweifel an seinen Fähigkeiten, sie motivieren zu können, sinken seine Erwartungen und er ist weniger zuversichtlich, was ihre Leistungen betrifft.«

Mit anderen Worten: Die Erwartungshaltung des Managers beeinflusst die Leistung seiner Mitarbeiter – im guten wie im schlechten Sinn. Vielleicht kopieren Sie dieses Zitat und hängen es in Ihrem Büro auf.

1. Schritt: Schaffen Sie ein Arbeitsklima, das hohe Leistungen möglich macht

Zur gezielten Motivation Ihrer Mitarbeiter ist ein Arbeitsklima und Umfeld erforderlich, das zu Höchstleistungen anspornt. Dies schließt mit ein, dass die Ziele klar formuliert sind, die Arbeit spannend und anregend ist und die Mitarbeiter spüren, dass sie mit Respekt behandelt und geschätzt werden. Außerdem müssen sämtliche Mittel vorhanden sein, die zur ordnungsgemäßen Erledigung der anfallenden Arbeit gebraucht werden, und es muss selbstverständlich sein, sich gegenseitig zu unterstützen.

Bevor Sie sich daran machen, eine leistungsfördernde Atmosphäre zu schaffen, müssen Sie Ihr jetziges Arbeitsumfeld kritisch untersuchen. Nur dann wissen Sie nämlich, an welchem Punkt Sie derzeit stehen und können sich den Weg ausmalen, der noch vor Ihnen liegt.

Vorsicht!

Vertrauen und die richtige Erwartungshaltung   Achtung! Die Voraussetzung dafür, dass Sie mithilfe des Pygmalioneffekts die Motivation und Leistung Ihrer Mitarbeiter steigern können, ist ein vertrauensvolles Verhältnis zwischen Ihnen und Ihren Untergebenen. Eine hohe Erwartungshaltung allein – ohne die nötige Unterstützung – kann dazu führen, dass ein gegenteiliger Effekt eintritt: Die Leistungen und Motivation sinken unter das erwartete Niveau.

Beziehen Sie Ihre Mitarbeiter unbedingt in diese Überlegungen mit ein, denn so machen Sie Ihr Interesse an ihnen deutlich und können ihr Vertrauen gewinnen. Seien Sie offen und bitten Sie um ihre Meinung. Hier ein paar Fragen, die Sie Ihren Mitarbeitern stellen können:

- Was ist spannend an Ihrer Arbeit?
- Welcher Aspekt befriedigt Sie am meisten in Ihrem Beruf?
- Glauben Sie, dass man Ihre Arbeit schätzt?
- Erhalten Sie die Anerkennung, die Sie sich wünschen?
- Was hat Sie in der Vergangenheit dazu angespornt, hart zu arbeiten?
- Auf wen zählen Sie, wenn Sie in der Klemme stecken?
- Von wem erhalten Sie die nötige Unterstützung?
- Was behindert Sie am meisten in Ihrer Arbeit?
- Welche zusätzlichen Mittel benötigen Sie?

Nachdem Sie die entsprechenden Auskünfte Ihrer Mitarbeiter eingeholt haben, müssen Sie diese natürlich auch nutzen. Wenn Sie Mitarbeiter an einer Umfrage teilnehmen lassen und die Ergebnisse anschließend weitestgehend ignorieren, ist dies ein sicherer Weg, sich lediglich Spott und Misstrauen einzuhandeln. Setzen Sie die Ergebnisse Ihrer Befragung ein, um das Arbeitsklima in Ihrem Betrieb zu verbessern und Ihre Mitarbeiter zu motivieren.

Tun Sie alles, um Ihren Mitarbeitern zu zeigen, dass es Ihnen Ernst mit Ihren Plänen ist. Hier ein paar mögliche Strategien:

- Kommunizieren Sie die zum gegenwärtig vorherrschenden Arbeitsklima erhobenen Daten und bitten Sie alle Mitarbeiter um Ideen und Verbesserungsvorschläge; erstellen Sie einen Plan, den Sie im Anschluss verteilen und sorgen Sie dafür, dass er von Ihren Mitarbeitern umgesetzt wird.
- Zeigen Sie immer wieder, dass Ihnen das Wohl Ihrer Mitarbeiter am Herzen liegt. Loben Sie Ihre Mitarbeiter für ihren Einsatz.
- Verweisen Sie auf den Zusammenhang zwischen dem Erfolg Ihrer Abteilung und dem des Unternehmens.

Anders ausgedrückt, Sie müssen mit Strategien wie diesen erreichen, dass das Management Ihre Mitarbeiter anerkennt und sich dafür einsetzt, alles zu tun, was sowohl den Mitarbeitern als auch dem Unternehmen zugute kommt.

2. Schritt: Lassen Sie Ihre Mitarbeiter an Erfolgen teilhaben

Bei jedem Programm zur Motivationssteigerung lautet ein wichtiges Ziel, dafür zu sorgen, dass Mitarbeiter die Arbeit an sich als Belohnung empfinden. Auch in den Schulen funktioniert dieses Prinzip: Gute Schüler sind am jeweiligen Stoff interessiert und lernen, weil es ihnen Spaß macht und nicht, um eine gute Note zu bekommen. Sie können diese natürliche Motivation Ihrer Mitarbeiter verstärken, indem Sie dafür sorgen, dass sie sich an den Folgen ihrer Arbeit erfreuen.

Ist es Ihr Ziel, dass Ihre Mitarbeiter gleichbleibend hoch motiviert sind, sollten Sie alle am Erfolg des Unternehmens beteiligen. Dieses Konzept wird heute noch nicht von allen Managern verstanden, geschweige denn umgesetzt.

In vielen Unternehmen ist es gängige Praxis, Mitarbeiter nach ihrem Alter und nicht nach ihren Leistungen zu bezahlen. Mitarbeiter, die dieselbe Arbeit verrichten, sind aufgrund ihres unterschiedlichen Alters in verschiedene Gehaltsstufen eingeteilt. Sicherlich ist es vernünftig, erfahrenen Mitarbeitern ein höheres Gehalt zu bezahlen, da das Unternehmen in höherem Maße von ihrer Arbeit profitiert als dies auf Berufsanfänger zutreffen mag.

Heutzutage gibt es jedoch kaum noch Tätigkeiten, die sich nicht auf die Arbeit von Kollegen auswirken. Möchten Sie also die Motivation all Ihrer Mitarbeiter steigern, müssen Sie auch alle, die zum Erfolg beigetragen haben, beteiligen. Auf diese Weise spüren Ihre Mitarbeiter am eigenen Geldbeutel, dass sich ihr Einsatz lohnt, und dass ihr Alter oder die Anzahl ihrer Dienstjahre dabei keine Rolle spielen.

Einige Vorschläge zur Beteiligung aller Mitarbeiter am Erfolg des Unternehmens:

- **Sondervergütungen.** Tragen ein oder mehrere Mitarbeiter zur Verbesserung eines Produkts, einer Arbeitsmethode oder zur Kostenersparnis bei, sollten Sie diese Leute an den Konsequenzen ihres Engagements beteiligen. Damit beweisen Sie, dass Sie deren Einsatz zu würdigen wissen und ermutigen sie gleichzeitig, sich auch in Zukunft für das Unternehmen zu engagieren. Denkbar sind zum Beispiel eine prozentuale Beteiligung an der Kostenersparnis für das Unternehmen oder ein Fixbetrag.
- **Gewinnbeteiligung und Prämien.** Die Hauptaufgabe von Angestellten ist es nun einmal, Profit für das Unternehmen zu erwirtschaften und für dessen Wachstum zu sorgen. Darum ist es doch nur logisch, die Mitarbeiter am Unternehmensgewinn zu beteiligen. In vielen Unternehmen wird versucht, den Beitrag des Einzelnen zum Unternehmenserfolg zu ermitteln, doch leider basieren diese Auswertungen oft auf falschen Voraussetzungen. Da der Erfolg jedes einzelnen Mitarbeiters meist davon abhängt, dass andere ihre Aufgaben gleichermaßen gut erledigen, ist es sinnvoller, einen Bonuspool zu bilden und somit zu gewährleisten, dass alle Mitarbeiter von ihrem Engagement profitieren. Denkbar ist zum Beispiel die zusätzliche Zahlung des jeweiligen Wochenverdienstes für Tage, an denen die Mitarbeiter sich besonders eingesetzt und dem Unternehmen deshalb zusätzlichen Profit erwirtschaftet haben. Aufgrund des unterschiedlichen Lohnniveaus fällt dieser Bonus zwar unterschiedlich hoch

aus, aber die Gewinnbeteiligung ist für alle Mitarbeiter gerecht verteilt, so dass sie das Gefühl haben, ihre Arbeit wird geschätzt.

Neben finanziellen Anreizen stehen aber auch andere Möglichkeiten offen, um Mitarbeiter am Erfolg des Unternehmens teilhaben zu lassen. Hier stellen wir Ihnen einige davon vor:

- **Anerkennung und Lob.** Die Reaktionen Ihrer Mitarbeiter auf Komplimente für gute Arbeit werden Sie vielleicht überraschen. Stellen Sie dabei unbedingt heraus, was der Einzelne geleistet und was es dem Unternehmen gebracht hat. Am besten ist es, den jeweiligen Mitarbeiter in einem persönlichen Gespräch zu loben und ihm anschließend ein Dankesschreiben zu schicken, das zusätzlich auch in seine Personalakte aufgenommen wird.
- **Schulungen, Seminare, Workshops.** Die Möglichkeit der firmeninternen oder -externen Weiterbildung trägt sowohl zur beruflichen als auch zur persönlichen Entwicklung bei und steigert häufig die Motivation. Auf diese Weise erfahren Ihre Mitarbeiter, dass Sie ihre Leistungen zu schätzen wissen und ihnen weitere Lernmöglichkeiten bieten möchten. Bitte sorgen Sie aber anschließend auch dafür, dass Ihre Mitarbeiter neu erworbene Fähigkeiten gleich in die Praxis umsetzen können, damit sich die Schulungen lohnen und diese Angebote ernst genommen werden.
- **Kleine Formen der Anerkennung.** Hat ein Team bei einem bestimmten Projekt gute Arbeit geleistet und beispielsweise einen Plan zur Verbesserung der Arbeitsmethoden oder eine akzeptable Lösung für ein aufgetretenes Problem entwickelt, können Sie Ihre Dankbarkeit sofort zeigen, indem Sie Pizzas oder belegte Brötchen zum Mittagessen ordern oder Ihre Mitarbeiter auf ein Grillfest bei Ihnen zu Hause einladen. Jetzt nennen wir Ihnen 14 Methoden, wie Sie die Leistungen Ihrer Mitarbeiter anerkennen und sich für ihren Anteil am Erfolg des Unternehmens bedanken können:

1. ein zusätzlicher bezahlter Urlaubstag
2. Kugelschreiber mit Gravur
3. eine Reise

4. ein Dankesschreiben
5. Einladung zum Mittagessen beim Vorgesetzten
6. ein Gutschein für Familienbilder beim Fotografen
7. ein Gutschein für ein Mittagessen auf Kosten der Firma
8. ein Gutschein für ein Abendessen auf Kosten der Firma
9. Werbegeschenke wie T-Shirts, Füller, Einkaufstaschen mit dem Unternehmenslogo
10. eine zusätzliche Pause
11. eine verlängerte Mittagspause
12. ein Gutschein für einen Wochenendtrip
13. ein Gutschein für eine Massage oder Maniküre
14. ein Abonnement für eine Zeitschrift

3. Schritt: Spornen Sie andere zu hohen Leistungen an

Herausragende Führungskräfte zeichnen sich oft durch ihre Fähigkeit aus, andere zu inspirieren. Als Manager können Sie eine Atmosphäre schaffen, die es Ihren Mitarbeitern ermöglicht, die nächste Stufe ihrer Karriereleiter zu erklimmen, ein hohes Maß an Zufriedenheit im Job zu erreichen und Höchstleistungen zu erbringen.

Es erfordert gewisse Fähigkeiten, ein Atmosphäre zu schaffen, in der die Mitarbeiter ihre Arbeit lieben und motiviert sind, ihr Bestes zu geben. Nur wenn Sie diese Kunst beherrschen, wird sich

Vorsicht, Falle!

Lob und Anerkennung   Die beste Methode, Ihre Mitarbeiter ohne finanzielle Anreize zu motivieren, ist Lob und Anerkennung. Achten Sie dabei jedoch immer darauf, die jeweiligen Kollegen mit einzubeziehen. Nur die wenigstens Menschen haben im Alleingang Erfolg – und die meisten möchten ihren Erfolg mit anderen teilen.

Ihr Team durch ein hohes Maß an Energie und Kreativität auszeichnen.

Hier zwölf Methoden, wie Sie dieses Ziel erreichen können:

1. Lassen Sie Ihren Worten Taten folgen und leben Sie vor, was Sie von anderen erwarten.
2. Widmen Sie sich Ihren Aufgaben mit wachsender Begeisterung.
3. Machen Sie anderen klar, dass es für jedes Problem eine Lösung gibt.
4. Erkennen Sie jeden Versuch, die Effizienz und Produktivität zu steigern, an – auch wenn er nicht von Erfolg gekrönt war.
5. Loben Sie Mitarbeiter, die ein Hindernis erfolgreich überwunden haben.
6. Zeigen Sie, dass Sie neuen Ideen gegenüber aufgeschlossen sind und heben Sie die Vorteile neuer Konzepte hervor.
7. Ermuntern Sie Ihre Mitarbeiter, mit Ihnen über ihre Gefühle zu sprechen.
8. Führen Sie Einzel- oder Gruppengespräche, wenn Sie das Gefühl haben, die Arbeitsmoral sinkt. Zeigen Sie, dass Sie optimistisch sind und Vertrauen zu Ihren Leuten haben. Erwarten Sie das Beste von Ihren Mitarbeitern und dass sie diese Erwartungshaltung sogar überbieten.
9. Sorgen Sie für Spaß an der Arbeit.
10. Nehmen Sie eigene Fehler mit Humor. Lachen Sie mal öfter.
11. Konzentrieren Sie sich auf die kleinen Erfolge, nicht nur auf das Endergebnis.
12. Feiern Sie Erfolge mit Ihren Mitarbeitern.

Leistung: Antrieb und Richtung

In den ersten drei Kapiteln haben wir uns vor allem mit dem *Antrieb* befasst – was Manager über die Kräfte, die uns dazu treiben, bestimmte Dinge zu tun, wissen müssen. In diesem Kapitel haben wir uns damit auseinandergesetzt, wie sich diese Kräfte in eine bestimmte *Richtung* lenken lassen – dass Manager ihre Erwartungen deutlich machen und Standards setzen müssen, um Motivation in Leistung zu verwandeln.

Vorsicht!

Sie sind Vorbild   Sämtliche Bemühungen, Ihre Mitarbeiter zu motivieren, sind zum Scheitern verurteilt, wenn es Ihnen nicht gelingt, mit gutem Beispiel voranzugehen. Sie müssen verstehen, dass Sie nicht nur ihr Manager, sondern auch ihr Vorbild sind und diese Rolle wirklich ernst nehmen. Ihre Mitarbeiter werden sich an Ihrem Verhalten orientieren – es liegt an Ihnen, ob Sie leuchtendes Vorbild oder abschreckendes Beispiel sind. Diese Aufgabe gehört vermutlich zu Ihren schwierigsten – gleichzeitig aber auch zu den wichtigsten. Denken Sie daran, wie befriedigend es ist, wenn Ihre Mitarbeiter Ihre Erwartungen bei weitem übertreffen!

Nun, es ist eine Frage der Richtung. Sie als Manager müssen versuchen, die Interessen und Bedürfnisse Ihrer Mitarbeiter auf die Ziele und Philosophie Ihres Unternehmens abzustimmen. Da Sie dieses Buch anscheinend immer noch aufmerksam lesen, gehen wir davon aus, dass Sie erkannt haben, dass Sie das nicht erreichen werden, wenn Sie Ihre Mitarbeiter wie chipgesteuerte Roboter behandeln. In diesem Fall würde einer nach dem anderen gehen. Nein, Sie wissen außerdem nur allzu gut, dass Ihre Mitarbeiter mehr als motiviert und zufrieden mit ihrem Job sein müssen, wenn Ihr Unternehmen langfristig erfolgreich bestehen soll.

In diesem Kapitel haben wir daher versucht, *Antrieb* und *Richtung* in ein Verhältnis zu setzen und Ihnen erklärt, wie Sie einen Zusammenhang zwischen Motivation und Leistung herstellen. Diesen Zusammenhang sollten Sie sich beim Lesen der restlichen Kapitel immer deutlich vor Augen halten.

Checkliste für Ihren Erfolg

- Sie können die Leistung Ihrer Mitarbeiter steigern, indem Sie auf die Aspekte eingehen, die sie zu Höchstleistungen motivieren, und alle Hindernisse aus dem Weg räumen, die der Zufriedenheit im Beruf im Wege stehen.
- Sie müssen Ihren Mitarbeitern bis ins letzte Detail verdeutlichen, was Sie unter *Leistung* verstehen, damit sie wissen, was von ihnen erwartet wird, was keinesfalls akzeptiert wird und wie sie die gemeinsam erstellten Leistungsstandards erfüllen können.
- Ihre Erwartungen beeinflussen das Verhalten Ihrer Mitarbeiter. Wollen Sie eine Leistungssteigerung und trauen Sie diese Ihren Mitarbeitern auch wirklich zu, dann werden Ihre Erwartungen in den meisten Fällen realisiert. Dieses Phänomen wird als Pygmalioneffekt bezeichnet.
- Schaffen Sie ein Arbeitsklima, das Ihre Mitarbeiter zu Höchstleistungen motiviert. Formulieren Sie Ihre Ziele konkret, bieten Sie Ihren Mitarbeitern Anreize, geben Sie Ihnen harte Nüsse zu knacken, stellen Sie die erforderlichen Mittel zur Verfügung und erweisen Sie ihnen den nötigen Respekt.
- Lassen Sie Ihre Mitarbeiter am Erfolg des Unternehmens teilhaben – aber denken Sie immer daran, dass die beste Motivation aus dem Menschen selbst kommt. Mitarbeiter, die sich in ihrem Beruf selbst verwirklichen, versuchen in den meisten Fällen von sich aus, ihre Leistungen kontinuierlich zu verbessern.

5.

Die Selbstmotivation der Mitarbeiter stärken

Ein äußerst wirksames Mittel, um das Erfolgspotenzial Ihres Unternehmens zu vergrößern, besteht darin, Ihren Mitarbeitern dabei zu helfen, sich selbst zu motivieren. Mitarbeiter, die sich in ihrer Motivation nicht auf andere verlassen, sondern sich selbst dafür zuständig fühlen, übernehmen Eigenverantwortung und akzeptieren, dass sie für ihren persönlichen Erfolg selbst verantwortlich sind.

Als Manager ist es Ihr Job, Verantwortung für sich und andere zu übernehmen. Schließlich geht es beim Managen um nichts anderes, oder? Die Fähigkeit – oder ist es ein Muss? – für alles die volle Verantwortung zu übernehmen, mag Ihr persönliches Erfolgsrezept sein, dem Sie Ihre Karriere verdanken, doch ist dies nicht notwendigerweise der beste Managementstil oder die beste Möglichkeit, Mitarbeiter zu motivieren.

Wir finden, dass Sie Ihre persönlichen Ziele langsam etwas höher stecken und einen Teil der Verantwortung abgeben sollten. Ihr Ziel muss sein, ein Unternehmen zu führen, in dem Ihre Mitarbeiter in höchstem Maße selbstmotiviert sind.

Mitarbeitermotivation durch mehr Verantwortung steigern

Manager denken oft darüber nach, wie sie ihre Mitarbeiter motivieren können, doch mit dieser Frage wird das Problem eigentlich von der falschen Seite angegangen. Die Fragestellung sollte vielmehr lauten, wie an die Selbstmotivation der Mitarbeiter appelliert werden kann. Sorgen Sie also dafür, dass:

- Ihre Mitarbeiter die Verantwortung für ihre Arbeit übernehmen und
- befugt sind, die Arbeit auf ihre eigene Art und Weise zu erledigen.

Im Englischen hat sich dafür der Fachbegriff »Empowerment« durchgesetzt, der soviel wie »Ermächtigung« bedeutet. Durch dieses »Empowerment« werden unglaubliche Energien freigesetzt, und Motivation entsteht wie von selbst. Wenn Sie Ihren Mitarbeitern Verantwortung übertragen und ihnen entsprechende Befugnisse einräumen, beweisen Sie ihnen damit Ihr Vertrauen und Ihre Achtung. Sie werden es garantiert vor sich selbst nicht verantworten wollen, diese Befugnisse zu missbrauchen oder zu ignorieren. Schließlich haben Sie ihnen damit gesagt: »Ich vertraue Ihnen und weiß, dass Sie vernünftige Entscheidungen treffen werden, die nicht nur in Ihrem eigenen Interesse, sondern in dem aller liegen.«

Kluge Manager wissen, dass es bei diesem »Spiel« nur Gewinner geben kann. Ihre Mitarbeiter gewinnen, weil sie befugt und motiviert sind, eigenverantwortliche Arbeit zu leisten, während Sie auf der Gewinnerseite stehen, weil Sie es mit rundum zufriedenen Mitarbeitern zu tun haben, die hervorragende Leistungen erbringen, ohne dass Sie ständig damit beschäfig sind, sie mit Zuckerbrot und Peitsche zu motivieren.

Fachbegriffe

Empowerment Laut Wörterbuch ist das nichts anderes als »jemanden ermächtigen oder bevollmächtigen«. Vielleicht kommen wir mit einer Definition im Sinne von »jemandem zugestehen, beste Leistungen zu erbringen« weiter. Entsprechend befugte Mitarbeiter verfügen über die Möglichkeit, alles Notwendige zu tun, um effizient und effektiv zu arbeiten, und tragen die Verantwortung dafür.

Es handelt sich um einen klugen Schachzug, wenn Sie die Verantwortung für gleichbleibend hohe Motivation den jeweiligen Mitarbeitern übertragen – schließlich kommt Motivation ja überwiegend aus dem Menschen selbst. Sie können diese Verantwortung natürlich Schritt für Schritt übertragen, indem Sie anfangen, wichtige Aufgaben zu delegieren. Stellen Sie dabei jedoch sicher, dass Sie Ihren Mitarbeitern auch die notwendigen Entscheidungsbefugnisse gewähren. Außerdem muss klar sein, dass sie in vollem Umfang für diese Aufgabe verantwortlich sind. Teilen Sie ihnen mit, dass Ihnen bewusst ist, dass Fehler passieren können, Sie und Ihre Mitarbeiter aber bereit sein müssen, aus Fehlern zu lernen und sich dadurch zu verbessern. Es ist keine echte Befugnis, wenn Mitarbeiter ständig Angst haben müssen, einen Fehler zu machen. Nachdem diese Punkte geklärt sind, können Ihre Mitarbeiter zeigen, was in ihnen steckt!

Lassen Sie Ihre Mitarbeiter echte Verantwortung übernehmen und Befugnisse wirklich nutzen

Schon lange, bevor Empowerment zum Schlagwort wurde, kannten kluge Manager folgendes Grundprinzip: Fühlen sich Mitarbeiter stark, kompetent und sind sie zuversichtlich, können sie mehr erreichen – und tun dies in der Regel auch. Denselben Managern ist ebenso klar, dass die Leistungen auf ein Minimum absinken, wenn sich Mitarbeiter nicht geschätzt fühlen, sich nur als ein kleines, unbedeutendes Rädchen im großen Getriebe empfinden und sie keine oder nur wenige Befugnisse eingeräumt bekommen. Außerdem häufen sich dann Beschwerden.

Aus diesen Gründen haben sich kluge Manager dem Empowerment verschrieben, noch bevor ihnen der Fachbegriff dafür geläufig war. Empowerment fordert jedem Manager eine relativ unkonventionelle Vorgehensweise ab: ein Stück seiner Verantwortung und Macht abzugeben. Viele Führungskräfte können sich mit dieser Vorstellung ganz und gar nicht anfreunden, weil sie zu sehr an ihrer Macht hängen. Seit Menschengedenken hat Macht etwas Anziehendes und Berauschendes. Andererseits birgt Macht auch die Gefahr von Korruption und Missbrauch.

Denken Sie bitte einmal einen Augenblick darüber nach. Was genau ist eigentlich Ihre Aufgabe? Warum wurden Sie eingestellt? Doch nicht, um an der Macht zu sein, oder? Ihre Macht und Ihr Einfluss sind doch nichts anderes als ein ziel- und zweckgerichtetes Werkzeug. Es liegt in Ihrer Verantwortung, mithilfe Ihrer Befugnisse bestimmte Ergebnisse zu erzielen und Ihre Mitarbeiter bei der Arbeit zu unterstützen. Können Sie die Leistungen Ihrer Mitarbeiter verbessern, indem Sie ein Stück Macht abgeben, liegt das durchaus im Interesse Ihres Arbeitgebers.

Auf diese Weise teilen Sie die Verantwortung und Zuständigkeit mit Ihren Mitarbeitern. Als Folge steigt deren Motivation – und Sie befreien sich nach und nach aus Ihrer leidigen Pflicht, sie beständig mit Zuckerbrot und Peitsche oder anderen Mitteln anzutreiben.

In den Augen des Topmanagements sind natürlich immer noch Sie für die Leistungen Ihrer Mitarbeiter verantwortlich. Es bedeutet nur, dass Sie Ihren Mitarbeitern mehr Verantwortung übertra-

Vorsicht, Falle!

Gemeinsam das Kommando übernehmen   Mitarbeiter, die keine Verantwortung tragen dürfen und über keine Befugnisse verfügen, betrachten es kaum als ihre Aufgabe, mögliche Probleme zu vermeiden. Vermitteln Sie die Botschaft, dass Sie der Kapitän sind und Ihre Mitarbeiter nur die Crew, und dass Sie alles alleine bewältigen könnten, gibt es keinen Grund für Ihre Mitarbeiter, potenzielle Probleme zu verhindern – das ist dann schließlich Ihr Problem. Geben Sie jedoch ein Stück Verantwortung ab, können Sie jede Wette darauf eingehen, dass Ihre Mitarbeiter immer versuchen werden, das Beste aus einer bestimmten Situation zu machen.

gen, damit sie in der Lage sind, ihre Aufgaben selbstständig zu erledigen. Es stehen ihnen also sämtliche Hilfsmittel, Informationen und das erforderliche Wissen zur Verfügung, das sie für ihre Arbeit benötigen. Das heißt aber auch, dass Ihre Mitarbeiter mit Ihrer Unterstützung rechnen und von Ihnen erwarten, dass Sie eventuelle Hindernisse aus dem Weg räumen. Also, tun Sie alles, was in Ihrer Macht steht, um die Leistungen Ihrer Mitarbeiter zu verbessern, indem Sie ihnen die Verantwortung dafür übertragen.

Lassen Sie uns kurz zu Kapitel 3 zurückgehen, in dem wir über die Relevanz unternehmerischen Denkens gesprochen haben. Dazu gehört auch, einen Teil Ihrer Macht und Verantwortung abzugeben.

Durch Empowerment fühlen und handeln Mitarbeiter wie Unternehmer – wie Geschäftsinhaber, denen ihre Firma am Herzen liegt. Und das steigert wiederum ihre Motivation, gute Arbeit zu leisten.

Geschickt managen

Geben Sie von Ihrer Macht ab!   Wenn Sie etwas von Ihrer Macht abgeben, gewinnen Sie an Macht dazu. Wie das? Ganz einfach: Wenn Sie Ihre Befugnisse mit anderen teilen, bilden Sie eine Gemeinschaft. Dann liegt es im Interesse aller Beteiligten, hart und überlegt zu arbeiten und ihre Fähigkeiten voll einzusetzen, da jeder von den Ergebnissen der Arbeit profitiert.

Kein Zimmermädchen, sondern Unternehmerin

Mary, ein Zimmermädchen, das wir im Hotel Vier Jahreszeiten in Austin, Texas, kennen gelernt haben, betrachtet ihren Job als Ein-Frau-Unternehmen. Dieses Selbstbild spiegelt sich in ihrer Arbeitseinstellung und ihrer Entschlossenheit wider, als »Eigentümerin« der Zimmer ihrer Etage aufzutreten. Mary zeigt deutlich, dass sie mehr als ein gewöhnliches Zimmermädchen ist. Sie hat sich in ihrer Arbeit ganz dem unternehmerischen Denken verschrieben.

»Das sind *meine* Zimmer«, pflegt Mary zu sagen. »*Ich allein* bin für diese Etage verantwortlich. Ich muss mich um meine Gäste kümmern. Sie wissen, dass ich alles tue, was in meiner Macht steht, um ihnen den Aufenthalt so angenehm wie möglich zu machen. Man muss mir die Verantwortung dafür nicht ausdrücklich übertragen, ich weiß von selbst, was ich zu tun habe – und genau das mache ich dann auch. Meine Gäste denken von mir, ich sei die Eigentümerin – und so verhalte ich mich auch.«

Darf Mary eigentlich so auftreten? Vermutlich nicht – zumindest nicht offiziell. Doch wie sie schon sagt, braucht sie keine Extraerlaubnis, um gute Arbeit zu leisten. Wenn ihr Manager schlau ist, lässt er sie einfach das Kommando übernehmen, denn er weiß, dass ihre Arbeitseinstellung und ihr Einsatz dem Wohlbefinden der Hotelgäste dienen.

Was aber, wenn ihr Manager sich durch ihr unternehmerisches Auftreten bedroht gefühlt hätte? Was, wenn er davon überzeugt gewesen wäre, dass Mary erst um Erlaubnis fragen muss und nicht selbstständig handeln darf? Nun, damit hätte er seine Autorität unter Beweis gestellt und klar gemacht, wer denn hier der Chef ist. Entspräche dieses Verhalten seiner Jobbeschreibung, hätte er auf diese Weise gute Arbeit geleistet. Doch seine wichtigste Aufgabe lautet vermutlich, dafür zu sorgen, dass der Aufenthalt im Hotel Vier Jahreszeiten für seine Gäste ein unvergessliches und wunderschönes Erlebnis wird. So gesehen würde es ein ziemlich schlechtes Licht auf das Hotel werfen, wenn der Manager den Chef spielen würde. Außerdem würde sich das Zimmermädchen dann wohl nicht mehr so eifrig auf die Arbeit stürzen. Alles in allem ein ziemlich hoher Preis dafür, seine Autorität auszuleben und Mary das Kommando zu entreißen, nicht wahr? Und schließlich sollten wir noch daran denken, dass Mary keinesfalls die Autorität ihres Vorgesetzten untergraben möchte. Das Einzige, woran ihr gelegen ist, ist das Wohl der Hotelgäste.

Vielen Arbeitnehmern ist diese Art zu denken fremd – insbesondere, wenn sie keinen direkten Kontakt zu den Kunden haben und wenn sie es gewöhnt sind, nur zu tun, was ihnen aufgetragen wurde. Sie arbeiten, um Geld zu verdienen, ihren Job zu behalten und unangenehmen Dingen wie Kritik oder Bestrafung aus dem Weg zu gehen. Angst und der Wunsch nach einer gesicherten Existenz sind ihre Motivation. Unternehmerisches Denken? Pah! Es wird von ihnen nicht erwartet, selbstständig zu denken (sofern dies überhaupt gestattet ist), und es kommt ihnen mit Sicherheit erst gar nicht in den Sinn, dass sie Teil des Unternehmens und damit auch für seinen Erfolg oder Misserfolg mitverantwortlich sind.

Beschreibt dies die Arbeitseinstellung Ihrer Mitarbeiter, und fühlen sie sich nicht motiviert, auch nur ein kleines bisschen mehr zu tun als von ihnen verlangt wird, müssen Sie etwas dagegen unternehmen. Diskutieren Sie eindringlich Begriffe wie Eigeninitiative, Selbstwertgefühl, Verantwortungsbewusstsein und Eigenverantwortung. Machen Sie Ihren Mitarbeitern klar, dass diese Art der Arbeitseinstellung aus ihnen selbst heraus kommen muss und nicht von Ihnen auf dem Präsentierteller angeboten werden kann.

Nun stellt sich natürlich die Frage, wie Sie Ihren Mitarbeitern helfen können, eigenverantwortlich zu handeln und sich selbst zu motivieren. Die Lösung liegt auf der Hand: Geben Sie ein Stück Ihrer Macht ab und teilen Sie sich die Verantwortung, dann stellt sich Eigeninitiative so gut wie von selbst ein. Machen Sie ihnen klar, wie wichtig ihre Arbeit für das Unternehmen und vor allem für die Kunden ist – das stärkt das Selbstbewusstsein Ihrer Mitarbeiter. Schaffen Sie eine vertrauensvolle Atmosphäre, in der alle an einem Strang ziehen – das stärkt die Motivation. Auf diese Weise können Ihre Mitarbeiter lernen, dass sie allein – und nicht andere – für ihre Motivation verantwortlich sind.

Befugnisse einräumen

Leider gibt es in der Geschäftswelt noch immer viele unfähige Manager und Mitarbeiter, die ihren Job ohne großes Engagement erledigen. Der amerikanische Cartoonist Adam Scott karikiert diese Situation so treffend, dass er mit seinen Cartoons über Dilbert, einem

Schreibtischhengst, der seinen Tag völlig unmotiviert an seinem schuhkartongroßen Arbeitsplatz absitzt, ein Vermögen gemacht hat.

Wir alle können zwar über die Dilbert-Cartoons lachen, aber Ihnen sollte klar sein, dass diese Arbeitshaltung, so verbreitet sie auch sein mag, durchaus nicht sein muss. Kluge Manager haben erkannt, dass es gar nichts bringt, wenn die Angestellten in ihrem Betrieb das Gefühl haben, sie müssten sich ständig gegen die »großen Bosse« zur Wehr setzen, wenn sich Fatalismus und Resignation breit machen und die Mitarbeiter nur dann bei der Sache sind, wenn es darum geht, sich über die Arbeit zu beschweren oder sich den Anweisungen der Vorgesetzten zu widersetzen. Mit Leistung und Erfolg hat das nichts mehr zu tun.

Selbstverantwortung und Empowerment Ihrer Mitarbeiter müssen die Grundlage Ihres Managementstils bilden. Sie wollen doch nicht mit lauter kleinen Dilberts zusammenarbeiten, oder? Na, also. Räumen Sie Ihren Mitarbeitern angemessene Befugnisse ein, übertragen Sie ihnen Verantwortung und fördern Sie ihre Selbstmotivation, um gute Arbeit zu leisten und sich beruflich weiterzuentwickeln.

Dieses Konzept hat sich in der Praxis sehr gut bewährt. Das hat auch die Hotelkette Ritz-Carlton herausgefunden. Deren Manager verstehen etwas von ihrem Geschäft!

Die Mitarbeiter haben völlig freie Hand, sich persönlich um Probleme ihrer Gäste zu kümmern und verfügen dabei über ein Budget in Höhe von 2 500 Euro. Das nennen wir wahre Befugnis: die Möglichkeit, sofort auf Beschwerden zu reagieren. Die Hotelangestellten müssen die Gäste nicht stundenlang vertrösten und tatenlos warten, bis der zuständige Manager Zeit hat. Sie können selbst aktiv werden und sich um das Wohl ihrer Gäste kümmern. Dieser Managementansatz sichert dem Ritz-Carlton einen erheblichen Wettbewerbsvorsprung – und die Angestellten sind weitaus motivierter, für einen angenehmen Aufenthalt der Hotelgäste zu sorgen.

Jedem Mitarbeiter zur spontanen Lösung von Problemen einen Etat über 2 500 Euro zur Verfügung zu stellen ist ein gutes Beispiel dafür, wie man Verantwortung und Macht teilen kann. Vermutlich fallen Ihnen auf Anhieb einige Topmanager ein, die noch nicht einmal 500 Euro zur Verfügung gestellt bekommen, wenn nicht mindestens drei Zeichnungsberechtigte ihre Genehmigung dazu erteilt haben und ausführlich überprüft wurde, ob die Ausgabe denn tatsächlich und unbedingt notwendig ist.

Das Managementmodell von Ritz-Carlton ist ein hervorragendes Beispiel dafür, wie man den Angestellten Handlungsspielraum gewährt und gleichzeitig an ihre Eigenverantwortung appelliert. Diese Unternehmenspolitik spiegelt den respektvollen Umgang mit Mitarbeitern wider. Es verwundert nicht weiter, dass Ritz-Carlton als erstes Unternehmen aus dem Hotelgewerbe 1992 mit dem Malcolm Baldrige National Quality Award ausgezeichnet wurde.

Das Verhältnis zwischen Managern und Angestellten neu definieren

Wenn Sie bereit sind, einen Teil Ihrer Macht abzugeben, um die Motivation Ihrer Mitarbeiter zu steigern, sollten Sie zuerst *Ihr Verhältnis zu Ihren Mitarbeitern neu gestalten*. Hier kommen ein paar Tipps, wie Sie dabei vorgehen können:

- Dehnen Sie den Einflussbereich jedes Mitarbeiters aus. Fördern Sie die Kommunikation zwischen Ihren Mitarbeitern, sodass die Angestellten eine wichtigere Rolle innerhalb des Betriebsablaufs einnehmen und sich mit dem Unternehmen identifizieren können.
- Erhöhen Sie die Zeichnungsbefugnis Ihrer Mitarbeiter.
- Stellen Sie sicher, dass die Position oder Bezeichnung der Tätigkeit keine Diskriminierung darstellt und dadurch den Tatendrang bremst.
- Lassen Sie in der Stellenbeschreibung genug Raum für Kreativität und Autonomie.
- Schaffen Sie Regeln und Vorschriften ab, die sich hinderlich auf die Arbeit auswirken.
- Reduzieren Sie unnötige Genehmigungsverfahren.
- Fördern Sie gutes Urteilsvermögen und gesunden Menschenverstand.

Geschickt managen

Der beste Anführer Das Thema dieses Kapitels ist gar nicht so neu. Der Zen-Gelehrte Lao Tsu schrieb bereits vor Hunderten von Jahren:

- Der beste Anführer ist der, dessen Führung die Menschen kaum bemerken. Ein weniger guter Anführer ist der, dem die Menschen gehorchen und zujubeln.
- Der schlechte Anführer ist der, den die Menschen verachten.
- Erweist Du den Menschen keinen Respekt, werden sie Dir auch keinen erweisen.
- Doch über den guten Anführer, der keine großen Worte macht, wenn seine Arbeit erledigt ist und seine Ziele erreicht sind, werden sie sagen: »Wir haben diese Arbeit selbst getan.«

Denken Sie einmal darüber nach.

Helfen Sie Ihren Mitarbeitern, ihr Leben selbst in die Hand zu nehmen

In der heutigen Arbeitswelt ist es notwendig, dass Manager ihren Mitarbeitern immer mehr Entscheidungsfreiheit gewähren, damit die sich ständig wandelnden und anspruchsvollen Anforderungen von Kunden, Aktionären und Zulieferern erfüllt werden können. Aus diesem Grund müssen Manager auch dazu beitragen, dass ihre Mitarbeiter ihr Leben im Griff haben.

Für viele Manager ist das keine gute Nachricht, weil es für sie bedeutet, von ihrer Macht abzugeben und ihren Mitarbeitern mehr zu vertrauen. Aber dieser Wandel scheint unvermeidbar zu sein.

Wenn Sie diese anstehende Änderung begrüßen, spricht das für Ihre Intelligenz. Indem Sie Aufgaben verstärkt delegieren und Ihren Mitarbeitern größeren Handlungsspielraum einräumen, för-

Vorsicht, Falle!

Reduzieren Sie Ihre Vorschriften   Viele Unternehmen funktionieren wie Behörden: Es gibt unzählige Regeln und Maßnahmenkataloge. Nur in den seltensten Fällen stutzen Unternehmen diese Regelwerke auf das erforderliche Mindestmaß zurück.

Das bekannte Bekleidungsunternehmen Nordstrom mit Firmensitz in Seattle bildet die löbliche Ausnahme. Es zeigt eine ausgesprochene Abneigung gegenüber ausufernden oder überflüssigen Regelwerken und Grundsätzen der Unternehmensführung, was dazu geführt hat, dass es im Handbuch für die Mitarbeiter nur eine Regel gibt:

Regel Nr. 1: Machen Sie in allen Situationen Gebrauch von Ihrem gesunden Menschenverstand. Es gibt keine weiteren Regeln.

dern Sie ihren Intellekt, ihre Fertigkeiten und Fähigkeiten und entdecken vermutlich verborgene Talente, die ihre persönliche Motivation enorm steigern können. Sie werden sehen, dass sich Ihre Mitarbeiter mit größtem Einsatz ihren Aufgaben widmen und sich selbst in die Arbeit einbringen. Die Folge für Sie als Manager, aber auch das ganze Unternehmen? Bessere Leistungen!

Wahlmöglichkeiten als Antrieb und Verstärkung

Es liegt in unserer Natur, dass die Möglichkeit, sich zwischen mehreren Alternativen entscheiden zu können, das Gefühl der Selbstbestimmung und Eigenverantwortung stärkt. Kann sich ein Mitarbeiter aus freien Stücken entscheiden, welche Rolle er im Unternehmen spielen möchte, steigert das seine Motivation und sein Verantwortungsbewusstsein.

Hier einige mögliche Aussagen von Mitarbeitern, denen genügend Befugnisse erteilt wurden und die sich eigenverantwortlich um ihre Aufgaben kümmern. Was denken Sie? Würden Ihre Mitarbeiter ähnliche Aussagen machen?

- Ich habe die Möglichkeit, meine Stärken zu zeigen.
- Ich muss nicht ständig offiziell um Erlaubnis fragen, um wichtige Entscheidungen treffen zu können.
- Es liegt an mir, eine herausragende Rolle in unserer Firma zu übernehmen. Meine Arbeit steht in direkter Relation zu den Umsatzzahlen.
- Ich kann mit meinem Verhalten eine positive Wirkung auf mein Umfeld ausüben. Ich weiß, dass ich das Arbeitsklima und das Verhalten anderer beeinflussen kann.
- Es ist meine Entscheidung, mich voll und ganz für das Unternehmen einzusetzen. Auf meine positive Einstellung meiner Arbeit gegenüber werden sowohl Kollegen als auch Kunden wohlwollend reagieren.
- Ich kann entscheiden, ob ich mich für die Firmengeschichte interessiere. Ich möchte wissen, wie alles anfing und wie wir zu dem wurden, was wir jetzt sind.
- Wenn ich will, kann ich die Verantwortung für meine Handlungen übernehmen. In schwierigen Situationen muss ich mich um »mein« Problem kümmern.
- Es liegt an mir, mich in Situationen, die ich als unfair oder nicht richtig empfinde, selbst um Lösungen zu kümmern, anstatt einen anderen um Hilfe zu bitten.
- Ich kann mich dazu entscheiden, Dinge zu akzeptieren, die ich nicht ändern kann. Ich werde versuchen, unangenehme Folgen für mich selbst oder meine Kollegen so gering wie möglich zu halten.
- Es ist meine Wahl: Ich habe mich aus freien Stücken für diese Stelle beworben. Ich bin kein Strafgefangener. Ich kann mich jederzeit um einen anderen Arbeitsplatz bemühen, ohne dabei die Arbeitsmoral meiner Kollegen negativ zu beeinflussen.

Es ist möglicherweise keine schlechte Idee, diese Aufzählung auszudrucken und in Ihrer Abteilung aufzuhängen. Eine Kopie sollten

Sie für sich behalten, damit Sie daran erinnert werden, dass Ihre Mitarbeiter freie Entscheidungen treffen, und dass Sie hinter Ihren Mitarbeitern stehen.

Geschickt managen

Motivation kontinuierlich aufrecht erhalten Um Ihre eigene Motivation aufrecht zu erhalten, müssen Sie Ihre Beweggründe kennen, verstehen und entsprechend handeln. Um die Motivation anderer aufrecht zu erhalten, müssen Sie deren Beweggründe kennen und sie dazu auffordern, ihre Handlungen darauf abzustimmen. So lautet die Grundregel, mit der Sie Ihre Mitarbeiter dazu bringen, die Verantwortung für die Selbstmotivation zu übernehmen und zu bewahren.

Warnung: Solche Botschaften haben eine durchaus inspirierende Wirkung – hüten Sie sich aber davor, sie aufzuhängen, wenn Sie nicht voll und ganz dazu stehen.

Mitarbeiter reagieren auf diese Zettel an den Bürowänden häufig mit Skepsis, und im schlimmsten Fall geht der Schuss nach hinten los.

Wie Sie Ihren Mitarbeitern helfen können, die Verantwortung für die Selbstmotivation zu übernehmen

Helfen Sie Ihren Mitarbeitern dabei, an sich selbst zu glauben. Wenn Ihnen zu Ohren kommt, dass sich einer Ihrer Mitarbeiter selbst »heruntermacht«, müssen Sie ihm erklären, welche Auswirkung eine negative Selbsteinschätzung hat. Stellen Sie sich beispielsweise vor, Sie hören einen Mitarbeiter sagen: »Ich kann das einfach nicht, und ich will es auch nicht weiter probieren.« In einem solchen Fall erinnern Sie ihn bitte daran, dass die meisten Dinge am Anfang schwierig sind, man knifflige Angelegenheiten aber durch die Hilfe anderer und durch Übung sicherlich lösen kann. Erklären Sie, wie unser Selbstbild unser Verhalten im positiven wie im negativen Sinne beeinflusst. Helfen Sie Ihren Mitarbeitern dabei, ihre guten Seiten zu erkennen und stärken Sie ihr Selbstvertrauen.

Eine weitere Möglichkeit ist, Ihre Mitarbeiter zu bitten, einen Vertrag mit sich selbst abzuschließen. (Betonen Sie aber, dass dies freiwillig und nur für sie selbst erfolgt und dass Sie den Vertrag auf keinen Fall lesen werden.) Fordern Sie Ihre Mitarbeiter dazu auf, schriftlich darzulegen, warum sie aufgrund ihres Talents und ihrer Fähigkeiten Erfolg haben werden. Außerdem sollen sie detailliert schildern, wie sie Bestleistungen erzielen werden. Und dann sollen sie bitte noch erklären, wie sie diesen Vertrag einhalten wollen.

Nach der Ausformulierung dieses Vertrags sollte ihn jeder Mitarbeiter unterzeichnen, mit dem aktuellen Datum versehen, in einen an ihn selbst adressierten Umschlag stecken, zukleben und Ihnen aushändigen.

Praxistipps

Ihr Vertrag Mit der oben beschriebenen Übung für positives Denken unterstützen Sie Ihre Mitarbeiter dabei, sich weniger auf die Hindernisse zu konzentrieren, die ihrer Arbeit im Wege stehen. Falls Sie jedoch von einem Problem erfahren, das sich negativ auf ihre Leistungen oder Einstellung auswirkt, sollten Sie die Gelegenheit ergreifen, um Ihre eigenen Qualitäten als Führungskraft zu verbessern.

Verfassen und unterzeichnen Sie Ihren eigenen Vertrag, in dem Sie sich verpflichten, alles, was Ihre Mitarbeiter daran hindert, ihr Potenzial in vollem Umfang zu nutzen, zu beseitigen oder zumindest abzuschwächen. Dadurch zeigen Sie, dass Sie Ihre Mitarbeiter dabei unterstützen, ihre Leistungen zu verbessern. Hängen Sie diesen Vertrag an einer Stelle auf, wo Sie ihn immer vor Augen haben.

Informieren Sie Ihre Mitarbeitern, dass Sie diesen Vertrag in 90 Tagen an sie zurückschicken werden. Unterschätzen Sie die Effizienz dieser Maßnahme nicht, denn in der Regel nehmen wir unsere Verpflichtungen ernster, wenn wir daran erinnert werden. Weisen Sie nochmals darauf hin, dass Sie diesen Vertrag nicht lesen werden, da es sich nicht um eine Vereinbarung zwischen Ihnen und Ihren Mitarbeitern, sondern um eine persönliche Angelegenheit handelt.

Unterstützen Sie Ihre Mitarbeiter dabei, Ziele zur Selbstmotivation aufzustellen. Wenn wir uns Ziele setzen, können wir unseren Blick nach vorne richten, unsere Kräfte bündeln und feststellen, welche Fortschritte wir dabei machen. Sie als Manager müssen Ihren Mitarbeitern dabei helfen, sich vernünftige Ziele zu setzen. Gehen Sie dabei nach der SMART-Taktik vor:

Spezifisch – Was genau soll erreicht werden?
Messbar – Wie kann festgestellt werden, ob das Ziel erreicht wurde?
Ausführbar – Lässt sich das Ziel tatsächlich erreichen?
Realistisch – Wurde die jeweilige Situation berücksichtigt?
Timing – Wann soll das Ziel erreicht werden?

Die Fähigkeit, eigene Ziele zu erreichen

Die Fähigkeit, sich langfristig selbst zu motivieren und Verantwortung zu übernehmen, ist Voraussetzung dafür, die gesetzten Ziele auch wirklich zu erreichen und Erfolg zu haben. Ohne das können wir nichts erreichen.

Nun, wie können Sie als Führungskraft Ihren Mitarbeitern dabei helfen, diese Fähigkeit zu entwickeln und anzuwenden? Ganz einfach, indem Sie die folgenden Strategien umsetzen:

Ermutigen Sie Ihre Mitarbeiter, sich ihren Ängsten zu stellen. Angst steht der Erfüllung von Wünschen und Zielen im Weg, da Angstgefühle Stress, Beklemmungen oder Panik auslösen können und oft zu planlosem Verhalten führen, was wiederum alle Anstrengungen, unser Ziel zu erreichen, zunichte macht.

Damit Ihre Mitarbeiter ihre Ängste überwinden können, müssen sie offen darüber reden und lernen, trotz aller Furcht aktiv zu werden. Durch zielgerichtetes Handeln lösen sich Befürchtungen in der Regel in Luft auf, und das Selbstbewusstsein wird gestärkt.

Ermutigen Sie Ihre Mitarbeiter, sich auf das Endergebnis zu konzentrieren. Bitten Sie Ihre Mitarbeiter, sich ihren Erfolg genau vorzustellen und ein konkretes Bild davon zu entwerfen. Auf diese Weise verstärkt sich ihr Wunsch, ihn zu erreichen und Teil davon zu werden. Bei der Visualisierung ist es hilfreich, das gewünschte Ergebnis in einem bunten Bild darzustellen. (Respektieren Sie aber, wenn sich ein Mitarbeiter weigert, zu zeichnen.)

Manche Mitarbeiter werden ihr Bild vielleicht gerne aufhängen wollen, während andere es lieber in ihrem Schreibtisch verschwinden lassen. Wenn diese Übung funktionieren soll, müssen Sie die jeweiligen Vorlieben und Wünsche Ihrer Mitarbeiter berücksichtigen, schließlich ist es *ihr* Bild und *ihre* Vorstellung.

Helfen Sie Ihren Mitarbeitern, ihre emotionalen Bedürfnisse zu erkennen und zu befriedigen. Wir alle werden von unseren emotionalen Bedürfnissen und dem Ehrgeiz, bestimmte berufliche Ziele zu erreichen, geleitet. Natürlich sollten Sie einiges über diese grundlegenden menschlichen Bedürfnisse wissen, um besser auf Ihre Mitarbeiter eingehen zu können.

Die Liste emotionaler Bedürfnisse ließe sich bis ins Unendliche fortsetzen, außerdem sind sie je nach Persönlichkeit unterschiedlich stark ausgeprägt. Hier einige der wichtigsten, mit denen Sie in der Arbeit häufig konfrontiert werden.

- **Anerkennung und Lob.** Die Anerkennung unserer Arbeit durch andere ist extrem wichtig. Fehlt sie, verstärkt sich das Gefühl, dass all die Mühe umsonst war und unser Einsatz nicht geschätzt wird.
- **Leistung und berufliches Weiterkommen.** Leistungen verleihen unserer Arbeit Sinn. Außerdem stärken sie unser Selbstbewusstsein, da wir unsere Kompetenz unter Beweis stellen können. Be-

rufliches Weiterkommen ist ein Indiz unseres Erfolgs und vermittelt uns das Gefühl, dass unser Leben in der richtigen Bahn verläuft.

- **Zusammengehörigkeitsgefühl.** Als Mitglied einer Familie oder eines Teams genießen wir das Gefühl von Geborgenheit und Sicherheit, das wir auf keinen Fall missen wollen.
- **Anforderungen und Erwartungen.** Nur wenn bestimmte Anforderungen an uns gestellt werden, können wir uns geistig, emotional, persönlich und beruflich weiterentwickeln. Außerdem sollte Abwechslung ein wichtiger Bestandteil unseres Lebens sein. Neue Reize stimulieren unsere Sinne. Anderenfalls laufen wir Gefahr, entweder abzubauen, auf der Stelle zu treten, uns zu langweilen oder unzufrieden zu sein.
- **Stolz und Selbstvertrauen.** Wir müssen stolz auf unsere Arbeit und das, was wir tun, sein. Außerdem brauchen wir eine gehörige Portion Selbstvertrauen, was unsere Fähigkeiten und unser Selbstwertgefühl anbelangt. Aus diesem Grund sind manche Mitarbeiter rundum glücklich und zufrieden mit ihrer Arbeit, selbst wenn diese für Außenstehende eher wie eine sich ständig wiederholende Routine wirkt.
- **Freunde und Familie.** Mithilfe unserer persönlichen Beziehungen knüpfen wir unser soziales Netzwerk und erfahren die notwenige Unterstützung, sowohl im Privat- wie auch im Berufsleben.

Praxistipps

Ängste und ihre Ursachen Manchen Menschen fällt es sehr schwer, ihre Ängste in Worte zu fassen. Sie können Ihren Mitarbeitern besser helfen, wenn Sie mögliche Ursachen dafür kennen.

Sehr viele Menschen leiden unter folgenden Ängsten:

- Angst, zurückgestoßen und nicht akzeptiert zu werden,
- Angst, als schwach und verletzlich zu gelten,
- Angst, nicht mithalten zu können und als Versager dazustehen.

Verantwortlichkeit fördern

Für etwas verantwortlich sein bedeutet, für seine Handlungen und deren Folgen geradezustehen. Vermutlich können Sie sich bei den meisten Ihrer Mitarbeiter darauf verlassen, dass sie Ihren Anweisungen Folge leisten. Aber das verstehen wir nicht unter Verantwortlichkeit. (Die meisten Mitarbeiter neigen nämlich dazu, den Manager für das Ergebnis ihrer Arbeit verantwortlich zu machen, vor allem dann, wenn sie auf seine Anweisung oder Empfehlung hin gehandelt haben.)

Vorsicht, Falle!

Sich im Kontext begreifen Wie können Sie die Verantwortlichkeit Ihrer Mitarbeiter optimal fördern? Ganz einfach: Machen Sie ihnen klar, welche Rolle sie für das Unternehmen spielen. Jeder Manager sollte einmal über folgende Redewendung nachdenken: »Kein Regentropfen fühlt sich für die Flut allein verantwortlich.« Oder positiv ausgedrückt: »Kein Regentropfen kann sich ein Blumenmeer als persönlichen Verdienst anrechnen.«

Verantwortlichkeit ist weit mehr, als eine Aufgabe zu erledigen. Es bedeutet, für seine Arbeit und ihre Ergebnisse geradezustehen.

Tipps, wie Sie Ihre Mitarbelter dazu bringen, Verantwortung zu übernehmen

Wie konnen Sie Ihre Mitarbeiter dazu bringen, für ihre Arbeit und die Folgen Verantwortung zu übernehmen? Hier ein paar Vorschläge:

- **Erstellen Sie ein Anforderungsprofil.** Arbeiten Sie mit jedem Mitarbeiter eine für beide Seiten akzeptable Liste von Leistungskriterien aus, möglichst schriftlich. Somit ist geklärt, wofür jeder Mitarbeiter verantwortlich ist.

- **Führen Sie Leistungskontrollen durch.** Das Anforderungsprofil bildet die Grundlage Ihrer Bewertungskriterien für den einzelnen Mitarbeiter. Sobald Angestellten der Zusammenhang zwischen Anforderung und Bewertung klar ist, stellt sich in den meisten Fällen das entsprechende Verantwortungsbewusstsein von selbst ein. Ganz nach dem Motto, was sich messen lässt, wird auch erledigt.

- **Entwickeln Sie ein Belohungs- und Bestrafungssystem.** Sie müssen die Leistungen Ihrer Mitarbeiter in jedem Fall würdigen, also belohnen. Stellen Sie jedoch fest, dass sie ihren Verpflichtungen nur sehr nachlässig oder zögerlich nachkommen, müssen Sie sie unbedingt zur Rechenschaft ziehen und entsprechend sanktionieren.

- **Zeigen Sie nur wenig Toleranz bei Mittelmäßigkeit.** Ihr Führungsstil muss Ihren Überzeugungen und Wertvorstellungen entsprechen. Strengen Sie sich an, und seien Sie ein leuchtendes Vorbild. Zeigen Sie Ihren Mitarbeitern durch Ihre Arbeit, dass Perfektion die einzig wahre Lösung ist. Auf diese Weise machen Sie klar, dass Mittelmäßigkeit nicht akzeptiert wird.

Was veranlasst uns zu unseren Handlungen?

Am 2. April 1991 setzte Ffyona Campbell ihren Traum, ganz Afrika zu Fuß zu durchqueren, in die Tat um. Auf der 16 088 Kilometer langen Strecke musste sie sich nicht nur durch Dschungel und Wüste, sondern auch durch ein etwa 650 km langes Minengebiet kämpfen. Ihre außerordentliche Leistung wurde mit dem Titel: »Größte Läuferin aller Zeiten« belohnt.

Warum hat Campbell das getan? Was veranlasst Menschen – ob nun Lehrer, Piloten, Musiker, Ärzte oder Schriftsteller – zu außergewöhnlichen Leistungen, ohne dass sie dazu jemand nötigt? Sicherlich nicht wegen einer Beförderung oder einer Gehaltserhöhung.

Geschickt managen

Motivation kommt von innen Welche Handlungen Sie als Manager auch immer ausführen mögen, Ihr oberstes Ziel muss lauten, die Selbstmotivation Ihrer Mitarbeiter zu verstärken. Fördern Sie das Verantwortungsbewusstsein Ihrer Mitarbeiter, das ihnen als Orientierungshilfe und Inspiration gleichermaßen dient, selbst wenn sie gerade alleine arbeiten.

Als Ffyona Campbell ihren 16 088 Kilometer langen Gewaltmarsch quer durch Afrika, von Kapstadt nach Tanger antrat, schüttelte die ganze Welt verwundert den Kopf. Als man sie später nach ihren Beweggründen für diese Tortur fragte, lautete ihre Antwort: »Weil ich versprochen hatte, es zu tun.« Auf die Frage, wem, lautete ihre Antwort: »Mir selbst.«

Wie wir bereits am Anfang dieses Kapitels erläutert haben, gibt es keine größere Kraft als die Selbstmotivation, und wahrscheinlich ist es die einzige Art der Motivation, die es sich lohnt zu untersuchen.

Checkliste für Ihren Erfolg

- Am meisten werden Sie wohl für Ihr Unternehmen erreichen, wenn es Ihnen gelingt, Ihre Mitarbeiter darin zu bestärken, auf ihre Bedürfnisse zu achten, die mit ihrer Motivation zusammenhängen. Mitarbeiter, die sich lieber auf sich selbst anstatt auf andere verlassen, um die nötige Motivation zu finden, haben gelernt, die Verantwortung für sich zu tragen.
- Versuchen Sie erst gar nicht, Ihre Mitarbeiter zu motivieren. Räumen Sie ihnen die entsprechenden Befugnisse

ein, damit sie ihre Arbeit leisten können und lassen Sie zu, dass sie es nach ihren eigenen Methoden tun. Das dürfte Motivation genug sein.

- Geben Sie ein Stück Ihrer Macht an Ihre Angestellten weiter. Überdenken Sie Ihr bisheriges Arbeitsverhältnis und wagen Sie einen Neubeginn: Erweitern Sie ihren Handlungsspielraum, ihre Zeichnungsbefugnis, verfassen Sie eine großzügige Stellenbeschreibung, reduzieren Sie Vorschriften und Regeln und appellieren Sie an das Urteilsvermögen und den gesunden Menschenverstand Ihrer Mitarbeiter.
- Lassen Sie Ihren Mitarbeitern mehrere Möglichkeiten offen. Das gibt ihnen das Gefühl, die Kontrolle zu haben und für Entscheidungen verantwortlich zu sein.
- Machen Sie Ihren Mitarbeitern deutlich, dass sie für ihre Arbeit und die jeweiligen Konsequenzen einstehen müssen. Verantwortungsbewusstsein ist immer eine gute Motivation.

6.

Eine Frage der Hoffnung und Zuversicht

Motivation entsteht in einem gewissen Sinn auch aus der Zuversicht, dass unsere Arbeit vom Erfolg gekrönt wird und aus der Hoffnung auf bessere Zeiten. Oder – anders ausgedrückt – aus einer *positiven Lebensperspektive*. Glauben wir an unser Potenzial, eröffnen sich ungeahnte Möglichkeiten für die Zukunft.

Tiefgründiges über das menschliche Potenzial

In dem Kinofilm *Phenomenon – Das Unmögliche wird wahr* lebt George Malley als Mechaniker ein einfaches Leben, bis er von einem mysteriösen Lichtstrahl getroffen wird und daraufhin zur Intelligenzbestie mutiert. Während des ganzen Films gehen George und alle seine Freunde davon aus, dass er die außerordentlichen, fast schon übermenschlichen Fähigkeiten einer übernatürlichen fremden Macht, vielleicht Außerirdischen, zu verdanken hat. In Wahrheit leidet George jedoch an einem Gehirntumor im Endstadium, und dieser Tumor war es auch, der ihm diesen Lichtstrahl vorgegaukelt hatte. Das eigentliche Phänomen war, dass George selber seine außergewöhnlichen Fähigkeiten entwickelt hat – so konnte er zum Beispiel dicke Bücher in wenigen Minuten lesen und verstehen, weshalb er in einer enormen Geschwindigkeit alles Mögliche lernen konnte, von Fremdsprachen über Medizin. Kurz gesagt, George hat sein ganzes Potenzial im Höchstmaß ausgeschöpft.

Diese tiefgründige Botschaft über ungenutztes Potenzial wird gegen Ende des Films deutlich, als sich George mit einem Gehirnchirurgen unterhält. Dieser versucht verzweifelt, den todgeweihten George davon zu überzeugen, sich am Gehirn operieren zu lassen, solange er noch am Leben ist, damit die Ärzte feststellen können, wie er es geschafft hat, solche überwältigenden Leistungen zu erreichen. Der Arzt beendet das Gespräch mit folgenden Worten: »Sie würden für uns zu einem großen Lehrer werden, George. Und ich wäre Ihr Biograf sozusagen, der George Malley der ganzen Welt vorstellt.«

Natürlich hat der Arzt überhaupt nicht begriffen, worum es eigentlich ging. Allein durch sein Leben war George bereits der größte Lehrmeister aller Zeiten – und der Inbegriff aller Möglichkeiten, die tief in uns schlummern.

George lässt sich jedoch nicht zu dem chirurgischen Eingriff überreden und weist die Bitte des Arztes mit diesen Worten zurück: »Ich bin nur jemand, der das verkörpert, was in jedem steckt. Ich verkörpere bloß die Möglichkeit, und in jedem Menschen steckt das Gleiche. Weil es nicht um Phänomene, sondern um den Geist des Menschen geht. Das ist die große Reise, das ist die Herausforderung, das ist die Expedition.«

Wahre Hoffnung finden, selbst wenn wenig Aussicht auf Erfolg besteht

Die Kernbotschaft dieses Buches heißt *wahre Hoffnung*. Es ist das Wissen, dass auch unter widrigen Umständen der Glaube an das, was wir erreichen können, das Beste aus uns herausholt, weil wir von unseren Fähigkeiten und unserem Selbstwertgefühl überzeugt sind. Wir alle können mehr erreichen, wenn wir an uns glauben. Der Glaube versetzt Berge – nicht nur für uns selbst, sondern auch für andere. Um mit den Worten von George Malley zu sprechen: »Wir verkörpern bloß die Möglichkeit, und in jedem Menschen steckt das Gleiche.«

Als Manager gehört es zu Ihren wichtigsten Aufgaben, Ihren Mitarbeitern Zuversicht und Optimismus zu vermitteln. Hoffnung allein genügt jedoch nicht. Ihre Botschaft muss richtungweisend, glaubwürdig und vor allem ermutigend sein. Sie müssen selber davon überzeugt sein, dass in Zukunft alles besser wird, egal wie die Lage im Moment ist. Blicken Mitarbeiter zuversichtlich nach vorne, verstärkt das die Freude und den Elan bei der Arbeit, weil sie wissen, dass es sich lohnt.

Fachbegriffe

Potenzial steht für latent vorhandene Möglichkeiten, die genutzt oder ungenutzt verstreichen können.

Wo liegt Ihr Potenzial? Wie kann man das wissen? Die meisten Menschen haben nur eine ungefähre Ahnung davon und glauben oft, ihr Potenzial sei mit ihrer Geburt festgelegt worden.

Die Kernaussage bei obiger Definition von Potenzial ist, dass »Möglichkeiten genutzt oder ungenutzt« verstreichen können. Egal, welches Talent in Ihnen schlummert, Sie werden es erst herausfinden, wenn Sie es fördern. Und diese Entscheidung liegt bei Ihnen.

Denken Sie immer an die Worte von George Malley aus dem Kinofilm *Phenomenon*: »Ich bin nur jemand, der das verkörpert, was in jedem steckt. Ich verkörpere bloß die Möglichkeit, und in jedem Menschen steckt das Gleiche. Weil es nicht um Phänomene, sondern um den Geist des Menschen geht. Das ist die große Reise, das ist die Herausforderung, das ist die Expedition.«

Vertrauen Sie Ihren Mitarbeitern

Vertrauen ist eine der Grundlagen in der Mitarbeiterführung und ausschlaggebend für den Erfolg eines Unternehmens. Sämtliche Beziehungen basieren auf Vertrauen.

Tom Peters sagte dazu einmal: »Technik und Technologie sind wichtig. Doch das Thema dieses Jahrzehnts lautet Vertrauen.« Peters rät Managern zu »einer Mischung aus High-tech und Vertrauen«, wobei letzteres ganz oben auf der Tagesordnung stehen muss. Für ihn ist Vertrauen ein wichtiger Fakt und kein Thema, das nur am Rande behandelt werden sollte. Wenn Ihre Mitarbeiter das Gefühl haben, dass Sie ihnen nicht zutrauen, ihre Arbeit richtig und gut zu erledigen, werden sie bei jeder Kleinigkeit um Ihre Erlaubnis bitten. Spüren sie jedoch, dass Sie sehr wohl Vertrauen in ihre Fähigkeiten haben, werden sie sich entsprechend anstrengen, um Sie nicht zu enttäuschen.

Fachbegriffe

Vertrauen   Zuversicht in die Integrität und Fähigkeiten einer anderen Person

So lautet die einfache Definition. Doch das Wesentliche am Vertrauen oder sein Wert lassen sich nur schwer in Worte fassen, und eine präzise Definition scheint unmöglich. Vertrauen beinhaltet einen unerschütterlichen Glauben, Zuversicht und Hoffnung. Normalerweise gehen wir davon aus, dass sich Vertrauen aufgrund des Verhaltens einer bestimmten Person aufbaut, doch das ist nur ein Teilaspekt.

Denken Sie doch einmal über diese Worte von François de la Rochefoucauld nach: »Nur wenn wir Vertrauen zu uns selbst haben, können wir anderen Menschen trauen.« Ein weiterer Sinnspruch, der gerahmt in jedem Büro einer Führungskraft aufgehängt werden sollte, oder?

Zeigen Sie Ihren Mitarbeitern, dass sie Ihr Vertrauen wert sind

Durch Ihr Vertrauen in einen anderen Menschen vermitteln Sie ihm die Botschaft: »Ich halte Sie für vertrauenswürdig.« Nun weiß derjenige, dass Sie seine Fähigkeiten und Kompetenz nicht anzweifeln und sich sicher sind, dass er seinen Job gut erledigen kann. Dieses Vertrauen ist die Grundvoraussetzung für Zuversicht und Optimismus.

Vielleicht gehören Sie aber zu den Managern, die davon ausgehen, Ihre Mitarbeiter wüssten, dass Sie ihnen vertrauen, weshalb Sie es ihnen nicht ausdrücklich sagen. Schließlich verfolgen Sie Ihre Mitarbeiter nicht auf Schritt und Tritt, um zu verhindern, dass sie einen Fehler machen. Also müssen sie doch wissen, dass Sie ihnen vertrauen, oder?

Eben nicht! Das Einzige, was Ihre Mitarbeiter in diesem Fall wissen, ist, dass Sie Ihnen zumindest so viel zutrauen, dass Sie sie nicht den ganzen Tag lang mit Argusaugen beobachten müssen. Mehr können sie aus Ihrem Verhalten nicht schließen.

Viele Manager sprechen das Thema Vertrauen überhaupt nicht an – oder gebrauchen den Begriff nur in einem sehr begrenzten Kontext, meist mit einem negativen Beigeschmack. Die Aussage: »Peter, ich verlasse mich darauf, dass Sie das können« heißt übersetzt nichts anderes als: »Wehe, Sie bauen Mist!«, und mit: »Ich weiß, dass Sie in dieser Angelegenheit Ihr Bestes geben, Mary« ist eigentlich gemeint: »Hm, im Grunde habe ich keine Ahnung, was ich davon halten soll, aber Sie werden das schon irgendwie hinkriegen.« Mit dieser Art von »Vertrauensbeweis« verunsichern Sie Peter und Mary wahrscheinlich nur. Wie können Sie es also besser machen? Stellen Sie das Vertrauen in Ihre Mitarbeiter unter Beweis, indem Sie für Fragen und neue Ideen offen sind und Ihren Mitarbeitern Entscheidungen überlassen. Auf diese Weise merken sie deutlich, dass man ihnen vertraut.

Vertrauen beruht auf Gegenseitigkeit

Jedes Unternehmen hängt von zwischenmenschlichen Beziehungen ab – zu den Mitarbeitern und den Kunden. Die Grundlage jeder Beziehungen ist Vertrauen. Dieses Gefühl muss jedoch auf Gegenseitigkeit beruhen, denn es reicht nicht aus, wenn Sie Ihren Mitarbeitern vertrauen, sie aber nicht Ihnen.

Mitarbeiter möchten ihren Managern vertrauen und an sie glauben. Sie brauchen das Gefühl, dass ihre Vorgesetzten sich um ihr Wohl kümmern.

Ihre Angestellten sind die wichtigste Ressource. Klar, die Einstellung Ihrer Mitarbeiter erfolgte aufgrund der speziellen Qualifikationen, doch der Schlüssel zum Erfolg liegt in der Arbeitseinstellung Ihrer Leute. Je stärker Vertrauen und Zuversicht bei Ihren Mitarbeitern ausgeprägt sind, um so motivierter werden sie an ihre Arbeit gehen. Jetzt erklären wir Ihnen, wie Sie ein vertrauensvolles Klima schaffen können.

Zwölf goldene Regeln zum Aufbau einer vertrauensvollen und zuversichtlichen Atmosphäre

1. **Erweisen Sie Ihren Mitarbeitern Respekt.** Vergessen Sie all die klangvollen Titel und Gehaltsunterschiede und halten Sie sich vor Augen, dass wir Menschen im Grunde alle gleich sind. Der respektvolle Umgang miteinander basiert auf der gegenseitigen Überzeugung, dass Sie und Ihre Mitarbeiter gemeinsam für den Erfolg des Unternehmens verantwortlich sind.
2. **Der Ton macht die Musik.** Gewöhnen Sie sich einen ruhigen und rücksichtsvollen Umgang mit Ihren Mitarbeitern an. Achten Sie insbesondere auf Ihren Tonfall und auf den richtigen Zeitpunkt. Alles, was Sie sagen, kann je nach Situation ganz unterschiedlich interpretiert werden. Wie, wann und wo Sie etwas sagen, ist fast wichtiger als der Inhalt des Gesagten.
3. **Halten Sie Ihre Versprechen.** Hüten Sie sich vor Zusicherungen, die Sie nicht einhalten können. Es geht schließlich um Ihre Glaubwürdigkeit. Bei manchen Managern sind Reden und Handeln zwei Paar verschiedene Schuhe. Sicher, man kann nicht jedes Versprechen einhalten, denn es kann immer etwas dazwischen kommen. Manchmal ist es jedoch einfacher, seine Mitarbeiter mit einer Entschuldigung abzufertigen, anstatt sich nach besten Kräften darum zu kümmern, sein Versprechen letzten Endes doch zu halten. Widerstehen Sie dieser Versuchung! Nutzen Sie Ihre Position, um Vertrauen in Sie und das Unternehmen aufzubauen.

4. **Sorgen Sie für eine offene Kommunikation.** Die beste Methode, Vertrauen aufzubauen, ist die offene Kommunikation. Informieren Sie Ihre Mitarbeiter über den aktuellen Stand der Dinge. Nutzen Sie Besprechungen für Bekanntmachungen. Verschicken Sie Faxe und E-Mails, nutzen Sie Schwarze Bretter oder geben Sie regelmäßig Newsletter heraus. Behalten Sie keine Informationen für sich, sondern sprechen Sie mit Ihren Mitarbeitern darüber, bitten Sie um Kommentare und beantworten Sie ihre Fragen.

5. **Hören Sie gut zu und diskutieren Sie nicht herum.** Wenn es um Vertrauen und Zuversicht geht, bewirken Worte oft nicht so viel wie aufmerksames Zuhören. Dadurch machen Sie Ihrem Gesprächspartner klar, dass er wichtig für Sie ist. Übrigens, Zuhören und Zustimmen sind nicht dasselbe. Wenn es sein muss, können Sie auch widersprechen, doch achten Sie darauf, Ihr Gegenüber mit dem nötigen Respekt zu behandeln. Fragen Sie nach, wenn Sie etwas nicht verstanden haben oder anderer Meinung sind. Versuchen Sie, Ihren Gesprächspartner zu verstehen. Bewahren Sie Ruhe und reagieren Sie besonnen.

6. **Halten Sie sich mit spitzfindigen Kommentaren zurück.** Spitzfindigkeiten, Seitenhiebe oder Demütigungen sind alles andere als witzig. Ganz im Gegenteil, sie zeugen von Ihrer Unsicherheit und mangelndem Einfühlungsvermögen. Respektieren Sie die Gefühle Ihrer Mitarbeiter.

7. **Betonen Sie Positives.** Heben Sie gute Eigenschaften und Leistungen Ihrer Mitarbeiter hervor und sprechen Sie darüber. So merken sie, dass sich ihre Mühe gelohnt hat und werden sich das nächste Mal noch mehr anstrengen.

8. **Respektieren Sie die Meinung anderer.** Zeigen Sie Ihren Mitarbeitern, dass Sie deren Meinung achten, auch wenn – nein, gerade wenn – sie sich von Ihrer unterscheidet. Ein Gespräch sollte für Sie mehr sein als die Gelegenheit, Ihren Standpunkt zu vertreten, nämlich die Chance, herauszufinden, was andere denken und fühlen. Wenn Sie ein guter Zuhörer sind und nachfragen, anstatt sich immer nur selbst reden zu hören, werden Sie überrascht sein, was Ihnen alles zu Ohren kommt.

9. **Stellen Sie klar, dass Vertrauen auf Gegenseitigkeit beruht.** Erwarten Sie keinesfalls von Ihren Mitarbeitern, dass sie Ihnen mehr Vertrauen schenken als umgekehrt. Wenn Sie Ihren Mitarbeitern vermitteln, dass Sie kein Vertrauen in ihre Fähigkeiten besitzen – indem Sie ihnen kaum Verantwortung und Befugnisse übertragen und sie nichts entscheiden lassen – ist es kein Wunder, dass sie Ihnen auch nicht über den Weg trauen. Vertrauen funktioniert nur wechselseitig. Außerdem ist nicht gesagt, dass dem Ranghöheren grundsätzlich mehr Vertrauen entgegengebracht wird als umgekehrt. Halten Sie sich an die goldene Regel: »Was du nicht willst, dass man dir tu, das füg' auch keinem andern zu.«

10. **Vertrauen baut sich allmählich auf.** Vertrauen in Ihre Mitarbeiter kann sich nicht über Nacht entwickeln. Das dauert eine Weile und hängt natürlich von ihrem Verhalten ab. Ihre Mitarbeiter werden mit der Zeit Ihr Vertrauen gewinnen, wenn sie ihre Versprechungen einhalten und ihren Verpflichtungen nachkommen. Je weniger Enttäuschungen Sie erleben, umso größer wird Ihr Vertrauen sein. Umgekehrt gilt natürlich dasselbe.

11. **Seien Sie ehrlich zu sich selbst.** Sind Sie wirklich von dem überzeugt, was Sie Ihren Mitarbeitern gerade »verkaufen« wollen? Können Sie hinter Ihren Handlungen stehen, sind Sie Vorbild für die anderen, und tun Sie immer das Richtige? Sie können kein guter Manager sein, wenn Sie Dinge tun, die nicht Ihren Überzeugungen entsprechen. Dann wären Sie ein schlechtes Vorbild, das Ihre Mitarbeiter ihrerseits dazu bewegt, sich unehrlich zu verhalten oder sich hinter einer Maske zu verstecken.

12. **Zeigen Sie Ihre menschliche Seite.** Geben Sie Ihre Fehler zu und lassen Sie Ihre Mitarbeiter an Ihren Plänen und Träumen teilhaben. Pflegen Sie einen offenen und ehrlichen Umgang mit Ihren Mitmenschen. Zeigen Sie auch Ihre Schwächen und suchen Sie nicht krampfhaft nach einer Entschuldigung dafür. Ihre Mitarbeiter werden Ihre Ehrlichkeit und Menschlichkeit zu schätzen wissen.

Praxistipps

Nicht siegen, sondern gewinnen   Der ehemalige Herausgeber der *Washington Post* hat einmal gesagt: »Derjenige, der es versteht, jemandem zu widersprechen, ohne ihn zu verletzen, hat das Geheimnis der Diplomatie entdeckt.« Was genau ist denn dieses Geheimnis?

Wenn es sich überhaupt in wenigen Worten zusammenfassen lässt, dann in diesen:

1. Formulieren Sie den strittigen Standpunkt Ihres Gegenübers in Ihren eigenen Worten.
2. Besprechen Sie jeden einzelnen Punkt und liefern Sie Argumente, die Ihrer Meinung nach dagegen sprechen.
3. Versuchen Sie, diese Punkte in einen anderen Vorschlag umzuformulieren, der Ihrer Meinung nach der bessere ist.

Ihr Ziel muss sein, gemeinsam eine Lösung zu finden und nicht, Ihr Gegenüber zu bezwingen. Wenn es Ihnen gelingt, sich in die Lage Ihres Gesprächspartners zu versetzen, werden Sie viel leichter zu einem Kompromiss finden.

Die Vorteile eines vertrauensvollen Arbeitsklimas

Einer der Vorteile eines vertrauensvollen Arbeitsklimas ist, dass sich die Mitarbeiter wahrhaft motiviert und inspiriert fühlen, täglich ihr Bestes zu geben. Inwieweit das Vertrauen des Managers in seine Angestellten gerechtfertigt ist, beweist sich am einfachsten durch seine Abwesenheit.

Eine bewegende Erfahrung

Ein kleines, aber erfolgreiches Beratungsunternehmen aus Dallas platzte aus allen Nähten. In nur drei Jahren stieg die Zahl seiner

Vorsicht!

Bleiben Sie sich treu   Wir alle kennen Manager, die sich falsch verhalten haben, deren Moral zu wünschen übrig ließ und die andere ausgenutzt haben. Das heißt, ihr Managementstil war schlecht und uneffizient.

Einer unserer Kollegen formulierte einmal folgende Aussage: »Ihre Leute sind vermutlich nicht immer so gut, wie Sie es für sich selbst anstreben, aber Sie können sich ziemlich sicher sein, dass sie so schlecht sind, wie Sie es sich selbst gestatten.«

Als Manager tragen Sie eine schwere Last. Sie müssen offen und ehrlich und vor allem Sie selbst sein und ständig versuchen, sich noch zu steigern. Ein schweres Los! Derselbe Kollege hat abschließend zusammengefasst: »Versuchen Sie, einfach ein Vorgesetzter zu sein, den Sie selbst auch akzeptieren und schätzen würden.«

Mitarbeiter von zwölf auf über 40 an. Aufgrund widriger Umstände musste das Unternehmen seinen Firmensitz bis zum 30. April räumen, die neuen Räumlichkeiten in der Nähe von Plano waren jedoch erst zwischen dem 15. und dem 30. Juni bezugsfertig.

Die Führungsspitze war sich darüber im Klaren, was das bedeutete: Sie mussten die Firma sechs bis acht Wochen ohne Büros am Laufen halten. Das dringlichste Problem war natürlich, finanzielle Ausfälle zu vermeiden, doch auch die Aufrechterhaltung der Arbeitsmoral und der Leistungen der Angestellten waren zu bedenken.

Die obersten Führungskräfte trafen sich zu einer Sitzung, um die beste Vorgehensweise zu besprechen. Alle Teilnehmer waren sich einig, dass es sich im Grunde um eine Frage des Vertrauens handelte. Sie trafen folgende Entscheidung: Bis auf eine Notbesetzung, die sich im alten Firmensitz um die Computer kümmern musste, und ein paar Hartgesottene, die im neuen Gebäude, das sich noch im Bau befand und keine Heizung und Klimaanlage hatte, die Telefone besetzen mussten, sollten alle Mitarbeiter von zu Hause aus arbeiten. Die beiden unbeaufsichtigten Teams im alten und neuen Gebäude hatten sich freiwillig für diese Aufgaben entschieden, es gab keinen Druck von oben, und niemand beschwerte sich.

Vorsicht, Falle!

Noch was in Sachen Vertrauen Vertrauen Sie Ihren Mitarbeitern, und wie sieht das umgekehrt aus? Bevor Sie diese Fragen beantworten, sollten Sie lesen, was Douglas McGregor, Autor des Buches *Der Mensch im Unternehmen* (1986) dazu zu sagen hat:

»Vertrauen bedeutet für mich die Sicherheit, weder absichtlich noch unabsichtlich, weder bewusst noch unbewusst ausgenutzt zu werden. Unter dieser Voraussetzung bin ich bereit, meine jetzige Situation, meinen Status und meine Selbstachtung in dieser Gruppe, unsere Beziehung, meinen Job, meine Kariere, ja sogar mein Leben voller Vertrauen in Ihre Hände zu legen.«

Haben Sie und Ihre Mitarbeiter ein derartiges Vertrauensverhältnis zueinander?

Nun, zu welchen Konsequenzen führte diese scheinbar schwierige Lage? In diesen zwei Monaten verzeichnete das Unternehmen den größten Umsatz aller Zeiten! Einer der Mitarbeiter schrieb dies der Firmenspitze und ihrem positiven Denken sowie dem Glauben an ihre Mitarbeiter zu. Ein anderer Mitarbeiter äußerte sich so: »Sie haben uns vertraut. Wir mussten beweisen, dass wir dieses Vertrauen wert waren – und das ist uns gelungen.«

Diese Firma hat es geschafft, aus einer äußerst misslichen Lage heraus ein beeindruckendes Geschäftsergebnis zu erzielen, weil die Führungskräfte an ihre Mitarbeiter glaubten und ihnen vertrauten. Selbst wenn der Umsatz nicht so hoch gewesen wäre, könnte man von einem Sieg auf ganzer Linie sprechen – im Kampf um Hoffnung und Vertrauen.

Wenn Vertrauen verloren geht

Wann immer wir in einer Beziehung das Gefühl haben, dass wir mehr geben als zurückerhalten, geht ein Stück unseres Vertrauens verloren. Das gilt sowohl im Privat- als auch im Berufsleben. Wenn Mitarbeiter das Gefühl haben, dass zwischen dem, was sie investieren und dem, was sie dafür bekommen, ein ausgewogenes Verhältnis besteht, ist das Vertrauen in die Vorgesetzten sehr hoch. Im entgegengesetzten Fall beginnt ihr Vertrauen zu schwinden.

Vertrauen und Befugnisse gehören eng zusammen (siehe Kapitel 5). Wenn Sie Ihren Mitarbeitern bestimmte Befugnisse einräumen, ist dies ein Vertrauensbeweis Ihrerseits, der ihnen Grund genug geben dürfte, auch Ihnen zu vertrauen.

Was passiert aber, wenn Sie Ihren Mitarbeitern keinen Handlungsspielraum gewähren? Lassen Sie einmal alle Faktoren aus dem Spiel, die dagegen sprechen, Ihren Mitarbeitern bestimmte Befugnisse einzuräumen. Unterm Strich bleibt mangelndes Vertrauen Ihrerseits übrig. Nehmen Sie sich bitte einen Augenblick lang Zeit und denken Sie über Ihre Tätigkeit als Manager nach. Haben Sie Ihren Mitarbeitern Anlass gegeben, ihr Vertrauen in Sie zu verlieren? Treffen einige dieser Punkte auf Sie zu?

- Sie sichern Befugnisse zu und finden dann tausend Gründe, es doch nicht zu tun.
- Sie sorgen bewusst dafür, dass sich Angst unter Ihren Mitarbeitern breitmacht.
- Sie manipulieren Ihre Mitarbeiter.
- Sie halten Ihre Versprechen nicht ein beziehungsweise machen falsche Versprechungen.
- Sie informieren erst die Öffentlichkeit und dann Ihre Mitarbeiter über wichtige Sachverhalte.
- Sie teilen Ihren Mitarbeitern nicht mit, was Sie von Ihnen erwarten.

- Sie verteilen Belohnungen, die Ihren Mitarbeitern nur wenig oder gar nichts bedeuten.
- Sie verschanzen sich häufig in Ihrem Büro und wollen nicht gestört werden.
- Sie machen andere für etwas verantwortlich, obwohl sie gar nicht befugt waren, eine entsprechende Entscheidung zu treffen.

Treffen diese Aussagen immer oder ziemlich häufig auf Sie zu? Falls ja, stellt sich nun die Frage, was Sie tun können, um das Vertrauen Ihrer Mitarbeiter wieder zu gewinnen.

Überlassen Sie Ihren Mitarbeitern die Hauptrolle

Den Mitarbeitern die Hauptrolle überlassen? Der bloße Gedanke daran lässt manche Manager erschaudern. Was hätten sie denn dann noch zu tun?

Viele Manager unterschätzen die Bedeutung von Vertrauen. Natürlich, es wird in den Führungsetagen darüber geredet. Aber ihr Verhalten macht deutlich, dass sie im Grunde nicht begriffen haben, worum es dabei eigentlich geht – oder dass es ihnen nicht so wichtig ist.

Geschickt managen

Stellen Sie Ihr Vertrauen unter Beweis Sie müssen dafür sorgen, dass Ihren Mitarbeitern alles zur Verfügung steht, was sie für ihre Arbeit brauchen – Werkzeug, Mittel, Unterstützung und so weiter. Sie müssen aber auch sicherstellen, dass sie mit der gleichen Begeisterung und Leidenschaft an ihr Werk gehen können wie selbstständige Unternehmer – der größte Vertrauensbeweis, den Sie bieten können.

Oft ist es auch nur eine Frage unterschiedlicher Perspektiven. Was passiert, wenn Sie Ihren Mitarbeitern ein bestimmtes Projekt übertragen? Vielleicht mischen Sie sich ja nur ein bisschen hier und dort ein, was in Ihren Augen eine reine Vorsichtsmaßnahme ist. Auf Ihre Mitarbeiter wirkt es aber möglicherweise so, als würden Sie ihnen nicht zutrauen, das Projekt von Anfang an richtig zu bearbeiten. Vielleicht bitten Sie sogar freie Mitarbeiter darum, Ihre Angestellten zu entlasten, doch die sehen darin einen Beweis, dass Sie ihnen nicht zutrauen, den Job alleine bewältigen zu können.

Was fehlt also in diesen, Ihnen zweifelsohne nur allzu vertrauten Situationen? Optimismus und Zuversicht. Sie müssen optimistisch sein, was das Ergebnis anbelangt, und Sie müssen Vertrauen zu Ihren Mitarbeitern haben. Anderenfalls laufen Sie Gefahr, dass der erfolgreiche Projektabschluss sabotiert wird, und dass Ihre Mitarbeiter das Vertrauen in die eigenen Fähigkeiten verlieren.

Fachbegriffe

Sabotage   Dieser Begriff, der für innerbetriebliche Störungen steht, kommt von einem französischen Wort für Schuh. Früher nämlich verliehen französische Arbeiter ihrem Protest gegen das Management Ausdruck, indem sie ihre Maschinen mit Holzschuhen blockierten.

Sabotageakte dieser Art sind heutzutage eher eine Ausnahme. Weitaus gängiger ist jedoch die Sabotage psychologischer Natur – und in vielen Fällen sind es die Manager, und nicht die Angestellten, die innerbetrieblichen Schaden anrichten.

Manager als Hüter der Firmenkultur

Wahrscheinlich findet sich in Ihrer Stellenbeschreibung kein Sterbenswörtchen darüber, dass Sie für die Umsetzung der Firmenphilosophie verantwortlich sind. Ihr Vorgesetzter hat Ihnen vermutlich nichts oder nur sehr wenig über diese Aufgabe erzählt, als Sie als Manager eingestellt wurden. Trotzdem gehört es unbedingt zu Ihren Funktionen. Sie sind also dafür verantwortlich, dass die Wertvorstellungen Ihres Unternehmens in Ihre Entscheidungen und Handlungen einfließen.

Wir haben bereits wiederholt darauf hingewiesen, wie wichtig Integrität, die Ehrlichkeit sich selbst gegenüber, ist. Sie müssen bereit und fähig dazu sein, nach Ihren Wertvorstellungen zu handeln und zu leben – auch im Beruf. Mitarbeiter wollen und brauchen Vorgesetzte, die sie respektieren können und keine Opportunisten, die ihr Fähnchen in den Wind halten.

Doch wie sieht es mit den Wertvorstellungen Ihres *Unternehmens* aus? Schließlich sind Sie nicht selbstständig. Die Belegschaft bildet sich ihre Meinung über die Wertvorstellungen des Unternehmens, indem sie genau beobachtet, wie *Sie* und andere Führungskräfte sich verhalten. Anders ausgedrückt, zeigt *Ihr* Verhalten eindeutig, welche Wertvorstellungen Sie vertreten – sowohl als Individuum als auch als *Vertreter Ihres Unternehmens*. Klaffen Ihre persönlichen Wertvorstellungen und die des Unternehmens auseinander, müssen Sie unter Umständen Kompromisse eingehen. Das ist nur realistisch. Die Frage dabei lautet, wie hoch Ihre Toleranzschwelle ist: Was können Sie akzeptieren und was nicht. Diese Entscheidung liegt ganz bei Ihnen.

Fachbegriffe

Wertvorstellungen Dieser Begriff bezieht sich auf das Verhalten im Privat- und Berufsleben und umfasst alles, was nach Meinung der Betroffenen richtig, gut, moralisch, angemessen und wichtig ist.

Unser Verhalten – ob wir ehrlich oder nur auf unseren eigenen Vorteil bedacht sind – spiegelt unsere Überzeugungen wider, und unsere Taten geben darüber besser Auskunft als Worte.

Unabhängig von Ihrer derzeitigen Situation lässt sich eines mit Bestimmtheit sagen: Je geringer die Kluft zwischen Ihren eigenen Wertvorstellungen und denen Ihres Unternehmens, umso größer die Vorteile. Da das menschliche Handeln durch die jeweiligen Überzeugungen gelenkt wird, sind Mitarbeiter umso eher bereit, hart zu arbeiten, wenn sie sich an einer Firmenphilosophie orientieren können, die sie verstehen und akzeptieren.

Wertvorstellungen führen zu Loyalität und Vertrauen

Anita Roddick, Gründerin des Kosmetikunternehmens Body Shop und Autorin des 1991 erschienenen Buches *Body and Soul: Erfolgsrezept Öko-Ethik*, hat als eine der Ersten erkannt, wie wichtig es ist, Wertvorstellungen in alltägliche Geschäftsabläufe zu integrieren. Dieses Konzept, auch soziale Verantwortung genannt, entsteht aus der Überzeugung, dass Unternehmen ihren Mitarbeitern und der Gesellschaft gegenüber moralisch verpflichtet sind, da diese ihre Existenz überhaupt erst ermöglichen. Diese Goldene Regel dient wertorientierten Unternehmen als Leitgedanke.

Eine sozial verantwortungsvolle Unternehmensführung schafft unter Mitarbeitern und Kunden eine Art der Loyalität, von der andere Firmen nur träumen können. Wenn Mitarbeiter wissen, dass sie den Grundprinzipien und Werten des Unternehmens absolut vertrauen können, und wenn auch die Manager nach diesen Wertvorstellungen handeln, wird es zu ihrem erklärten Ziel, Teil dieses Unternehmens zu bleiben.

Aus der Praxis

Rollenmodelle   Um mehr über die soziale Verantwortung zu erfahren, sollten Sie sich intensiv mit folgenden Firmen befassen: The Body Shop, Ben & Jerry's, Patagonia, Odwalla, Hewlett-Packard, British Airways, Coca-Cola, McDonald's, JCPenney, Whole Foods Market, Marriott, Southwest Airlines, Hallmark, Levi Strauss, Blue Fish Clothing, Rhino Entertainment, Intel und Ritz-Carlton.

In wertorientierten, sozial verantwortungsvollen Unternehmen gehen Manager mit gutem Beispiel voran und verlangen von ihren Mitarbeitern niemals etwas, das sie selbst nicht auch tun würden. Wenn Sie diesen Managementstil praktizieren und konsequent darauf achten, dass Ihr Verhalten sich in Harmonie mit Ihren Wertvorstellungen befindet, können Sie sich der Achtung Ihrer Mitarbeiter sicher sein.

Global denken, lokal handeln

Vielleicht lesen Sie dieses Kapitel und stimmen uns zu, dass das soziale Verantwortungsbewusstsein eines Unternehmens eine tolle Sache ist. Mag sein, dass Sie daran denken, dieses Konzept in die Praxis umzusetzen – doch es gibt da ein Problem: Sie sind nicht Herr über das ganze Unternehmen. Sie sind nur ein Manager. Was können Sie nun tun?

Die Aufforderung »global denken, lokal handeln« macht nicht nur Sinn, wenn es um den Umweltschutz geht, sondern trifft auch auf Ihr Arbeitsumfeld zu. Es liegt in Ihrer Macht, Dinge zu ändern, auch wenn Sie in kleinen Schritten damit anfangen müssen.

Tun Sie alles, um für Ihre Mitarbeiter Vorbild zu sein. Schaffen Sie ein Arbeitsklima, das Ihren Mitarbeitern ermöglicht, nach Wertvorstellungen zu handeln, auch wenn Ihre Abteilung unter Umständen die einzige ist, der daran gelegen ist. Halten Sie diese Überzeugungen am Leben, sodass sie wachsen und gedeihen.

Orientieren Sie sich nicht zu sehr an Kollegen oder anderen Abteilungen. Lassen Sie die Resultate Ihres Wirkungsbereichs für sich sprechen. Betrachten Sie es als positiv, wenn Mitarbeiter anderer Abteilungen Ihre Angestellten um das gute Arbeitsklima beneiden. Zeigen Sie, was soziale Verantwortung bedeutet. Was in Ihrer Abteilung angefangen hat, könnte sich bald wie ein Lauffeuer durch das ganze Unternehmen verbreiten. Doch selbst wenn sich kein anderer außer Ihnen traut, nach Wertvorstellungen zu leben, dann trösten Sie sich mit dem Gedanken, dass Sie sich treu bleiben, Ihren Überzeugungen folgen und eine Quelle der Inspiration für Ihre Mitarbeiter sind. Allein das ist die Mühe wert.

Die Zukunft gestalten

Erinnern Sie sich noch, dass dieses Kapitel mit dem Thema anfing, wie sich die *Zukunft entwickeln könnte*? Mit der Vision von besseren, rosigen Zeiten. Als Manager spielen Sie zumindest teilweise eine Rolle hinsichtlich der Zukunftsvisionen Ihrer Mitarbeiter. Sie sind der Ansprechpartner, wenn es um die Zukunft des Unternehmens, seine Werte, Ziele und Missionen geht. Malen Sie sich ein Bild von der Zukunft Ihres Unternehmens aus und lassen Sie Ihre Mitarbeiter daran teilhaben. Verfolgen nur Sie allein Ihre Vision, geht Ihnen eine gute Möglichkeit verloren, Ihre Mitarbeiter positiv zu beeinflussen und ihre Selbstmotivation anzuspornen.

Fachbegriffe

Vision   Wir halten folgende Definition dieses Begriffs für äußerst passend: etwas sehen, was (noch) nicht vorhanden ist. Eine Vision entfaltet jedoch nur dann ihre Wirkung, wenn es Ihnen gelingt, andere dafür zu begeistern und den Wunsch hervorzurufen, sie Wirklichkeit werden zu lassen.

Als der Vergnügungspark Disney World seine Pforten öffnete, war der Firmengründer Walt Disney schon lange Zeit tot. Seine Frau sollte an seiner Stelle die Eröffnungsrede halten. Als sie das Rednerpult betrat, sagte ihr Vorredner bedauernd zu ihr: »Mrs. Disney, ich wünschte, Walt hätte das sehen können.« Ihre Antwort lautete: »Keine Bange, das hat er!«

Viele erfolgreiche Firmen sind die verwirklichte Vision ihrer Firmengründer. Denken Sie nur einmal an Walt Disney, Bill Gates, Oprah Winfrey, Herb Kelleher und Stephen Covey. Doch auch diesen berühmten Personen wäre es nicht gelungen, ihre Träume wahr werden zu lassen, wenn sie diese nicht mit ihren Mitmenschen geteilt hätten.

Den Weg bahnen und Menschen begeistern

Es kann keine Hoffnung oder Zuversicht unter den Angestellten geben, wenn sie die Zukunftspläne des Unternehmens nicht kennen. Schon aus diesem Grund müssen Sie Ihre Vision mit Ihren Mitarbeitern teilen und um ihre Anregungen bitten, wie sie sich die Zukunft der Firma oder Ihrer Abteilung vorstellen. Andere an seinen Visionen teilhaben zu lassen ist eine großartige Möglichkeit, positiven Einfluss auf deren Motivation auszuüben.

Irgend jemand hat einmal gesagt: »Man kann in niemandem Begeisterung entfachen, wenn man nicht selbst Feuer und Flamme ist.« Sie müssen also Ihre Mitarbeiter für Ihre Vision, an die Sie mit voller Überzeugung glauben, begeistern.

Die Umsetzung einer Vision ist ein gewaltiges Projekt, aber Sie können es in kleinen Schritten erledigen. Bitten Sie zunächst Ihre Mitarbeiter um Ideen und Vorschläge. Beziehen Sie sie in Ihre Vision mit ein. Besprechen Sie, welche Änderungen die Zukunft bringen mag und welche Rolle jeder Einzelne dabei spielt.

Achten Sie darauf, dass sich Ihre Vision mit den Zielen Ihres Unternehmens, Ihres Vorgesetzten, einer übergeordneten Abteilung oder der Führungsspitze deckt. Welche Prinzipien verfolgt Ihr Unternehmen, und wie lautet die Firmenphilosophie? Können Sie eine Vision kreieren, die darauf aufbaut? (Wenn es zwischen der theoretischen Firmenphilosophie und der tatsächlichen Vorgehensweise Ihres Unternehmens Abweichungen gibt, sollten Sie sich auf diejenigen Wertvorstellungen konzentrieren, die sich am ehesten umsetzen lassen oder gerade für Ihre Abteilung sehr wichtig sind. Versuchen Sie bloß nicht, Ihren Mitarbeitern etwas anzudrehen, was Sie selbst nicht haben wollen – und denken Sie immer daran, dass sich Änderungen nur selten über Nacht vollziehen.)

Sobald Ihre Vision ausgereift ist, müssen Sie sich daran machen, sie in die Tat umzusetzen. Sorgen Sie dafür, dass sich Ihre Mitarbeiter gegenseitig motivieren, sich vertrauen und an der Verwirklichung der Vision arbeiten. Feiern Sie jeden Teilerfolg als Schritt in die richtige Richtung. Erfolg verstärkt die Motivation immer.

Checkliste für Ihren Erfolg

- Motivation beruht zum Teil auf unserer Zuversicht, Erfolg zu haben, und auf unserer Hoffnung auf eine bessere Zukunft.
- Bei der Mitarbeiterführung und der Leistungssteigerung kommt es vor allem auf Vertrauen an. Vertrauen ist die Grundlage aller Beziehungen und hat stark motivierenden und inspirierenden Charakter. Ohne Vertrauen und Respekt können wir uns zur Motivation unserer Angestellten nur ihrer Wünsche und Ängste bedienen.
- Wenn Sie Ihren Mitarbeitern entsprechende Befugnisse einräumen, beweisen Sie Ihr Vertrauen in sie, was wiederum deren Vertrauen in Sie verstärkt. Überlassen Sie Ihren Mitarbeitern getrost die Hauptrolle. Strahlen Sie Optimismus aus, was das Ergebnis anbelangt und zeigen Sie Zuversicht, dass Ihre Mitarbeiter ihren Job beherrschen.
- Als Manager müssen Sie dafür sorgen, dass die Firmenphilosophie in die Tat umgesetzt wird. Sie müssen sowohl nach Ihren persönlichen als auch nach den Wertvorstellungen Ihres Unternehmens handeln. Mitarbeiter laufen zu Höchstformen auf, wenn sie sich an nachvollziehbaren und akzeptablen Werten und Überzeugungen orientieren können – und sie übernehmen die Firmenphilosophie von Ihnen und Ihrem Handeln.
- Zeigt ein Unternehmen soziale Verantwortung, führt dies zu einer verstärkten Loyalität der Arbeitnehmer und zu wachsendem Vertrauen. Die Führungskräfte sind Beispiel dafür, wie man seine Überzeugungen lebt.
- Erklären Sie Ihren Mitarbeitern Ihre Vision von der Zukunft. Das fördert nicht nur die Hoffnung und das Vertrauen, sondern auch die Motivation.

7.

Spaß und Motivation

Mitarbeiter, denen die Arbeit Spaß macht, sind ein untrügliches Zeichen dafür, dass sie in einem extrem effizienten und erfolgreichen Unternehmen beschäftigt sind.

Wir wissen aus quantitativen und qualitativen Erhebungen, dass Spaß und Arbeit sehr wohl Hand in Hand gehen können. Es gibt nachweislich einen direkten Zusammenhang zwischen Spaß und Produktivität, Kreativität, Arbeitsmoral, Zufriedenheit und vor allem Loyalität – ganz zu schweigen von der höheren Kundenzufriedenheit und einer ganzen Reihe weiterer Vorteile. Menschen, denen ihre Arbeit Spaß macht, betrachten ihre Arbeitsstätte als einen Ort, an dem sie unterschiedlichste Bedürfnisse befriedigen können, was zur Folge hat, dass sich die Motivation, Bestleistungen zu erbringen, immer wieder aufs Neue verstärkt.

An solchen Arbeitsstätten finden sich häufig Mitarbeiter, die

- voller Energie stecken,
- ein hohes Selbstbewusstsein haben,
- mit großer Begeisterung bei der Arbeit sind
- und sich durch Teamgeist,
- gleichbleibende Motivation
- und eine positive Lebens- und Arbeitseinstellung auszeichnen.

Sicherlich kann man Mitarbeitern beinahe alles beibringen. Doch der Schlüssel zum Erfolg, wozu hoch motivierte Mitarbeiter in nicht unerheblichem Maß beitragen, sind nach wie vor Angestellte, die ihre Arbeit wirklich erledigen *wollen* und die ihren Job lieben. Diese Menschen sind eine Bereicherung für jeden Arbeitgeber, und ihre Begeisterung steckt ihre Kollegen an. Und genau das macht den Unterschied aus.

Humor ist, wenn man das Leben von seiner witzigen Seite nimmt. Wenn wir also Humor und Spaß – zwei natürliche menschliche Verhaltensweisen – in unser Leben integrieren, bauen wir automatisch Spannung ab, bilden Vertrauensverhältnisse und machen uns das Leben insgesamt angenehmer. Gibt es etwas Schöneres als Lachen?

Humor – von der psychologischen Seite her gesehen

Der verstorbene Norman Cousins, Autor von *Der Arzt in uns selbst* (1996) und Professor für Psychologie und Verhaltensforschung an der Universität in Los Angeles, bezeichnete das Lachen als ein »natürliches Heilmittel«. Cousins bewies mit seinem eigenen erfolgreichen Kampf gegen eine tödliche Krankheit, dass Lachen die beste Medizin ist, denn er lebte ein langes Leben.

Für das Thema Spaß und Humor bei der Arbeit ist es daher wichtig, die psychologischen Vorteile näher zu betrachten.

Wie sich Spaß auf Körper und Geist auswirkt

Spaß, Lachen und Humor haben eine befreiende Wirkung und Menschen, die miteinander lachen und Spaß haben, fühlen sich in besonderer Weise vereint.

Wer lacht, kann sich kaum einsam oder ausgeschlossen fühlen. Menschen, die miteinander lachen, genießen das Gefühl der Freude ebenso wie das Gefühl der Zusammengehörigkeit.

Eine humorvolle Betrachtungsweise hilft dabei, die Dinge ins rechte Licht zu rücken. Wenn Sie Ihre Mitarbeiter dazu anhalten, ihre Arbeit auch von der humorvollen Seite und aus etwas Distanz zu sehen, hat das häufig zur Folge, dass die aktuellen Gegebenheiten klarer und im größeren Zusammenhang erkannt werden können.

Spaß ist ganzheitlich

Spaß ist deshalb motivierend, weil wir uns wohlfühlen, wenn wir lachen. Lachen stimuliert die Hirnanhangsdrüse, die körpereigene Endorphine und Enkephaline produziert – natürliche Schmerzmittel mit der hundertfachen Wirkung von Morphin! Fühlen sich Mitarbeiter oder Manager depressiv, gestresst, erschöpft oder einfach nicht in der Stimmung, bis an ihre Grenzen zu arbeiten, kann ein Lachen ungeahnte Wirkung zeigen.

Geschickt managen

Die zehn Hauptvorteile von Spaß bei der Arbeit

1. Humor baut Stress und Spannungen ab.
2. Spaß fördert die zwischenmenschliche Kommunikation.
3. Spaß löst Konflikte.
4. Wer Spaß hat, hat mehr vom Leben.
5. Über sich selbst zu lachen ist die hohe Schule des Humors.
6. Lachen ist die beste Medizin.
7. Mit Humor lässt sich vieles besser ertragen.
8. Spaß fördert das Wir-Gefühl.
9. Spaß ist ein Heilmittel gegen Langeweile und Erschöpfung.
10. Spaß macht mobil.

Spaß: eine effektive Unternehmensstrategie

Viele Unternehmen – wie Southwest Airlines, Starbucks, Wal-Mart und Ben & Jerry's – setzen den Spaßfaktor bei der Arbeit als Unternehmensstrategie ein, um die Motivation von Mitarbeitern und Managern gleichermaßen zu steigern und somit Höchstleistungen zu erzielen, die als Basis für eine starke und unverwüstliche Unternehmenskultur dienen – ganz zu schweigen von den hohen Gewinnspannen. Der Gang zur Bank bedeutet für diese Unternehmen ein himmlisches Vergnügen.

Mitarbeiter, denen ihre Arbeit Spaß macht, sind in der Regel hoch motiviert und stecken voller Energie, was natürlich zu besseren Leistungen führt. Spaß beeinflusst unser Verhalten und ist ein wesentlicher Faktor für Erfolg.

Eines möchten wir jedoch klarstellen: Es geht nicht darum, den Arbeitsplatz in einen Spielplatz zu verwandeln und auf Biegen und Brechen Spaß zu haben. Es ist aber auch nicht notwendig, die Arbeit so todernst zu nehmen, wie viele glauben. Warum sollte man den Sinn für Humor beim Pförtner abgeben? Dies schadet nur der Motivation, weil es auf Kosten der Menschlichkeit geht. Wir plädieren dafür, ein Arbeitsklima zu schaffen, in dem sich die Mitarbeiter wohl fühlen und Freude an der Arbeit haben.

Humorvolle Firmeninhaber und ihre Unternehmen

Tom Peters, der Business-Guru schlechthin, charakterisiert Herb Kelleher als den »kreativsten, fitesten und witzigsten Manager, den ich je kennen gelernt habe« – ein dickes Lob aus dem Munde von Peters.

Es ist ein Ding der Unmöglichkeit, über Humor und Mitarbeiterführung zu reden, ohne Herb Kelleher im selben Atemzug zu nennen. Das Magazin *Fortune* hat den Geschäftsführer und Vorstand von Southwest Airlines zum »besten Manager« gekürt, und das Unternehmen selbst gehört zu den beliebtesten Arbeitsstätten Amerikas – Fakten, die für sich sprechen.

Worin unterscheidet sich Kelleher von anderen Topmanagern? Für alle, die noch nichts über ihn gehört haben, hier ein paar Anekdoten, die Bände sprechen:

- Herb erschien bei einer Firmensitzung verkleidet als Elvis Presley, mit Goldketten im weißen Hosenanzug.
- Am St. Patrick's Day servierte er den Fluggästen als Kobold verkleidet Kaffee.
- In Pumphosen und Mütze sang er seinen Mitarbeitern das Lied »Tea for Two« vor.

Unkonventionell? Sicher. Doch die Firma verdient jede Menge Geld. 1998 schrieb Southwest zum 26. Mal ohne Unterbrechung schwarze Zahlen.

Kelleher ist der lebende Beweis dafür, dass Manager, die ihre Arbeit mit Spaß und Humor erledigen, ihre Mitarbeiter anstecken – zum Nutzen aller.

Praxistipps

Über die Wirkung von Spaß Gehört es zu Ihren erklärten Zielen, die Anzahl von Krankheitstagen zu reduzieren, für mehr Spaß an der Arbeit zu sorgen, die Mitarbeiterleistungen zu steigern, die Produktivität zu erhöhen und die Ausfallzeiten zu verringern? Sicher! Aber wie?

Indem Sie auf den Spaßfaktor setzen – ein hoch wirksames Mittel, um Ihre Ziele zu verwirklichen.

Information auf witzige Art vermitteln

Die Führungskräfte von Southwest Airlines ermutigen ihre Mitarbeiter, ihre Botschaften mit Humor zu vermitteln. Wenn Sie selbst schon einmal mit dieser Fluggesellschaft geflogen sind, werden Sie sich sicherlich noch an die witzige Art erinnern, mit der die Fluggäste mit den Sicherheitsbestimmungen – einem ansonsten recht trockenen Brot – vertraut gemacht wurden. Hier einige Auszüge:

- Wie heißt es doch so schön in einem Lied? Es gibt 50 Möglichkeiten, Ihren Geliebten zu verlassen. Nun, es gibt nur sechs Möglichkeiten, dieses Flugzeug zu verlassen.
- Im Falle einer Notlandung über Wasser können Sie Ihr Unterteil – das Ihres Sitzes – als Schwimmhilfe verwenden.
- Die Raucher unter Ihnen werden gebeten, nur in unserer Aussichtslounge – direkt auf der Tragfläche – zu rauchen. Bei der Gelegenheit laden wir Sie herzlich zur Vorführung des Klassikers *Vom Winde verweht* ein.
- Selbstverständlich gehen wir nicht von einem Druckabfall in den Kabinen aus, aber im Fall des Falles bitten wir Sie, das Schreien einzustellen, sich bequem auf Ihrem Sitz niederzulassen und genüsslich zu inhalieren.

Man könnte vermuten, Southwest nähme seine Kunden nicht ernst, oder? Kein Grund zur Sorge, Tausende von Briefen zufriedener und treuer Kunden beweisen, dass die Fluggesellschaft genau richtig liegt. Außerdem können Sie jede Wette eingehen, dass sämtliche Fluggäste von Southwest Airlines den Erklärungen der Sicherheitsbestimmungen ihre volle Aufmerksamkeit schenken – und genau das ist doch der springende Punkt, oder?

Aus der Praxis

Batmans Auftritt   Bill Dahlberg, Topmanager der Southern Company, hielt seine mitreißende und motivierende Jahresansprache bei der Marketingtagung 1997 im Batman-Kostüm. Die Reaktion der Anwesenden? Sie waren restlos begeistert.

Als weiterer positiver Effekt dieses humorvollen Umgangs mit den Kunden kann Southwest mit Stolz darauf verweisen, dass sich die Mitarbeiter unglaublich ins Zeug legen. Sie sind hoch motiviert und freuen sich jeden Tag auf ihre Arbeit. Eine hohe Mitarbeiterfluktuation kennt Southwest – anders als die Konkurrenz – eigentlich nur vom Hörensagen. Das stark ausgeprägte Gemeinschaftsgefühl und die hohe Kooperation unter den Mitarbeitern resultiert in einer Produktivität, die weitaus höher ist als bei anderen Fluggesellschaften. Was gibt es Schöneres für einen Arbeitgeber?

Jeder Manager, der als Swimmingpool zur Arbeit kommt, ist cool

Progressive Insurance ist nicht nur Markführer für unkonventionelle Versicherungen, sondern hat sich auch durch seinen Humor einen Namen gemacht und eine goldene Nase verdient. Die überaus witzigen Firmenleiter wissen, dass der Mensch die meiste Zeit seines Lebens mit seiner Arbeit verbringt und sind der Überzeugung, dass das Leben viel zu kurz ist, um es nicht in vollen Zügen zu genießen. Die Firmenphilosophie lautet, dass ein kreatives und stimulierendes Arbeitsumfeld das Mittel schlechthin ist, um die Mitarbeitermotivation anzukurbeln, weil es zu hohem Tatendrang und hoher Zufriedenheit führt.

Praxistipps

Albern Sie ruhig einmal herum Wie können Sie die Fähigkeit Ihrer Mitarbeiter fördern, Probleme zu lösen? Indem Sie nach Herzenslust herumalbern.

HR Focus berichtete im Februar 1993 von einer Studie, der zufolge Mitarbeiter, die auch einmal Blödsinn machen, weitaus kreativer sind und viel innovativere Lösungen entwickeln.

Blödsinn und Albernheiten können durchaus zu schlauen Ergebnissen führen.

Bei Progressive Insurance fördert also das Betriebsklima den Spaß an der Arbeit, was die Angestellten hart arbeiten und bessere Leistungen erzielen lässt. Geschäftsführer Peter B. Lewis gibt dabei den Ton an. Bei einer Halloween-Party – die Firma ist bekannt für ihre rauschenden Feste – erschien er als Swimmingpool verkleidet. Andere Entscheidungsträger hatten sich als Räuber, Roboter, Rockstars, einen riesigen Buntstiftkasten, ja sogar als Sixpack Dosenbier maskiert!

Wie bei Southwest Airlines zeichnen sich auch die Mitarbeiter von Progressive Insurance durch ihren hohen Einsatz aus, ganz zu schweigen von dem enormen Profit, den sie erwirtschaften. Es scheint doch, als wäre an diesem Gerede über Spaß bei der Arbeit wirklich etwas dran.

Wie die Arbeit zum Vergnügen wird

Natürlich verlangt kein Mensch von Ihnen, im Narrenkostüm zur Arbeit zu gehen oder sich als Alleinunterhalter zu profilieren, damit Ihre Mitarbeiter Spaß bei der Arbeit haben. Wahre Wunder bewirkt es jedoch, wenn Sie konventionelle Arbeitsmethoden oder Routineaufgaben auflockern.

Was ist angesagt und was nicht?

Was ist heutzutage absolut trendy, und was ist ein alter Hut?

Was können Sie in Ihrem Unternehmen verbessern? Versuchen Sie es doch einmal damit:

in	out
legere Kleidung	Anzug beziehungsweise Kostüm und Strumpfhosen
bequeme Schuhe	hochhackige Schuhe
eine Harley Davidson als Firmenfahrzeug	Limousinen
Umarmungen und Händeschütteln	nur Händeschütteln
Befugnisse	Mikromanagement
Teams	Einzelkämpfer

Fehler als Lernmöglichkeit betrachten	Fehler bestrafen
Flexibilität	striktes Einhalten der Regeln
Vorgesetzte	Bosse
gesunder Menschenverstand und gutes Urteilsvermögen	Regelwerke

Schlagwörter funktionieren ganz einfach besser in Sachen Motivation und Produktivität. Probieren Sie es doch einfach mal aus!

Grundlegendes zum Thema Humor

Haben wir Sie nun überzeugt, dass Einiges dafür spricht, die Arbeit etwas lockerer zu sehen? Schön!

Doch was, wenn Sie überhaupt keine Ahnung haben, wie Sie das Arbeitsklima auflockern können? Kein Problem: Hier kommen ein paar Tipps:

1. Lachen Sie mit Ihren Mitarbeitern, aber nicht über sie.
2. Bleiben Sie locker. Nehmen Sie sich selbst nicht allzu ernst.
3. Lachen Sie oft und laut.
4. Vergessen Sie Ihren Sinn für Humor nicht, wenn Sie über etwas nachdenken.
5. Betrachten Sie das Ganze einmal von der spielerischen Seite.
6. Nehmen Sie sich vor, Spaß zu haben.
7. Seien Sie spontan.
8. Weisen Sie Kollegen und Mitarbeiter auf die lustigen Aspekte der Arbeit hin.
9. Frechheit siegt.

Wenn Sie sich an die oben stehenden neun Tipps halten, kann eigentlich gar nichts mehr schiefgehen, und Sie werden sehen, dass sich der Spaß von selbst einstellt. Wir hoffen, dass Sie nichts in der Welt – nicht einmal unser Neun-Punkte-Programm – davon abhalten kann, mehr Spaß ins Leben und in die Arbeit zu bringen.

Was können Sie tun, um den Spaßfaktor Ihrer Mitarbeiter zu erhöhen?

Unsere Arbeit ist nicht unbedingt der Preis, den wir für unseren Lebensunterhalt zahlen müssen. Auch das genaue Gegenteil kann der Fall sein: Die Arbeit ist Teil unseres Lebens, der uns viel Spaß und Freude bereitet. Wir sollten uns jeden Tag überlegen, was wir gerne tun.

Werkzeuge

Wie man Spaß in die Arbeit bringt   Sie möchten Ihr Arbeitsklima verbessern und mehr Spaß an Ihrer Arbeit haben? Na, dann mal los: Alles, was Sie dafür brauchen, befindet sich in Ihrer unmittelbaren Umgebung!

Gemeint sind Ihre Mitarbeiter. Warum stellen Sie anstatt des Kummerkastens nicht mal einen Spaßkasten auf? Selbst aus einem alten Schuhkarton lässt sich mit Buntpapier und Farbstiften etwas Schönes basteln. Einfache Vorschläge sollten sofort ausprobiert werden, während über aufwändige Aktionen abgestimmt werden muss.

Sie werden sich über die tolle Stimmung in Ihrer Abteilung noch wundern.

Natürlich müssen wir alle Dinge erledigen, die wir am liebsten jemand anderem überließen. So ist das eben. Doch wir können etwas für unsere Motivation tun, wenn wir das, was uns Freude bereitet, in unseren Arbeitsalltag integrieren.

Mark Twain hat mal gesagt: »Das Erfolgrezept lautet, aus seinem Arbeitsplatz eine Vergnügungsstätte zu machen.« Und: »Wer seine Arbeit liebt, der arbeitet keinen einzigen Tag seines Lebens.«

Jetzt denken Sie sicherlich, die haben gut reden. Aber Sie sind doch der Manager. Was können Sie also tun? Wir sind uns ziemlich sicher, dass auch Mark Twain keine besseren Ideen eingefallen wären:

- Leben Sie Ihren Mitarbeitern vor, dass harte Arbeit Spaß machen kann. Sie sind schließlich so etwas wie ein Vorbild für sie.
- Führen Sie des öfteren Brainstorming-Übungen durch. So lernen Ihre Mitarbeiter, gewohnte Denkschemata zu durchbrechen.
- Seien Sie innovativ! Es kann durchaus Spaß machen, sich bessere, kostengünstigere oder schnellere Arbeitsmethoden zu überlegen.
- Drucken Sie auf Ihre Visitenkarten eine originelle Positionsbeschreibung: »Hohes Tier« vielleicht.
- Motivieren Sie Ihre Mitarbeiter, indem Sie sich bedanken und Lob offentlich aussprechen.
- Überlegen Sie sich neue, pfiffige Arbeitsmethoden.
- Ernennen Sie einen Mitarbeiter, der für seinen Sinn für Humor bekannt ist, zum »Leiter der Abteilung für Humoriges«.
- Verteilen Sie spontan kleine Präsente.
- Fragen Sie sich in jeder Situation, ob sie nicht auch einen komischen Aspekt hat.
- Verlassen Sie sich auf Ihre Intuition und handeln Sie spontan.
- Reden Sie mit Ihren Mitarbeitern über gute Neuigkeiten und witzige Augenblicke.

Praxistipps

Fangen Sie einfach an, Spaß zu haben Versuchen Sie in kleinen Schritten, mehr Spaß in den Arbeitsalltag zu bringen. Hier unsere Vorschläge:

- Wenn Sie in der Zeitung auf einen witzigen Comic oder Artikel stoßen, schneiden Sie ihn aus und hängen ihn außen an Ihre Bürotür.

- Bitten Sie Ihren Nachwuchs, Ihre Neffen oder Nichten, Ihnen ein Bild zu malen und dekorieren Sie Ihr Büro damit.
- Achten Sie bei Ihrem nächsten Memo auf einen lockeren Schreibstil. Seien Sie nicht ernster, als es die Situation erfordert.
- Beginnen Sie Ihr nächstes Meeting mit einem Zitat eines berühmten »Philosophen« wie Scott Adams (Dilbert) oder Gary Larson (The Far Side).

All unsere Ratschläge zum Thema Humor lassen sich unter einen Hut bringen: Zeigen Sie Ihre menschliche Seite, sorgen Sie selbst dafür, dass Ihnen Ihre Arbeit Spaß macht, lassen Sie Ihre Mitarbeiter an Ihrer guten Stimmung teilhaben und genießen Sie, was Ihren Mitarbeitern Spaß macht.

Geschickt managen

Spielen verbindet. Das gilt auch in der Arbeitswelt. Vielleicht hängen Sie diesen Spruch in Ihrem Büro oder in einem Gemeinschaftsraum Ihrer Abteilung auf. Nun müssen Sie aber wirklich darauf achten, dass Sie Spaß zu einem Teil Ihrer Arbeit werden lassen. Nicht nur, weil die Arbeit dann zum Vergnügen wird, sondern weil Humor – richtig eingesetzt – das Engagement, die Motivation und die Leistungen Ihrer Mitarbeiter erhöht.

Klingt ziemlich ernst oder sogar bedrohlich, dieser Vorschlag, oder? Vielleicht sollten Sie ja eine berühmte Detektei einschalten. Spionieren Sie Ihre Konkurrenz aus. Versuchen Sie herauszufinden, wie sie es schafft, den Spaß bei der Arbeit nicht zu kurz kommen zu lassen und übernehmen Sie ihren Stil. Besorgen Sie sich die entsprechenden Bücher, heften Sie Zeitungsartikel zu diesem Thema ab oder surfen Sie im Internet. Es spricht auch nichts dagegen, anderen Firmen einen offiziellen Besuch abzustatten.

Hier einige »spaßige« Unternehmen, die wir Ihnen wirklich empfehlen können:

Southwest Airlines	Ben & Jerry's
Starbucks	Disney
Wal-Mart	Progressive Insurance
Ritz-Carlton	Southern Company
Virgin Airways	Nordstrom
The Gap	Saturn
Microsoft	

In den Tageszeitungen oder der Fachpresse werden Sie sicherlich einige Artikel über deutsche Unternehmen dieser Art finden.

Checkliste für den Erfolg

- Mitarbeiter, denen die Arbeit Spaß macht, sind das untrügliche Zeichen dafür, dass sie in einem hoch effizienten und erfolgreichen Unternehmen beschäftigt sind. Es gibt nachweislich einen direkten Zusammenhang zwischen Spaß und Produktivität, Kreativität, Arbeitsmoral, Zufriedenheit und vor allem Loyalität. Gefällt den Mitarbeitern ihr Job, ist eine höhere Kundenzufriedenheit so gut wie vorprogrammiert.
- Mitarbeiter, denen ihr Beruf Freude macht, haben mehr Energie, ein stärker ausgeprägtes Selbstbewusstsein, können sich wahrlich für ihre Arbeit begeistern, zeigen Teamgeist, besitzen eine positive Ausstrahlung und können sich auf Dauer selbst motivieren.
- Spaß bei der Arbeit zu haben, ist eine wichtige Unternehmensstrategie geworden – zumindest bei denjenigen, die ganz groß im Geschäft sind. Lernen Sie von diesen Firmen.
- Sorgen Sie für mehr Spaß bei der Arbeit, indem Sie Arbeitsroutinen und konventionelle Arbeitsweisen auflockern.
- Zeigen Sie Ihre menschliche Seite, finden Sie heraus, wie Ihnen Ihre Arbeit Spaß machen kann, lassen Sie Ihre Mitarbeiter an Ihrer Freude teilhaben und umgekehrt.

8.

Angriff auf die Demotivatoren

Dieses Buch steckt voller Hilfsmittel und Vorschläge, wie Sie die Motivation Ihrer Mitarbeiter steigern können. Doch seien wir einmal ehrlich: Wir leben in einer schwierigen Zeit, und leider gibt es überall viel Negatives zu verzeichnen. Sie mögen als Manager noch so gut darin sein, Ihre Mitarbeiter zu unterstützen, zu motivieren und zu ermutigen, doch zweifelsohne haben auch Sie ständig mit widrigen Umständen zu kämpfen, unter denen die Motivation leidet. Wir bezeichnen diese Faktoren als »Demotivatoren«, die sich nachteilig auf den Optimismus, die Zuversicht und die positive Grundeinstellung Ihrer Mitarbeiter auswirken.

Wie können Sie Hoffnung und Zuversicht ausstrahlen, wenn um Sie herum die Schlacht der Demotivatoren tobt? Indem Sie zum Gegenangriff blasen.

Fachbegriffe

Demotivatoren Darunter verstehen wir alle Faktoren, die sich negativ auf die Motivation auswirken. Dazu können zählen: unvorhergesehene Ereignisse, Entscheidungen des Managements, Enttäuschungen, mangelndes Lob, fehlende Verstärkung und so weiter.

Stecken Sie Ihre Energie in Dinge, die Sie *verändern* können, anstatt Trübsinn zu blasen und sich den Kopf über negative Faktoren zu zerbrechen und ihre schreckliche Wirkung bloß noch zu verstärken. Mit der geeigneten Taktik werden Sie aus diesem Kampf als Sieger hervorgehen.

Es liegt an Ihnen, ob Sie Ihre Mitarbeiter motivieren oder demotivieren

Als Manager tragen Sie große Verantwortung für Ihre Mitarbeiter, da Sie deren Selbstbewusstsein, Wünsche sowie langfristigen Ziele direkt und indirekt beeinflussen. Zum großen Teil sind Sie dafür verantwortlich, ob Ihren Mitarbeitern die Arbeit Spaß macht, und somit stehen Sie ständig unter dem Druck, das Richtige zu tun.

Es ist nicht natürlich nicht Ihr Job, Ihre Mitarbeiter vor allem Übel dieser Welt zu bewahren, doch sollte es in Ihrem Interesse liegen, die für die Arbeit relevanten demotivierenden Faktoren so gering wie möglich zu halten. Darin besteht ein ganz grundlegender Teil Ihrer Aufgaben als erfolgreicher Manager.

Wir alle wissen nur zu gut, dass bestimmte Ereignisse unserer Motivation einen Dämpfer versetzen oder sie völlig abbauen; zumindest zeitweise. Vielleicht kennen Sie solche Erfahrungen noch aus Ihrer Kindheit, als Sie dann plötzlich das Interesse an einem Hobby oder Sport verloren hatten oder keinerlei Ehrgeiz mehr zeigten. Wir wollen an einem Beispiel verdeutlichen, wie ein einziges Ereignis die Motivation zerstören kann.

Eine demotivierende Erfahrung

In der siebten Klasse belegte Sara einen Anfängerkurs für Kunst an der Volkshochschule. Die Kursleiterin, Mrs. Cummings, war eine pensionierte Zeichenlehrerin, für die Kunst und Malerei eine Passion waren. Ihr gelang es, auch in den Kursteilnehmern diese Liebe zur Kunst zu erwecken.

Saras Eltern waren begeistert, wie sehr sich ihre Tochter durch diesen Kurs zu ihrem Vorteil veränderte. Sara kam immer fröhlich vom Kurs nach Hause und berichtete stolz, dass ihre Zeichnungen von ihrer Lehrerin gelobt würden und sie gute Fortschritte mache.

Um Sara zu zeigen, dass sie ihr Hobby unterstützten, ließen ihre Eltern die Bilder rahmen und hängten sie auf. Nach Abschluss dieses Kurses entschied sich Sara, Kunst als Leistungsfach zu wählen. Sie hatte ihre große Liebe zur Kunst entdeckt – und das war vor allem Mrs. Cummins zu verdanken.

Sara spielte sogar mit dem Gedanken, später einmal an der Kunstakademie zu studieren. Ihr neuer Zeichenlehrer in der achten Klasse war für den Kunstunterricht an ihrer Schule verantwortlich. Die Bewertung von Saras Bildern und Zeichnungen erfolgte strikt nach Lehrplan, der eine genaue Definition dessen, was als »künstlerisch wertvoll« zu gelten hatte, enthielt. Dabei wurde überhaupt nicht berücksichtigt, welche Freude Sara am Malen hatte.

Schon nach kurzer Zeit kam Sara immer öfter völlig frustriert und verärgert nach Hause. Im Laufe der Zeit erlosch ihr Interesse an Kunst gänzlich. Einen Monat später wählte sie dieses Leistungsfach ab.

Wenn Motivation in der Arbeit schwindet oder ganz erlischt

Kennen wir ähnliche Erlebnisse nicht auch aus der Arbeitswelt? Wir fangen an, Leute zu beobachten und zu bewerten, uns eine Meinung über sie zu bilden, und schon bald verlieren wir völlig aus den Augen, warum wir sie eigentlich für diese oder jene Aufgabe ausgewählt haben. Im schlimmsten Fall berauben wir sie so jeder Möglichkeit, sich zu bessern oder geben ihnen Grund, ihre Motivation zu verlieren. Das kann entsetzliche Folgen haben. Denken Sie immer daran, dass jeder Arbeitnehmer ein Mensch mit all seinen Schwächen, aber auch Stärken ist, und dass wir Menschen verschieden sind.

Leistungsbeurteilungen können demotivierend sein

Leistungsbeurteilungen geben den Mitarbeitern das notwendige Feedback darüber, was sie gut können und wo sie sich noch verbessern müssen. Anhand dieser Beurteilung kann der Mitarbeiter selbst feststellen, inwieweit er die gesteckten Ziele erreicht hat.

Andererseits können Leistungsbeurteilungen auch katastrophale Auswirkungen haben, so zum Beispiel, wenn sie lediglich dazu dienen, einen Mitarbeiter abzukanzeln – ein schlechter Ersatz für eine gute Mitarbeiterführung.

Wenn Sie Ihre Mitarbeiter motivieren wollen, müssen Sie mehr tun als schlechte Noten zu vergeben. Leistungsbeurteilungen sind in der Regel nicht motivierend, ganz im Gegenteil. Das gilt insbesondere dann, wenn es Ihnen um Teamarbeit und Kooperation geht und Ihnen die persönlichen Bedürfnisse, Wünsche und Ziele Ihrer Mitarbeiter am Herzen liegen.

Tödliche Krankheiten

Laut Dr. W. Edwards Deming, einer der Initiatoren der Qualitätssicherung, gibt es mehrere »tödliche Krankheiten«, die verhindern, dass Menschen sich verbessern. Zu diesen gefürchteten Krankheiten zählen *Leistungsbeurteilungen, Leistungssysteme* oder *Jahresbewertungen.*

Diese Krankheiten können die Motivation der Mitarbeiter vollständig abbauen. Warum? Dafür gibt es zwei Gründe. Zum einen sind die meisten Leistungsbeurteilungen subjektiv, das heißt, dass Mitarbeiter sich dadurch oft als Person beurteilt fühlen. Zum anderen konzentrieren sich Leistungsbeurteilungen nur auf den einzelnen Mitarbeiter und vernachlässigen dabei völlig die wechselseitigen Beziehungen am Arbeitsplatz. Viele Mitarbeiter empfinden ihre Beurteilungen als ungerecht oder unrealistisch, was nicht selten zu einem erheblichen Vertrauensverlust zu ihrem Vorgesetzten führt.

Genau aus diesen Gründen macht sich Deming für die Abschaffung dieser Beurteilungssysteme stark und plädiert dafür, stattdessen auf Mitarbeiterführung zu setzen. So sollte ein guter

Vorsicht!

Motivationsschwund ist nicht dasselbe wie prinzipielle Arbeitsunlust   Gehen Sie bitte nicht davon aus, dass momentane Arbeitsunlust und mangelnde Motivation ein und dasselbe sind. Es gibt Menschen, die prinzipiell keine Lust zum Arbeiten haben, und es ist fast unmöglich, sie eines Besseren zu belehren, es sei denn, Sie verwenden Ihre ganze Energie darauf, die guten Seiten dieses Mitarbeiters herauszukehren – ein mühsames Unterfangen! Außerdem besteht die Gefahr, dass diese Unlust andere Mitarbeiter ansteckt.

Andererseits gibt es natürlich auch Mitarbeiter, deren Motivation nur aufgrund ihrer jeweiligen Situation leidet. In der Regel reagieren sie sehr positiv darauf, wenn man sich um sie bemüht und nutzen dann jede Gelegenheit, Ihnen zu zeigen, was in ihnen steckt.

Finden Sie also immer heraus, mit welcher Art von Motivationsdefizit Sie es gerade zu tun haben und handeln Sie dementsprechend.

Manager die Leistungen seiner Mitarbeiter konstant fördern anstatt zu bewerten. Auf diese Weise tragen Sie als Führungskraft die Verantwortung, Ihre Mitarbeiter zu leiten, anstatt nur jährlich zu ermitteln, ob und inwieweit bestimmte Ziele erreicht wurden. Wenn Sie nur die jährliche Leistungsbeurteilung zu Rate ziehen, um sich ein Bild von den Qualitäten eines Mitarbeiters machen zu können, leisten Sie dieser demotivierenden Krankheit Vorschub.

Der Kampf gegen die Demotivatoren

Es gibt Hunderte von Faktoren, die sich nachteilig auf die Arbeitsmoral und damit die Motivation von Mitarbeitern auswirken.

Mithilfe der folgenden vier Punkte können Sie jedoch dafür sorgen, dass Ihre Mitarbeiter besser mit demotivierenden Ereignissen umgehen können:

1. Stellen Sie nur die Besten ein.
2. Versuchen Sie, die Besten zu halten.
3. Geben Sie Ihren Mitarbeitern ehrliches Feedback, loben und fördern Sie sie.
4. Bilden Sie Vertrauen.

Der erste Schritt: Nur die Besten einstellen

Demotivatoren sollte man keine Chance geben. Manchmal entsteht das Problem durch die Auswahl der Mitarbeiter. Es gibt Menschen, die sich sehr leicht demotivieren lassen. Andere wiederum schaffen es, die Motivation ihrer Kollegen zu untergraben, da sich ihr Pessimismus und ihre Apathie auf das ganze Team übertragen.

Es wird Ihnen nicht immer gelingen, Mitarbeitern bei der Überwindung psychologischer Schwierigkeiten zu helfen. Klüger ist es in jedem Fall, solche Menschen erst gar nicht einzustellen. Konzentrieren Sie sich bei Vorstellungsgesprächen darauf, herauszufinden, ob der Bewerber Motivationsprobleme hat und lassen Sie die Finger von ihm, falls dieser Verdacht besteht.

Eine Fehlentscheidung bei der Einstellung eines neuen Mitarbeiters kann sich nachteilig auf das Unternehmen, den neuen Mitarbeiter, die Kollegen und auch auf Sie selbst auswirken. Bei einer großen Anzahl von »Fehlbesetzungen« multipliziert sich das Ganze, und Sie stecken bis über den Hals in Schwierigkeiten, weil sich diese »Krankheit« im ganzen Betrieb ausbreiten kann. Außerdem wirft es kein gutes Licht auf Ihre Menschenkenntnis oder Begabung in Sachen Mitarbeiterführung – und kann Sie letztendlich Ihre Karriere kosten.

Praxistipps

Hier ein paar Tipps für Vorstellungsgespräche: Klären Sie zunächst, welche Anforderungen der Bewerber zu erfüllen hat. Wichtig sind nicht nur seine beruflichen Qualifikationen, sondern auch seine menschlichen Eigenschaften.

- Prüfen Sie potenzielle Kandidaten sorgfältig. Machen Sie sich ein Bild von ihrer Persönlichkeit. Das kostet zwar viel Zeit und Mühe, aber es lohnt sich!
- Konzentrieren Sie sich beim Bewerbungsgespräch nicht nur auf die beruflichen Aspekte, sondern prüfen Sie auch, ob der Bewerber zu Ihrer Firmenkultur passt.
- Holen Sie eine zweite Meinung über den Kandidaten ein. Bitten Sie zum Beispiel ein paar Mitarbeiter zum Bewerbungsgespräch und fragen Sie anschließend, welchen Eindruck der Bewerber bei ihnen hinterlassen hat.
- Stellen Sie Ihr Unternehmen nicht besser dar als es ist. Das gilt vor allem für Verdienstmöglichkeiten, Vergünstigungen oder Karrieremöglichkeiten.
- Überprüfen Sie Lebenslauf und Arbeitszeugnisse Ihrer Bewerber.

Wichtige Hinweise für die Einstellung neuer Mitarbeiter

Bei vielen namhaften Unternehmen geben sich die Personalchefs die allergrößte Mühe bei der Rekrutierung neuer Mitarbeiter, da sie wissen, dass nur gute Kräfte den langfristigen Erfolg des Unternehmens sichern. Wir verraten Ihnen, wie sie dabei vorgehen.

Der bekannte und höchst erfolgreiche Reiseveranstalter Rosenbluth International legt bei Einstellungsgesprächen größten Wert auf »Freundlichkeit«. Dahinter verbirgt sich folgende Firmenphilosophie: Man kann Mitarbeitern fast alles beibringen, außer freundlich und nett zu sein. Dieser Gedanke findet sich auch in anderen Unternehmen wieder, die es vorziehen, einen Bewerber aufgrund seiner persönlichen Eigenschaften einzustellen und später seine beruflichen Fähigkeiten zu entwickeln.

Rosenbluth prüft seine Bewerber mit einzigartigen Methoden. So wird der Kandidat beispielsweise darum gebeten, mit der Firmenmannschaft eine Runde Softball zu spielen. Die Firmenleitung ist davon überzeugt, dass sich so jeder Mitspieler ein Bild über das Verhalten, den Charakter und den Teamgeist des Bewerbers machen kann.

Bewerber um Führungspositionen werden häufig zu Rosenbluths Ranch in North Dakota geflogen, wo sie als Hilfskräfte eine Zeit lang mitarbeiten. Zu ihren Aufgaben gehört das Reparieren der Weidezäune ebenso wie Vieh treiben. Dabei spielt es keinerlei Rolle, wie gut sie diese Arbeit erledigen. Für Rosenbluth zählt nur eines: Wie hat sich der Bewerber verhalten? War er freundlich, nett und umgänglich? Wenn nicht, hat er keine Chance auf eine Einstellung in dieser immerhin 3,5 Milliarden Dollar schweren Firma.

Vorsicht!

Worauf Sie achten sollten, wenn es um die körperliche Verfassung geht Wenn Sie sich für Einstellungstests entscheiden, bei denen die körperliche Verfassung des Bewerbers, die mit dem späteren Job eigentlich nichts zu tun hat, eine wichtige Rolle spielt – wie zum Beispiel beim Softballspiel oder dem Einsatz auf der Ranch – müssen Sie unbedingt darauf achten, dass keine körperlichen Beeinträchtigungen oder gar Behinderungen vorliegen, die es dem Bewerber schwer oder unmöglich machen, die ihm gestellten Aufgaben zu erfüllen.

Machen Sie sich klar, dass es um die Persönlichkeit und Ausstrahlung Ihres Bewerbers geht und nicht darum, ob er die Meisterschaft im Softball gewinnen oder ein Lasso schwingen kann. Schließlich hat das nichts mit seinen späteren Aufgaben zu tun.

Bei der Firma W. L. Gore, Newark, Delaware, wird vor allem geprüft, ob der Bewerber zu ihrer ziemlich *unstrukturierten* Firmenkultur passt. Der Hersteller von Zahnseide und medizinischen Implantaten, der seine führende Marktposition vor allem seinen unter dem Namen Gore-Tex bekannten wasserfesten Textilien verdankt, führt Bewerbungsgespräche grundsätzlich im Team durch. Beim Eignungstest muss der Bewerber eine Reihe von Fragen beantworten, die sich alle um die unkonventionelle Firmenkultur drehen. So gibt es in dieser Firma keine klangvollen Titel oder strenge Hierarchien, und Gehaltserhöhungen erfolgen aufgrund der halbjährlichen Beurteilung durch Gleichrangige.

Personalleiter müssen die Arbeitszeugnisse absolut genau und bis ins Detail überprüfen, auch wenn dass manchmal bedeutet, bis zu zehn Nachforschungen anzustellen und sich nicht nur mit den direkten Vorgesetzten, sondern auch mit den Kollegen und Untergebenen zu unterhalten.

Federal Express achtet bei der Personalauswahl vor allem auf die Führungsqualitäten ihrer Bewerber. Bewerber für leitende Positionen müssen beweisen, dass sie in der Lage sind, rasch eine Entscheidung zu fällen. Außerdem stehen eine schnelle Auffassungsgabe, Flexibilität und Zuverlässigkeit hoch im Kurs. So kann es bei einem Vorstellungsgespräch bei FedEx durchaus passieren, dass der Bewerber gebeten wird, aus dem Stehgreif eine fünfminütige Rede über einen bestimmten Aspekt der Geschäftstätigkeit zu halten, um seine Spontaneität zu prüfen.

Diese Beispiele sollen Ihnen verdeutlichen, was sich Personalchefs heutzutage alles einfallen lassen. Vielleicht wird die Einstellungspolitik in Ihrem Unternehmen (noch) allzu stiefmütterlich behandelt. Dann sollten Sie mit gutem Beispiel vorangehen und von den Erfahrungen anderer Firmen profitieren.

Im Grunde spielt es keine Rolle, auf welche Weise Sie einen Bewerber testen. Wichtig ist vor allem, dass Sie prüfen, ob er oder sie für die freie Stelle geeignet ist und in Ihr Unternehmen passt. Hegen Sie den begründeten Verdacht, dass ein Kandidat nicht motiviert genug ist, um Ihren Anforderungen zu genügen, sollten Sie sich keinen möglichen »Problemfall« einhandeln und ihn oder sie besser nicht einstellen. Es dürfte wohl kaum Bewerber geben, deren berufliche Qualifikation und Erfahrung Sie so überwältigen, dass Sie den Aspekt der Motivation unter den Tisch fallen lassen möchten.

Der zweite Schritt:
Versuchen Sie, die Besten zu halten

Die Besten – also diejenigen mit der höchsten Motivation und Leistungsfähigkeit – einzustellen, ist eine Sache. Die Besten zu halten, eine ganz andere.

Es ist noch nicht allzu lange her, dass Manager versuchten, ihren Mitarbeitern den vorzeitigen Ruhestand mithilfe hoher Abfindungen schmackhaft zu machen. Aber diese Zeiten sind vorüber. Heutzutage setzen Manager alles daran, ihre Mitarbeiter so lange wie möglich zu halten. Schließlich hat man viel in sie investiert – aus betriebswirtschaftlicher Sicht also einen Wertzuwachs geschaffen –, den man solange es geht nutzen möchte. Die Motivation darf dabei natürlich nicht zu kurz kommen.

Wie können Sie die Bindung Ihrer Mitarbeiter an das Unternehmen stärken? Sie wissen ja, Geld, Titel oder Shareholder-Optionen sind nicht das Einzige, was zählt. Außerdem haben Sie auf diese Sachen in der Regel keinen Einfluss. Es geht vor allem darum, dass sich Ihre Mitarbeiter in Ihrer Firma wohl fühlen und sich mit der Firmenkultur identifizieren können.

Wie Sie ein Arbeitsumfeld schaffen, in dem sich
Ihre Mitarbeiter wohl fühlen

Kluge Manager wissen, dass hoch motivierte Mitarbeiter ein nicht zu unterschätzender Wettbewerbsvorteil sind. Unsere Personalchefs fragen sich deshalb aus gutem Grund, ob ihre besten Mitarbeiter glücklich und zufrieden mit ihrer Arbeit sind. Diese Frage sollte in jedem Unternehmen und von jeder Führungskraft gestellt werden. Überlegen Sie einmal, inwieweit Sie selbst bereit sind, Ihr

Arbeitsumfeld zu ändern, damit sich Ihre besten Kräfte wohl fühlen und in der Firma bleiben. Gar nicht so einfach, diese Frage zu beantworten, oder? Nachfolgend stellen wir Ihnen einige Beispiele vor.

Warum Arbeitnehmer ihrer Firma treu bleiben

Es gibt viele gute Gründe für einen Mitarbeiter, bei seinem Arbeitgeber zu bleiben. Einige Firmen zeigen sich sehr erfinderisch, wenn es darum geht, wie sie ihre Mitarbeiter an sich binden können. Dabei versuchen sie umzusetzen, was Forscher wie Abraham Maslow (siehe Kapitel 2) über die menschliche Natur und menschliche Bedürfnisse herausgefunden haben. Wir stellen Ihnen zwei Beispiele bewährter Methoden vor:

Medtronic, Hersteller von medizinischen Produkten, der etwa die Hälfte aller je eingesetzten Herzschrittmacher produziert hat, motiviert seine Mitarbeiter, indem er ihnen den Sinn ihrer Arbeit immer wieder verdeutlicht. Das Mantra dieses Unternehmens lautet: »Schmerzen lindern, die Gesundheit fördern und das Leben verlängern.« Als weiterer Motivationsschub werden Patienten zum jährlichen Firmenfest eingeladen und gebeten, den Mitarbeitern zu erzählen, wie Medtronic half, ihr Leben zu retten.

Wie denken wohl die Angestellten bei Medtronic über ihre Arbeit? Sicherlich verstehen sie sich nicht als Fließbandarbeiter, die irgendwelche Teile zusammenschrauben. Sie sehen das Gesamtwerk ihrer Arbeit und denken an all das Gute, was mit ihren Produkten bewirkt wird. Sie tragen dazu bei, Leben zu retten und Herzpatienten eine bessere Zukunft zu verschaffen. Das Gefühl, etwas Sinnvolles und Nützliches zu tun, ist unglaublich motivierend!

Was aber, wenn Sie Ihren Mitarbeitern dieses Gefühl nicht vermitteln können, weil in Ihrer Firma keine lebensrettenden Geräte gefertigt werden? Was können Sie tun, damit Ihre Mitarbeiter nicht das Interesse an ihrer Tätigkeit verlieren?

Mary Kay Ash hält ihre Mitarbeiter durch Inspiration und Lob. Ash hat einmal gesagt: »Es gibt zwei Dinge, die den Menschen wichtiger sind als Geld und Sex – Anerkennung und Lob«. Weibliche und männliche Angestellte lieben ihren Job in diesem Unternehmen. Ash, die den riesigen Kosmetikkonzern 1963 gründete, ist für ihre Beschäftigten eine Quelle der Inspiration, da sie sich persönlich für Bestleistungen bei ihren Mitarbeitern bedankt und ihnen handschriftliche Dankesschreiben schickt.

Ash selbst ist davon überzeugt, dass ihre Mitarbeiter unter anderem deswegen dem Unternehmen die Treue halten und gerne hart arbeiten, weil sie sich als Firmenchefin die Zeit nimmt, sich in einigen wenigen Sätzen persönlich bei ihnen zu bedanken. Im Übrigen verschickt das Unternehmen fast eine halbe Million Geburtstags- und andere Grußkarten. Steigern simple Glückwunschkarten tatsächlich die Motivation der Mitarbeiter? Ash ist davon überzeugt, und in ihrer Firma scheint es aufgrund der bestehenden Firmenkultur offensichtlich zu funktionieren. Zugegebenermaßen bietet das Unternehmen aber auch noch andere materielle Reize: So winken den besten Mitarbeitern Preise wie ein pinkfarbener Cadillac, Perlen- oder Diamantketten.

Selbst wenn Sie keine lebensrettenden Geräte produzieren und Ihren Mitarbeitern auch keinen Cadillac schenken können, dürfte es Ihren finanziellen Rahmen wohl nicht sprengen, wenn Sie ein paar Geburtstagsgrüße oder Dankesschreiben versenden. Und es ist doch wohl nicht schwierig, Ihren Mitarbeitern ab und zu klar zu machen, dass sich ihre Leistung auf die ihrer Kollegen auswirkt, und welche Konsequenzen ihre Tätigkeit für das Unternehmen, ihre Stadt, ihr Land oder den Rest der Welt hat.

Es braucht schon mehr als ein Spitzengehalt, um gute Mitarbeiter daran zu hindern, ihre Kündigung einzureichen. Spitzenkräfte wollen ein angenehmes und progressives Arbeitsklima, in dem sie sowohl wegen ihrer beruflichen Leistungen als auch als Mensch geschätzt werden.

Wie können Sie ein derartiges Arbeitsklima in Ihrer Abteilung schaffen? Da gibt es einige Möglichkeiten. Rufen Sie zum Beispiel den Pizzadienst an, wenn es etwas zu feiern gibt oder auch mal einfach so, ohne bestimmten Anlass. Stellen Sie eine Gruppe Freiwilliger zusammen, die sich ehrenamtlich für ein Gemeindeprojekt engagiert, wie zum Beispiel ein Haus streichen, ein Waisenheim besuchen oder Spenden für eine Umweltorganisation sammeln. Die Betonung liegt hier aber auf der Freiwilligkeit. Wenn der Wunsch vorhanden ist, aktiv Hilfe zu leisten, stärkt ein solches Engagement die Bindung des Mitarbeiters zu seinem Unternehmen, ganz nach dem Motto: »Wir sitzen alle in einem Boot, um gemeinsam anderen zu helfen.« Vermutlich fallen Ihnen jetzt noch Dutzende weiterer Möglichkeiten ein.

Der dritte Schritt: Geben Sie Ihren Mitarbeitern ehrliches Feedback, loben und fördern Sie sie

Ganz wichtig ist, dass Sie Ihren Mitarbeitern offen und ehrlich sagen, was Sie von ihren Leistungen halten. Vielleicht gehört das ja zu Ihren schwierigsten Aufgaben als Manager, vor allem, wenn Sie Kritik üben müssen.

Die meisten Menschen können nicht gut mit Kritik umgehen. Kennen Sie diesen Ausspruch von Groucho Marx? »Man sagt, ich könne Kritik nicht verkraften. Aber was zum Teufel wissen denn die Leute schon?« Wir lachen zwar darüber, aber gleichzeitig wissen wir, dass auch wir selbst oft auf diese Weise auf Kritik reagieren. Wir fühlen uns unwohl oder gar angegriffen. Oder wir gehen in die Defensive und regen uns hinter dem Rücken unseres vermeintlichen Angreifers mächtig auf.

Da wir uns also selbst schwer tun, auf Kritik angemessen zu reagieren, vermeiden wir es auch gerne, andere zu kritisieren. Es nützt aber alles nichts, ein offenes und ehrliches Feedback über die Leistungen Ihrer Mitarbeiter gehört nun mal zu Ihren Aufgaben – die Ihnen aber leichter fallen dürften, wenn Sie sich die potenziellen Vorteile klar machen und einen Weg finden, das Beste aus einer schwierigen Lage rauszuholen.

Dazu ein Beispiel: Susan erinnert sich noch sehr gut an einen Vorfall, der schon einige Jahre zurückliegt. Damals war ihre Vorgesetzte schonungslos offen mit ihr gewesen. Zunächst eine furchtbare Situation, die sich dann aber als Chance entpuppte, es in Zukunft besser zu machen. Susan kam frisch von der Universität und fand eine Arbeit in einem pharmazeutischen Konzern. Nach einer Abteilungsleiterbesprechung nahm Susans Vorgesetzte sie zur Seite und schilderte ihr, welchen Eindruck Susan bei dem Meeting hinterlassen hatte: eine arrogante Berufsanfängerin, die schlecht zuhören kann. Die Vorgesetzte warnte sie auch, dass, sollte dies noch einmal vorkommen, sie niemals Karriere in dieser Firma machen könne. Später besprachen sie im Detail, was in der Besprechung passiert war, und welche Folgen das hatte. Außerdem überlegten sie gemeinsam, wie sich Susan in ähnlichen Situationen künftig zu verhalten hätte.

Trotz des anfänglichen Entsetzens über die herbe Kritik erkannte Susan sehr schnell, wie gut es für sie war, die Wahrheit zu kennen und bedankte sich bei ihrer Vorgesetzten, dass sie ihre Karriere gerettet hatte. Außerdem bat sie sie, die Rolle ihres Mentors zu übernehmen. Ihre Vorgesetzte war damit einverstanden, dieser jungen, unerfahrenen, ehrgeizigen und irgendwie zickigen Berufsanfängerin zu helfen – und inzwischen ist Susan in einer leitenden Position für das Unternehmen tätig.

Vorsicht, Falle!

Gefahr erkannt, Gefahr gebannt »Hüten Sie sich vor Stolpersteinen und Fallgruben«, warnte eine Managerin Bob kurz nach seiner Einstellung. Ein paar Stunden vor der ersten Abteilungskonferenz erklärte sie ihm, was ihn erwartete. Es gäbe zwar keinen Grund zur Beunruhigung, aber sie halte es für besser, wenn er wüsste, wie er mit den Gefahren – den Stolpersteinen und Fallgruben – in diesem unbekannten Terrain umgehen könne.

Ihre Warnung ist eine gute Lektion in Sachen Firmenpolitik – und effizientes Managament. Feedback ist sehr wichtig, aber es ist noch wichtiger, Ihren Mitarbeitern im Voraus gute Ratschläge mit auf den Weg zu geben – das verkürzt das anschließende Feedback ungemein.

Und die Moral von der Geschichte? Ehrliches Feedback ist ein Geschenk für Ihre Mitarbeiter, das ihr Leben verändern kann und die Chance bietet, daran zu wachsen und sich weiterzuentwickeln. Natürlich kommt es wie bei jedem anderen Geschenk auch auf die Verpackung und die passende Situation an, damit der Beschenkte den wahren Wert erkennen kann.

Die direkte und konkrete Kritik von Susans Vorgesetzter zeigte deshalb eine so positive Wirkung, weil sie unmittelbar im Anschluss an das misslungene Meeting erfolgte, und Susan sehr ehrgeizig war und Karriere machen wollte. Unter anderen Umständen oder bei einem anderen Mitarbeiter hätte die Vorgesetzte vermutlich ein wenig anders reagiert.

Geschickt managen

Beim Feedback sollten Sie folgende Punkte berücksichtigen:

1. Achten Sie auf die Reaktionen des Mitarbeiters.
2. Teilen Sie ihm oder ihr nur mit, was Sie beobachten konnten, interpretieren Sie sein oder ihr Verhalten nicht und ziehen Sie keine Rückschlüsse auf mögliche persönliche Beweggründe, die dahinter stecken könnten.
3. Besprechen Sie das Problem und lassen Sie dabei Ihre persönlichen Ansichten oder Vorlieben aus dem Spiel. Ihre Mitarbeiter sollen schließlich ihre Leistungen verbessern und sich nicht darum bemühen, Ihnen zu gefallen.

Wichtig beim Feedback ist, dass Sie das Verhalten und die Persönlichkeit Ihres Mitarbeiters vernünftig beurteilen. Unabhängig davon, wie Sie in der jeweiligen Situation im Einzelnen vorgehen: Sagen Sie Ihren Mitarbeitern die Wahrheit, auch wenn Sie sich beide zunächst unwohl dabei fühlen. Diesen Preis müssen Sie eben zahlen, um künftige Katastrophen zu vermeiden. Denken Sie auch immer daran, dass Lob und Anerkennung die meisten Mitarbeiter beflügeln, noch mehr zu leisten.

Feedback stärkt Ihre Mitarbeiter

Konstruktives oder korrigierendes Feedback bedeutet nicht, dem Mitarbeiter den *richtigen Weg* aufzuzeigen, wie er seine Arbeit erledigen könnte, sondern soll als Stütze dienen. Lassen Sie zu, dass Ihre Mitarbeiter eigene Methoden ausprobieren, aber stehen Sie ihnen im Bedarfsfall zur Seite.

Werkzeuge

Feedback richtig vermitteln   Befolgen Sie diese drei Tipps – dann kann eigentlich nichts mehr schief gehen:

1. Seien Sie ehrlich und präzise. Sagen Sie einfach, was Sache ist. Besprechen Sie bestimmte Vorgehensweisen und liefern Sie Details: wo, wann, wie.
2. Sprechen Sie über die Folgen, die das Verhalten Ihres Mitarbeiters hat. Nennen Sie sowohl positive als auch negative Konsequenzen. Worum ging es genau? Was hat es gekostet? War es das wert?
3. Spielen Sie die Situation nochmals durch. Besteht die Möglichkeit, dass sich solche Ereignisse wiederholen, müssen Sie klar machen, wie sich Ihr Mitarbeiter künftig verhalten sollte. Was hat Ihr Mitarbeiter aus dem Vorfall gelernt? Können die Kollegen von dieser Erfahrung profitieren?

Feedback zeigt seine größte Wirkung und richtet den geringsten Schaden an, wenn Sie sich vorher mit Ihren Mitarbeiter darüber geeinigt haben, wie Sie dabei vorgehen. Wenn Sie bereits im Vorfeld geklärt haben, auf welche Weise vor allem auch konstruktives Feedback gegeben werden soll, sind Ihre Mitarbeiter vor unliebsamen Überraschungen gefeit, und beide Parteien können besser damit umgehen.

Wir empfehlen, Ihren Mitarbeitern folgende Fragen zu stellen:

• Wie soll ich Ihnen Feedback über Ihre Arbeit geben?

- Worüber soll ich Ihnen Feedback geben?
- Was kann ich tun, um Ihnen die Sache so angenehm wie möglich zu machen?
- Bevorzugen Sie eine bestimmte Form von Feedback?
- Wie soll ich Ihnen Feedback während eines laufenden Projekts geben?
- Wann passt es Ihnen zeitlich am besten? Sie scheinen wirklich rund um die Uhr beschäftigt zu sein.

Auf diese Fragen werden die meisten Mitarbeiter antworten, dass sie ehrliches Feedback, das ihnen dabei hilft, sich zu verbessern, zu schätzen wissen. Beim Feedback kommt es aber vor allem auf die Umstände an. Sie müssen Ihren Mitarbeitern auch bei herber Kritik das Gefühl von Sicherheit verleihen und ihnen den nötigen Respekt erweisen. Je wohler sich Ihre Mitarbeiter bei einem Feedback fühlen, umso motivierender wird es sich auswirken.

Vorsicht, Falle!

Drücken Sie sich nicht vor der Wahrheit   Natürlich möchten Sie so schonend wie möglich kritisieren, doch wie gehen Sie dabei am besten vor?

Auf keinen Fall, indem Sie sich vor der Wahrheit drücken – ein Weg, den leider zu viele Manager gerne einschlagen. Ehrlichkeit währt auch in diesem Fall am längsten, aber reiten Sie nicht nur auf Fehlern herum, sondern konzentrieren Sie sich darauf, Ihren Mitarbeitern sinnvolle Verbesserungsvorschläge zu unterbreiten, die jedem weiterhelfen.

Achten Sie die Würde und Selbstachtung Ihrer Mitarbeiter

Die japanische Kultur kann uns einiges lehren, wenn es um Würde, Selbstachtung und das Gesicht wahren geht. Japaner legen großen Wert darauf, andere nicht in Verlegenheit zu bringen, denn damit würden sie gegen ihre Würde und Selbstachtung verstoßen. Auch in unserer Kultur haben Würde und Selbstachtung einen hohen Stellenwert. Keiner Ihrer Mitarbeiter will durch Ihre Kritik in eine peinliche Lage gebracht werden. Nehmen Sie Rücksicht auf die Gefühle Ihrer Mitarbeiter und zeigen Sie ihnen, wie sie solche Fehler in Zukunft vermeiden können.

Halten Sie sich an folgende Tipps, um Ihren Mitarbeitern auch in »kritischen« Situationen zu zeigen, dass sie respektiert werden:

- Kritisieren Sie einen Mitarbeiter niemals vor seinen Kollegen, sondern ziehen Sie sich mit ihm oder ihr an einen ungestörten Ort zurück.
- Im Anschluss an Ihr korrigierendes Feedback müssen Sie Ihrem Mitarbeiter verdeutlichen, dass Sie die Angelegenheit nun positiv sehen und sich bei ihm für seine Kooperation und Mühe bedanken.
- Zeigen Sie niemals mit dem Finger auf einen Mitarbeiter. Diese demütigende Geste ist absolut unangebracht und unprofessionell.
- Bedanken Sie sich bei einem Mitarbeiter, der im Laufe Ihres Gesprächs von seinem Standpunkt abweicht und Einsicht zeigt. Teilen Sie ihm mit, dass Sie seinen guten Willen zu schätzen wissen.
- Sparen Sie sich einen gönnerhaften oder herablassenden Tonfall.
- Denken Sie an die goldene Regel: »Was Du nicht willst, was man Dir tu, das füg' auch keinem andern zu.« Das gilt auch für Respekt.
- Konzentrieren Sie sich vor allem darauf, was in Zukunft verbessert werden kann.

Wenn Sie diese Ratschläge befolgen, schaffen Sie ein vertrauensvolles Arbeitsklima, in dem sich Ihre Mitarbeiter sicher fühlen und Ihre Kritik – gut oder schlecht – willkommen heißen und schätzen.

Loben und ermutigen Sie Ihre Mitarbeiter

In Kapitel 2 haben wir William James zitiert, der einmal gesagt hat: »Das am tiefsten verwurzelte menschliche Bedürfnis ist das nach Anerkennung.« Diese Aussage trifft vor allem zu, wenn es um Lob und Unterstützung Ihrer Mitarbeiter geht. Es spielt keine Rolle, in welcher Branche oder welchem Zweig Sie tätig sind, jeder Mitarbeiter wird sich mehr anstrengen, wenn er ab und zu mal einen anerkennenden Klaps auf die Schulter kriegt.

Schlimm, dass die Begriffe »Manager«, »Vorgesetzter« und »Chef« so häufig mit »Kritik« und »Druck« gleichgesetzt werden. Sparen Sie nicht mit Lob. Teilen Sie Ihren Mitarbeitern mit, dass sie gute Arbeit geleistet haben – auch wenn sie nicht ganz perfekt war. Hüten Sie sich jedoch vor verlogenen Komplimenten.

Echtes Lob hat nichts mit Schmeichelei zu tun

Fangen Sie jetzt bitte nicht an, Ihre Mitarbeiter ohne konkreten Anlass zu loben, nur weil Sie meinen, dass es so in diesem Buch steht. Die meisten Mitarbeiter kennen den Unterschied zwischen einem ehrlich gemeinten Lob und plumper Schmeichelei ganz genau. Ein unehrliches, übertriebenes oder unangemessenes Lob lässt bei Mitarbeitern meist nur den Verdacht aufkommen, dass die Sache einen Haken hat. Ein positives Feedback bewirkt viel mehr: dass das Lob ehrlich verdient wurde und auch so gemeint ist.

Zu einem ehrlichen Lob muss man sich nicht zwingen. Übertreibungen sind hier fehl am Platz. Loben Sie Ihre Mitarbeiter, wenn sie gute Arbeit geleistet haben. Ein verlogenes Kompliment wird in der Regel sofort als Versuch der Manipulation bewertet. Ihr Lob muss aus dem Herzen kommen. Drücken Sie einfach Ihre Gefühle aus.

Was bringt ein Lob?

Was haben Sie und Ihre Mitarbeiter von einem Lob? Na, mit Sicherheit das:

- Lob ist eine vertrauensbildende Maßnahme.
- Lob fördert die Zusammenarbeit.
- Lob stellt Fortschritte und Verbesserungen heraus.
- Lob klärt auf, was gute Arbeit bedeutet.
- Lob regt an, Neues zu lernen.
- Lob erzeugt Selbstvertrauen.

Werkzeuge

Lobesworte Wie bitte? Sie haben Schwierigkeiten, andere zu loben? Kein Problem, dann arbeiten wir jetzt mal an Ihrem Wortschatz. Manager tendieren in der Regel zu einem übermäßigen Gebrauch der Begriffe »prima«, »gut« und »großartig«. Hier ein paar Adjektive, die Ihnen dabei helfen, sich etwas spezifischer auszudrücken:

sorgfältig	durchdacht
ausgereift	fantasievoll
innovativ	gewissenhaft
professionell	kreativ
genial	bewundernswert

Natürlich könnten wir all die Vorteile von Lob in einem Begriff zusammenfassen – Motivation.

Richtig loben

Nun, es ist nicht immer ganz so einfach, seine Mitarbeiter mit den richtigen Worten zu loben und zu bestärken. Hier ein paar Tipps, wie Sie es richtig machen:

- Lassen Sie Ihr Lob auch als Lob stehen. Schenken Sie sich nach einem Lob zum Beispiel die Schlussbemerkung: »Es wurde aber auch langsam Zeit.«
- Loben Sie die gute Arbeit, nicht so sehr den Mitarbeiter. Ihre Leute sollen ihre Befriedigung schließlich aus ihrem Job ziehen und nicht aus Ihnen.
- Loben Sie Ihre Mitarbeiter in der Öffentlichkeit!
- Denken Sie auch an die Kollegen, die beim Erfolg mitgewirkt haben.
- Bestimmen Sie nicht nur den besten Mitarbeiter des Monats, sondern auch das beste Team des Monats.
- Sie müssen davon überzeugt sein, dass die Mühe Ihrer Mitarbeiter vom Erfolg gekrönt sein wird. Planen Sie im Voraus, wie Sie den Erfolg dann feiern, und loben Sie alle Mitarbeiter, die daran beteiligt waren.

Geschickt managen

Verleihen Sie Ihren Mitarbeitern das Gefühl, wichtig zu sein
Von klugen Managern kann man eine Menge lernen. Mary Kay Ash, Gründerin des Kosmetikkonzerns Mary Kay Cosmetics hat einmal gesagt: »Jeder Einzelne läuft mit einem Schild herum, auf dem steht ›Gib mir das Gefühl, wichtig zu sein‹. Wenn Ihnen das gelingt, haben Sie auf der ganzen Linie Erfolg – im Berufs- wie im Privatleben.«

Der vierte Schritt: Bilden Sie Vertrauen

Es ist sehr wichtig, dass Sie Ihre Mitarbeiter so behandeln, dass ihr Selbstbewusstsein gestärkt wird. Je sicherer sich Ihre Mitarbeiter fühlen, dass sie die Arbeit erledigen können, um so motivierter sind sie und um so mehr leisten sie.

Warum? Ganz einfach, wenn Sie Ihren Mitarbeitern zeigen, dass Sie an ihre Kompetenz glauben, vermitteln Sie damit Ihre Erwartungshaltung – und in der Regel erfüllen die meisten Menschen die in sie gesteckten Erwartungen. Andere zu motivieren bedeutet auch, möglichst viel von ihnen zu erwarten. Dieses Vertrauen in Ihre Mitarbeiter bewirkt einen wahren Motivationsschub.

Vorsicht!

Vermeiden Sie das berühmt berüchtigte »Aber …« Einer unserer Kolleginnen war sehr daran gelegen, ihre Mitarbeiter nicht durch allzu herbe Kritik zu entmutigen. Hatte ein Mitarbeiter einmal einen Fehler gemacht, leitete sie ihre Kritik grundsätzlich mit ein paar lobenden Worten ein, ganz nach dem Motto: Mit einem Stück Zucker lässt sich auch die bitterste Medizin schlucken.

Nun, der Haken an dieser Strategie war, dass sie mit der Zeit keinen ihrer Mitarbeiter einfach nur loben konnte, denn jedes Mal, wenn sie ein Lob aussprach, wartete der betreffende Mitarbeiter beunruhigt auf das große »Aber …«. Unsere Kollegin musste ein hartes Stück Arbeit leisten, um das Vertrauen ihrer Mitarbeiter zurückzugewinnen, sodass sie ihnen ein paar nette Worte sagen konnte, die nicht als Einleitung zur Kritik verstanden wurden.

Versuchen Sie doch einmal, sich an eine Situation zu erinnern, in der Sie vor lauter Selbstbewusstsein fast geplatzt sind. Wissen Sie noch, wie Sie sich dabei gefühlt haben? Wie Superman, oder? Was immer Sie sich damals auch zugetraut haben, die Wahrscheinlichkeit ist groß, dass Ihnen der Erfolg so gut wie sicher war und dass Sie sich leichter damit getan haben. Gewiss waren Sie auch motiviert wie nie zuvor.

Wissenschaftler haben herausgefunden, dass sich Männer und Frauen mit einem gesunden Selbstbewusstsein unabhängig von ihrem Alter, persönlichem Hintergrund oder ihrer Ausbildung einzigartig, kompetent, befugt, sicher und mit ihren Kollegen verbunden fühlen. Möchten Sie nicht auch, dass sich Ihre Mitarbeiter so fühlen?

Hier ein paar Tipps, wie Sie das Selbstbewusstsein Ihrer Mitarbeiter stärken können:

- Bitten Sie um ihre Meinung und Vorschläge und setzen Sie diese in die Praxis um.
- Sorgen Sie dafür, dass sich Ihre Mitarbeiter gegenseitig bestärken. Lassen Sie nicht zu, dass der Erfolg eines Mitarbeiters nicht gewürdigt wird. Dokumentieren und besprechen Sie gute Leistungen mit Ihren Mitarbeitern.
- Regen Sie Ihre Mitarbeiter an, sich hohe Ziele zu setzen und unterstützen Sie sie auf ihrem Weg dorthin.
- Teilen Sie Ihren Mitarbeitern mit, wenn Ihre Abteilung von anderen gelobt wurde.

Denken Sie immer daran: Selbstbewusste Mitarbeiter sind motivierte Mitarbeiter.

Wie man in den Wald hineinruft, so schallt es heraus

Wenn Sie das Selbstbewusstsein Ihrer Mitarbeiter stärken, kann sich das durchaus positiv auf Sie selbst auswirken: So kann auch Ihr Selbstbewusstsein durch Ihre Mitarbeiter wachsen. Ist das nicht ein toller Bonus dafür, dass Sie im Grunde nur das tun, wofür Sie bezahlt werden?

Wenn Ihnen Ihre Mitarbeiter sagen, wie gut Sie ihrer Meinung nach als Manager sind, werden Sie Ihr Bild von sich vielleicht auch zurechtrücken und versuchen, den Erwartungen Ihrer Mitarbeiter zu entsprechen. Natürlich steigert das auch Ihre Motivation.

Nachfolgend einige Möglichkeiten, Ihr eigenes Selbstbewusstsein zu stärken:

- Akzeptieren Sie keine mittelmäßigen Leistungen von sich selbst. Schöpfen Sie Ihr geistiges Potenzial voll aus.
- Steigern Sie sich, indem Sie anderen helfen, ihr Leben zu verbessern und ihre Ziele zu erreichen. Sie können jede Menge lernen,

wenn Sie anderen helfen, sich weiterzuentwickeln. Stellen Sie
fest, inwieweit Ihre Unterstützung in den vergangenen Monaten Früchte getragen hat.
- Schenken Sie anderen Glauben, wenn Sie gelobt werden. Tun
Sie ein Lob nicht mit einem Achselzucken ab und spielen Sie es
nicht herunter.

Auch ein selbstbewusster Manager ist nicht davor gefeit, manchmal an sich selbst zu zweifeln. Achten Sie darauf, in welchen Situationen Sie Selbstzweifel bekommen. Machen Sie sich klar, dass ge-
ringes Selbstwertgefühl und Selbstvertrauen Ihre Motivation
untergraben können und Sie daran hindern, Ihre Möglichkeiten in
vollem Umfang zu nutzen und unter Umständen auch den Erfolg
anderer gefährden.

Um mit den Worten von John Peers zu sprechen: »Sie können
keine Kavallerie kommandieren, wenn Sie davon überzeugt sind,
dass Sie auf einem Pferd sitzen wie der Affe auf dem Schleifstein.«

Demotivatoren? Welche Demotivatoren?

Es gibt viele Faktoren, die die Motivation Ihrer Mitarbeiter untergraben. In diesem Kapitel wollten wir Ihnen aufzeigen, wie Sie damit umgehen – und vermeiden können, sie unbewusst zu verstärken. Hier eine kurze Zusammenfassung:

Ihr Ziel ist es, die potenzielle Motivation zu optimieren, indem
Sie nur Mitarbeiter einstellen, die den Eindruck erwecken, von innen heraus motiviert und gegen widrige und demotivierende Umstände gefeit zu sein – und bei denen die Wahrscheinlichkeit gering
ist, dass sie ihre künftigen Kollegen demotivieren. Es ist außerdem
Ihr Ziel, Ihre Mitarbeiter dauerhaft zu motivieren und zu Höchstleistungen anzuspornen. Dazu gehört, gute Mitarbeiter durch ehrliches Lob zu bestärken. Außerdem müssen Sie wissen, wie konstruktives Feedback funktioniert, wozu Sie Fingerspitzengefühl
und eine gehörige Portion Mut benötigen, um sich dieser manchmal nicht einfachen Aufgabe zu stellen.

Sie können widrige Umstände nicht verhindern. So ist das Leben nun mal. Doch mit Ihrer Unterstützung und Fürsorge werden Ihre Mitarbeiter in der Lage sein, damit fertig zu werden und weiterhin motiviert sein.

Checkliste für Ihren Erfolg

- Übernehmen Sie die Verantwortung dafür, die Folgen von demotivierenden Ereignissen am Arbeitsplatz so gering wie möglich zu halten. Sie haben die Macht und Möglichkeit, das Selbstbewusstsein Ihrer Mitarbeiter aufzubauen, ihre Motivation und persönlichen Interessen zu verstärken und dafür zu sorgen, dass ihnen ihre Arbeit Spaß macht.
- Leistungsbeurteilungen können eine wertvolle Anregung für ein korrigierendes und positives Feedback sein. Außerdem lässt sich damit ermitteln, ob ein Mitarbeiter Fortschritte gemacht hat. Die Auswirkungen können aber auch katastrophal sein, wenn sie benutzt werden, um einen Mitarbeiter abzukanzeln.
- Sie können gegen demotivierende Faktoren einschreiten, indem Sie nur die besten Leute einstellen, sie in der Firma halten, ihnen ehrliches Feedback und die nötige Unterstützung geben und ihr Selbstbewusstsein stärken.
- Wissenschaftler haben herausgefunden, dass sich Männer und Frauen mit einem gesunden Selbstbewusstsein unabhängig von ihrem Alter, persönlichem Hintergrund oder ihrer Ausbildung einzigartig, kompetent, befugt, sicher und mit ihren Kollegen verbunden fühlen.

9.

Machen Sie Ihren Mitarbeitern den Weg frei

Bei der Mitarbeitermotivation muss der Manager nicht nur an den Einzelnen, sondern an das gesamte Umfeld denken. Viele Faktoren, die sich außerhalb des direkten Arbeitsbereichs abspielen, haben oftmals einen größeren Einfluss auf die Motivation eines Mitarbeiters als Sie mit motivationsfördernden Maßnahmen je erreichen können. Wir müssen also das jeweilige Gesamtumfeld berücksichtigen, was in Fachkreisen unter dem Begriff »ganzheitliches System« zusammengefasst wird.

In Kapitel 1 wurden Sie gebeten, sich zu fragen: »Übe ich einen guten oder schlechten Einfluss auf die Motivation meiner Mitarbeiter aus?« Mittlerweile wissen Sie, wie Sie die Motivation Ihrer Mitarbeiter verstärken und demotivierende Faktoren reduzieren können.

Bislang haben wir uns in diesem Buch mit typischen Situationen aus dem unmittelbaren Arbeitsumfeld befasst und uns überlegt, inwieweit Sie darauf Einfluss nehmen können. Nun möchten wir einen Schritt weiter gehen und uns mit dem ganzheitlichen System, seinen Kräften und Mustern auseinandersetzen. Allgemein lässt sich sagen, dass dieses System einen enormen Einfluss auf die Motivation von Mitarbeitern hat, oft indirekt oder subtil, denn zu den allgemein gültigen Regeln jedes Systems gehört die Tatsache, dass alles miteinander in Wechselwirkung steht.

Wichtige Bestandteile eines Systems

Sie als Manager sollten sich gründlich damit auseinandersetzen, in welcher Wechselwirkung die Teilbereiche Ihres Systems zueinander stehen und sich gegenseitig beeinflussen. Nur wenn Sie diese Zusammenhänge verstehen, werden Sie erkennen können, dass eine einzige Handlung im Gesamtsystem Wellen schlagen kann. Ein einziges schlimmes Erlebnis oder eine Gedankenlosigkeit im Umgang mit einem Mitarbeiter kann die Beziehung zu Ihren anderen Mitarbeitern gefährden oder sich nachteilig auf ihre Motivation und ihr Engagement auswirken.

Fachbegriffe

System   Ein Zusammenspiel mehrdimensionaler Kräfte und Muster, das sich in natürlichen und künstlich geschaffenen Umgebungen wie auch im menschlichen Umfeld findet. Ein System besteht grundsätzlich aus diesen vier Elementen: Input, Verarbeitung, Output und Rückmeldung.

Jedes Unternehmen ist natürlich auch ein System und dementsprechend ist Ihre Abteilung ein Untersystem eines größeren Systems. Für jedes System gilt, dass eine Änderung eines oder aller Elemente sich sowohl auf das System selbst als auch auf die Elemente auswirkt. Als Manager müssen Sie die Grundprinzipien eines Systems verstehen, um effizienter arbeiten zu können und um zu wissen, wie Sie die Motivation Ihrer Mitarbeiter steigern können und sollten.

Eine winzige Entscheidung mit riesigen Folgen

Jim ist Manager einer Autowaschanlage, die zu einer großen Kette gehört. Das Geschäft boomt, und seine Mitarbeiter sind hoch motiviert und stolz auf ihre Arbeit. Es klappt alles wie am Schnürchen, und das Leben zeigt sich von seiner angenehmen Seite.

Eines Morgens entscheidet sich die Leiterin der Marketingabteilung aus Gründen der Kostenersparnis dafür, die Werbebroschüre nicht mehr wie bisher auf hochwertigem dickem Papier drucken zu lassen, sondern preiswerteres dünneres zu verwenden. Für sie steht fest, dass sich dadurch nichts Weltbewegendes ändern würde: »Wozu der Aufwand? Der günstigere Prospekt erfüllt seinen Zweck genauso wie die teuere Variante. Unsere Kunden werden wie bisher über unsere Dienstleistungen und Preise informiert.«

Aus ihrer Sicht eine völlig normale und simple Entscheidung.

Doch im Zusammenhang mit dem Gesamtsystem ist diese Entscheidung nicht mehr ganz so simpel. Als die Prospekte bei Jim ankommen, bemerken die Angestellten sofort ihre minderwertige Qualität und die fast schon schäbig wirkende Aufmachung und reißen Witze über den »neuen Unternehmensstil«. So nach und nach übertragen die Angestellten die ihrer Meinung nach lasche Handhabung des Firmenauftritts auf sich selbst. Sie ziehen sich nun viel legerer, fast schon schlampig an, und schon bald lässt auch der Service ihrer Waschanlage zu wünschen übrig.

Auch der für die Innenreinigung der Autos zuständige Mitarbeiter passt sich dem etwas schludrigen Stil seiner Kollegen an, denn warum sollte er der Einzige sein, der sich noch Mühe gibt?

Innerhalb kurzer Zeit stellen auch die Kunden die Veränderung in der Waschanlage fest und haben das Gefühl, als wäre niemandem mehr daran gelegen, sie als Stammkunden zu behalten, und Neukunden sind nicht so beeindruckt vom Service, dass sie unbedingt wieder kommen wollten. Vermutlich empfehlen sie Jims Waschanlage auch nicht weiter.

Mittlerweile hat Jim ein großes Problem. Der Umsatz schrumpft. Ganz schlecht! Klar auch, dass der Konzern dies bei der vierteljährlichen Abrechnung feststellt. Jim versteht beim besten Willen nicht, was eigentlich passiert ist. Er weiß nur, dass er ganz schnell etwas unternehmen muss, um den Umsatz wieder zu steigern. Vielleicht sollte er einige neue Dienstleistungen anbieten? Andererseits weiß er, dass das seinen Mitarbeitern bestimmt nicht gefällt, weil sie überhaupt nicht mehr engagiert bei der Arbeit sind. Jim hat durch den Umsatzverlust also nicht nur finanzielle Sorgen, sondern sieht sich auch mit der schwindenden Arbeitsmoral seiner Mitarbeiter konfrontiert. Ein Teufelskreis!

Jim bekäme ein besseres Verständnis über die Vorkommnisse in der Waschanlage, wenn er sie im Zusammenhang und als Teil des Gesamtsystems betrachten würde – und ihm fielen mit Sicherheit einige Lösungen für sein Problem ein. Oder er hätte es sogar verhindern können. Jim wäre auf den ersten Blick klar gewesen, welche Auswirkungen die Entscheidung der Marketingleiterin auf die Motivation seiner Angestellten haben würde. Dann wäre er in der Lage gewesen, mit seinen Leuten darüber zu reden und ihnen zu verdeutlichen, dass es sich lediglich um eine Kostenersparnis handelte, die sich nicht in ihrem Auftreten, ihrer Kleidung und erst recht nicht im Service widerspiegeln darf. Jim hätte seine Aufmerksamkeit auf jedes einzelne Element des Gesamtsystems richten können, das sich auf seine Waschanlage auswirkt – und er hätte ein wesentlich effizienterer Manager sein können.

Das ist der Vorteil des ganzheitlichen Denkens. Hätte Jim auf den Kontext und das ganze System geachtet, stünde er jetzt nicht vor einem Riesenproblem.

Denken Sie jetzt bitte einmal an Ihre eigene Situation. Sicherlich fallen Ihnen spontan mehrere Ereignisse ein, bei denen die Konsequenzen einer vorausgegangenen Entscheidung unvorhersehbar gewesen waren. Vielleicht betraf die Entscheidung nicht einmal direkt Ihre Abteilung oder verärgerte Mitarbeiter, die in einer Zweigstelle Ihres Unternehmens tätig waren. Dennoch spürten auch Sie die Folgen, die sich durch das ganze System zogen.

Wenn Sie Ihr Unternehmen als komplexes soziales und dynamisches System begreifen, in dem sich die unterschiedlichsten Kräfte und Muster gegenseitig beeinflussen, können Sie sich daran machen, das ganze System zu verbessern, es effizienter und effektiver zu gestalten – sowohl in Ihrem direkten Arbeitsumfeld als auch darüber hinaus. Dabei können Sie positiv auf die Motivation Ihrer Mitarbeiter einwirken und gegen demotivierende Faktoren innerhalb des Systems kämpfen.

Die menschliche Komponente in der Geschäftswelt

Zu Anfang dieses Kapitels haben wir ein System als »Zusammenspiel mehrdimensionaler Kräfte und Muster« definiert. Das System eines Unternehmens umfasst die organisatorische Struktur, Kommunikationskanäle, Managementrichtlinien, Verwaltungsabläufe und so weiter. In diesem System arbeiten Menschen, die wahrscheinlich das bedeutendste Element darstellen. Unternehmen werden von Menschen geleitet, und das Los einer Firma liegt in den Händen seiner mehr oder minder zahlreichen Mitarbeiter, die alle auf die unterschiedlichste Weise miteinander in Beziehung stehen.

Vorsicht!

Wir gegen den Rest des Unternehmens Wenn Sie mit Ihren Mitarbeitern über andere Abteilungen und deren Vorgehensweisen sprechen, müssen Sie darauf aufpassen, nicht das Gefühl von »Wir gegen den Rest des Unternehmens« zu erzeugen.

Oft ist die Versuchung groß, Entscheidungen oder Handlungen anderer Führungskräfte und Abteilungen vor Ihren Mitarbeitern infrage zu stellen oder zu kritisieren, insbesondere dann, wenn Sie eine andere Auffassung vertreten oder sich über die Auswirkungen einer Managemententscheidung auf Ihre Abteilung ärgern. Doch das ist alles andere als ein guter Führungsstil. Damit vermitteln Sie Ihren Mitarbeitern nämlich die Botschaft, dass Sie Ihren Kollegen nicht viel Respekt entgegenbringen, was sie wiederum dazu verleiten kann, Ihnen nachzueifern. Auf diese Weise kommt es schnell zu weiteren Missverständnissen und Frust. Es sollte in Ihrem Interesse liegen, auch mit anderen Abteilungen zusammenzuarbeiten und ein kollegiales Verhältnis zu pflegen.

Bitte machen Sie nicht den Fehler, die menschliche Komponente im System eines Unternehmens zu unterschätzen. Heute entscheiden die Mitarbeiter mehr denn je über das Wohl eines Unternehmens und spielen eine ebenso große Rolle für den Erfolg wie Strukturen, Kommunikationskanäle, die Firmenpolitik, sämtliche Arbeitsabläufe und so weiter. Ihre Mitarbeiter sind das Zünglein an der Waage, das für den Erfolg Ihres Unternehmens ausschlaggebend ist, egal, ob Sie über die modernsten Computeranlagen oder Maschinenparks verfügen.

Auch der Kontakt zwischen den einzelnen Mitarbeiter ist ein für den Erfolg entscheidendes Kriterium. Doch immer wieder machen Manager denselben Fehler und unterschätzen die Relevanz der sozialen Interaktion für das ganze System. Uns muss bewusst sein, dass eine Firma ohne Mitarbeiter nichts wert ist.

Studien über menschliches Verhalten und die Produktivität von Mitarbeitern beweisen immer wieder, dass es auf Kosten der Motivation, Produktivität und Effizienz geht, wenn die soziale Komponente bei der Arbeit ignoriert oder vernachlässigt wird. Die soziale Interaktion ist nicht nur der Stoff, der das menschliche Netzwerk zusammenhält, sondern auch die Kraft, die uns alle motiviert, unser Bestes zu geben.

Isolation verringert die Produktivität

Die Angestellten im Tower eines größeren Flughafens wurden gebeten, zum Schutz vor dem Lärm Ohrenklappen zu tragen. Das Management ging davon aus, durch diese Maßnahme nicht nur die Gesundheit des Personals zu schützen, sondern auch die Effizienz und Produktivität der Beschäftigten steigern zu können.

Das Resultat? Keinerlei Anzeichen einer Steigerung, ganz im Gegenteil: Die Leistungen der Mitarbeiter ließen erheblich nach.

Den Managern wurde erst später klar, dass es die Angestellten gewohnt waren, bei ihrer Arbeit die Gesprächsfetzen von Kollegen aufzuschnappen und sich unbewusst die darin enthaltenen Informationen zu merken. Durch den Ohrenschutz von ihrer Umwelt abgeschnitten, waren sie nicht mehr in der Lage, effizient zu arbeiten.

Dieser Vorfall ist nur ein Beispiel von vielen, macht aber deutlich, wie wichtig die soziale Interaktion – sogar die unbewusste soziale Interaktion – am Arbeitsplatz ist. Sicherlich fällt auch Ihnen ein Ereignis ein, bei dem die menschliche Komponente in Ihrem System völlig ignoriert wurde, und wofür ein teurer Preis zu zahlen war.

Geschickt managen

Immer schön in Kontakt bleiben Das Gedicht »If« von Rudyard Kipling gehört in Amerika zum Lehrstoff, und viele amerikanische Schulkinder mussten es vermutlich auswendig lernen. Schade nur, dass es die meisten wohl wieder vergessen haben.

Eine Zeile aus diesem Gedicht ist vor allem für Manager sehr interessant, da sie hier ermahnt werden, zwar »mit Königen umgehen zu können«, aber gleichzeitig nie den Kontakt zum Volk verlieren dürfen. In unsere Zeit übersetzt heißt das nichts anderes, als mit unseren Kollegen aus der Führungsetage und der Firmenspitze zusammenzuarbeiten und gleichzeitig auf das Wohl unserer Mitarbeiter zu achten und versuchen ihre Sichtweise zu verstehen und ihre Gefühle zu respektieren.

Einsicht in Ihr System gewinnen

Wenn Sie mehr über Ihr System und die darin vorherrschenden Kräfte, die sich auf die Motivation Ihrer Mitarbeiter auswirken, erfahren möchten, sollten Sie sich folgende Fragen stellen:

- Wie ist die aktuelle Marktlage? Eher schlecht oder eher gut? Sind Ihre Leute eher optimistisch oder pessimistisch gestimmt?
- Was denken Ihre Mitarbeiter über die Firmenspitze?
- Welche Wertvorstellungen werden in Ihrem Unternehmen umgesetzt und bleiben nicht nur Lippenbekenntnisse?

- Welche Marktstrategie wird eingesetzt?
- Wie groß ist der Einfluss des Managements auf die Firmenkultur und das Arbeitsklima?
- Welche Vorgänge sind in Ihrem Unternehmen besonders wichtig? Wie ist Ihr Unternehmen strukturiert? Basiert diese Struktur auf Funktionen, Märkten oder der geografischen Lage?
- Sind die Betriebsabläufe und -vorschriften eher lästig oder erfüllen sie ihren Zweck?
- Macht es den Angestellten Spaß, in Ihrem Unternehmen zu arbeiten? Können sie sich dabei selbst verwirklichen? Sind sie motiviert? Ist die Arbeit eine Bereicherung für sie?
- Sind die Jobanforderungen durchdacht? Sitzt der richtige Mann am richtigen Ort? Werden die Angestellten gegebenenfalls unterstützt?
- Sind die Angestellten über- beziehungsweise unterqualifiziert für ihren Job?
- Ziehen Management und Beschäftigte an einem Strang?

Mit Fragen wie diesen können Sie sich ein klares Bild von den Wechselbeziehungen zwischen den einzelnen Beschäftigten, Funktionen, Strategien und dem Erfolg des Unternehmens verschaffen. Außerdem erfahren Sie so, woraus sich Ihr System zusammensetzt und an welcher Stelle Verbesserungen nötig sind. Können Sie die Fragen nicht zufriedenstellend beantworten oder fallen Ihnen Widersprüche auf, weist das darauf hin, dass Ihr System nicht reibungslos funktioniert, dass sich Ihre Mitarbeiter über ihre Rollen im Unklaren sind und sich unter Umständen sogar gegenseitig in ihrer Arbeit behindern, was Frustration erzeugt und die Motivation sinken lässt.

Inzwischen werden Sie ja wissen, wie es um Ihr System bestellt ist und seine unmittelbaren und mittelbaren Auswirkungen auf die Beschäftigten und ihre Motivation kennen. Jetzt stellt sich die Frage, was Sie mit diesem Wissen tun. Oder noch präziser: Wie können Sie mit diesen Informationen die Motivation Ihrer Mitarbeiter steigern? Hier ein paar Vorschläge:

- Entsprechen die Leistungen Ihrer Mitarbeiter nicht Ihren Erwartungen, sollten Sie nicht sofort davon ausgehen, dass es an

Ihnen selbst oder Ihren Führungsqualitäten liegt. Es ist gut möglich, dass irgend etwas im System nicht stimmt. (Was Sie dagegen unternehmen können, besprechen wir später.)

- Bevor Sie spezielle Maßnahmen zur Mitarbeitermotivation durchführen, sollten Sie auch überlegen, wie sich diese auf das restliche System auswirken und die verschiedenen Möglichkeiten mit Ihren Mitarbeitern besprechen. Betrachten Sie Ihre Managementmaßnahmen nicht ausschließlich als Ihre Angelegenheit. (Auch damit befassen wir uns später.)
- Wenn Sie feststellen, dass sich das System oder ein Teil davon positiv auf Ihre Mitarbeiter auswirkt, dürfen Sie nicht in Selbstgefälligkeit verfallen – auch dann nicht, wenn sich Ihre Mitarbeiter anscheinend gut an eine Situation anpassen. Mag sein, dass alles in Ordnung ist, aber der Schein kann auch trügen. Vielleicht müssen Sie ja dringend etwas unternehmen, um Ihre Mitarbeiter zu retten. Darauf kommen wir gleich zu sprechen.

Geschickt managen

Systeme und Motivation   Über Motivation nachdenken heißt, über Systeme nachdenken. Mitarbeiter, die sich notgedrungen an ein System anpassen müssen, in dem sie bei ihrer Arbeit nicht unterstützt werden, kommen letztendlich zu folgenden Schlussfolgerungen:

- Dem Management sind die Regeln weitaus wichtiger als die Leistung.
- Das Management hat keine Ahnung von den Arbeitsabläufen und davon, was es heißt, anderen Verständnis entgegenzubringen.
- Das Management steht uns und unserer Arbeit immer im Weg.
- Die vom Management sagen das eine, tun aber das andere.

All diese Eindrücke untergraben die Motivation.

Die Fähigkeit, sich anzupassen

Natürlich wissen Sie Mitarbeiter zu schätzen, die sich gut anpassen können, doch vielleicht haben Sie sich noch keine Gedanken darüber gemacht, welchen Preis Sie dafür zahlen.

Müssen sich Mitarbeiter ständig an ein System anpassen, das ihre Arbeit aufgrund bestimmter Strukturen, Vorschriften oder Verfahren nicht unterstützt, reagieren sie üblicherweise so:

- Sie bekämpfen das System.
- Sie finden sich damit ab.
- Sie kündigen.

Sind Mitarbeiter gezwungen, sich permanent an restriktive Kräfte innerhalb eines Systems anzupassen, bedeutet das viel Stress und Frust für sie. Jeder Mitarbeiter wird auf seine eigene Art und Weise versuchen, damit umzugehen, und Sie als Manager merken sehr schnell, wie sich das auf die Leistung und Motivation Ihrer Mitarbeiter auswirkt.

Fachbegrifffe

Restriktive Kräfte   Restriktive Kräfte sind all die Faktoren, die gute Leistungen einschränken oder unmöglich machen. Manchmal können Sie etwas dagegen tun, manchmal auch nicht. Innerhalb eines Unternehmenssystems können sich diese Kräfte durchaus positiv auf einen bestimmten Prozess auswirken, einen anderen jedoch behindern. In diesem Fall bleibt Ihnen nichts anderes übrig als zu versuchen, die negativen Auswirkungen auf die Leistung und Motivation Ihrer Mitarbeiter auf ein Minimum zu beschränken.

Natürlich können Sie nicht einfach sämtliche Strukturen, Vorschriften oder Verfahren, die sich als restriktiv entpuppen, abschaffen, denn sie wurden ja vermutlich aus gutem Grund eingerichtet und aufgestellt. Trotzdem sollten Sie nicht davon ausgehen, dass wirklich alle Vorschriften sinnvoll oder gerechtfertigt sind. So manches Regelwerk könnte hoffnungslos veraltet sein oder sich als praxisuntauglich herausstellen. In diesem Fall sollten Sie sich für eine Abschaffung oder Änderung einsetzen.

Gewöhnen Sie sich an, bei all Ihren Planungen das gesamte System mit zu berücksichtigen. Es spielt keine Rolle, wie einfach eine Situation oder Vorgehensweise auf den ersten Blick scheinen mag, Sie müssen sich immer fragen, welche möglichen oder wahrscheinlichen Folgen sie auf die Arbeitsstruktur, die Kultur, das Management und andere Faktoren Ihres Unternehmens haben.

Das System ändern

Bis jetzt haben wir uns in diesem Kapitel damit beschäftigt, wie sich das System auf die Mitarbeitermotivation auswirken kann. Sie wissen inzwischen, wie Sie den Einfluss der Kräfte und Muster des Systems herausfinden, die negativen Folgen gering halten und die positiven unterstützen können.

Es mag jedoch nicht immer ausreichen, auf systeminterne Kräfte gut reagieren zu können. Manchmal müssen Sie auch versuchen, das System zu *ändern*. Stellen Sie zum Beispiel fest, dass die Motivation Ihrer Mitarbeiter durch das System untergraben wird, können Sie versuchen, gegen diese restriktiven Kräfte vorzugehen. Präzise ausgedrückt heißt das, Sie sollten als kluger Manager, der die psychologischen Seiten der Motivation verstanden hat, Ihren Mitarbeitern dabei helfen, dieses Problem eigenständig anzugehen. Wir zeigen Ihnen jetzt, wie Sie dabei vorgehen können:

1. Besprechen Sie das aufgetretene Problem mit Ihren Mitarbeitern.
2. Lassen Sie sich schildern, welche Gefühle sie haben und was sie davon halten. Welche Probleme sind ihrer Meinung nach aufgetreten? Sicher, in den meisten Fällen wissen Sie das bereits, aber Sie müssen Ihre Mitarbeiter von Anfang an mit einbeziehen. Au-

ßerdem könnten Sie ja etwas falsch verstanden oder übersehen
haben.

3. Bitten Sie um Verbesserungsvorschläge. Bedanken Sie sich für jeden Tipp, ganz egal, wie praktikabel er ist. Das hat zwei Gründe:
Zum einen möchten Sie Ihre Mitarbeiter dazu bewegen, ihre Gedanken offen auszusprechen, sodass sie nicht nur auf Probleme
reagieren, sondern auch die Zusammenhänge verstehen lernen.
Zum anderen gilt, wenn das Problem schnell gelöst werden muss,
haben sich bestimmt schon eine Menge unguter Gefühle aufge-
staut – und ein gemeinsames Gespräch ist die beste Möglichkeit,
seinen Gefühlen Ausdruck zu verleihen und Dampf abzulassen.

4. Finden Sie gemeinsam eine Lösung, wobei nur ein Konsens als
optimale Entscheidung betrachtet werden sollte. *Optimal* kann
unterschiedliche Bedeutungen haben, es kann für die am einfachsten umzusetzende, die praktischste oder die ideale Lösung
stehen, je nach der konkreten Situation. Denkbar sind auch
mehrere Lösungen, die alle umgesetzt werden müssen.

Fachbegriffe

Konsens Konsens hat nichts damit zu tun, dass die Mehr-
heit siegt. Eine Konsensentscheidung ist eine Entscheidung,
der alle Beteiligten zustimmen können und zu der jeder auf
seine Weise beigetragen hat. Nur wenn ein Konsens erzielt
wurde, fühlt sich jeder dazu verpflichtet, wie vereinbart zu
handeln.

5. Ernennen Sie einen Mitarbeiter zum Leiter dieses Projekts. Erklären Sie sich nicht selbst zum Verantwortlichen, sondern lassen Sie Ihre Mitarbeiter entscheiden. Möchten sie, dass Sie die
Leitung übernehmen, sollten Sie nur zustimmen, wenn es aufgrund von erforderlichen Befugnissen keine andere Möglichkeit
gibt. Aber auch in diesem Fall empfiehlt es sich, einige Mitarbeiter miteinzubeziehen, da es sich schließlich um eine gemeinsame
Aktion, ein Gemeinschaftsprojekt, handelt.

Vorsicht!

Nicht antreiben, nur in Gang setzen   Treiben Sie Ihre Mitarbeiter bei dieser Sitzung nicht an, sondern setzen Sie die Diskussion in Gang. Helfen Sie ihnen dabei, die wichtigsten Schritte selbst durchzuführen.

Konzentrieren Sie sich auf den *Gedankenprozess*, und nicht auf das *Endprodukt*. Vielleicht gelingt es Ihnen nicht, eine praktikable Lösung für das Problem zu finden, oder Sie setzen die Lösung um und merken, dass sie nicht funktioniert. Trotzdem haben Sie etwas geschafft: Sie haben zusammen im Team gearbeitet. Allein das war die Mühe wert. Betrachten Sie den Fehler als Erfahrungswert, und denken Sie immer an das Positive.

6. Erarbeiten Sie einen Zeitplan. Wer erledigt was bis wann? Ein Aktionsplan ohne feste Termine hat meist nur zur Folge, dass nichts in Angriff genommen wird.
7. Legen Sie einen Termin fest, an dem besprochen wird, was Ihr gemeinsames Projekt bewirkt hat. Auch hier sollten Sie die Entscheidung Ihren Mitarbeitern überlassen. Wann ist dafür der geeignete Zeitpunkt?

Beenden Sie Ihre Sitzung erst dann, wenn all diese Punkte besprochen wurden. Sonst ändert sich an Ihrem gemeinsamen Problem nichts. Wenn Ihre Mitarbeiter verstanden haben, dass sich Probleme methodisch lösen lassen und wissen, dass sie von Anfang an mitreden können, werden sie sich an diesem Projekt gerne beteiligen und alles daran setzen, um ein positives Resultat zu erzielen.

Bleiben Sie proaktiv

Was können Sie eigentlich von diesem Gespräch über mögliche Änderungen des Systems erwarten? »Das wird sich beim nächsten Meeting herausstellen«, werden Sie jetzt bestimmt sagen.

Ja und nein! Sie haben ja schon einiges getan, um die Motivation Ihrer Mitarbeiter zu fördern, indem Sie es ihnen ermöglicht haben, aktiv und eigenverantwortlich ihre Situation zu verbessern.

Dies allein schon kann kleinere oder größere positive Veränderungen bewirken. Selbst wenn kurzfristig keine großartige Verbesserung festzustellen ist, kann diese Form der Zusammenarbeit die Mitarbeitermotivation steigern, was letztendlich doch noch zum erwarteten Ergebnis führt.

Was auch immer passiert, machen Sie weiter so. Nachdem Ihre Mitarbeiter die Lage beurteilt haben, sollten Sie anregen, ein Team zu bilden, das das Arbeitsumfeld weiterhin beobachtet. Auf diese Weise können restriktive Kräfte oder andere negative Folgen bereits im Vorfeld erkannt werden, noch bevor die Motivation Ihrer Mitarbeiter und das Arbeitsklima ernsthaft darunter leiden.

Sich um das System kümmern

Mittlerweile wissen Sie, dass Sie bei sämtlichen Maßnahmen zur Steigerung der Mitarbeitermotivation daran denken müssen, wie sich diese auf das restliche System auswirken. Vielleicht sind Sie ja der felsenfesten Überzeugung, dass es Ihr Recht und Ihre Aufgabe ist, alles Mögliche für das Wohl Ihrer Mitarbeiter zu tun. Oder Sie glauben, dass die von Ihnen eingeleiteten Maßnahmen keine oder nur sehr geringe Auswirkungen auf den Rest Ihres Betriebs haben. Vorsicht, Sie könnten sich täuschen! Es ist sehr riskant, Änderungen in der eigenen Abteilung durchzuführen, ohne sich vorher zu überlegen, inwieweit dies sich auch auf die anderen Abteilungen auswirken kann.

Unabhängig davon, welches Geschäftsziel erreicht werden soll: Ein Großteil der systemimmanenten Kräfte – Mitarbeiter, Strukturen, Verfahren, Firmenpolitik – muss aufeinander abgestimmt werden. Häufig ist das leider nicht so einfach, wie es klingt, denn manchmal kommen weitere störende Kräfte ins Spiel, die sich nicht vermeiden lassen.

Fachbegriffe

Suboptimierung Werden bestimmte Teilsysteme eines Unternehmens gefördert, ohne zu berücksichtigen, welche Auswirkungen dies auf das ganze System hat, kann das System sein Potenzial nicht voll ausschöpfen. Durch eine solche Vorgehensweise tritt das Gegenteil von Synergie ein – das Ganze wird kleiner als die Summe seiner Teile.

Ein Systemelement kann sowohl eine treibende als auch eine restriktive Kraft sein, je nachdem, aus welchen Blickwinkel man es betrachtet. Manchmal sind Führungskräfte und ihre Mitarbeiter einfach zu sehr auf ihre eigene Perspektive fixiert, was zur Folge hat, dass sich ein gewisses Revierverhalten einstellt, was zu kleineren Streitigkeiten über Mittel, aber auch zu einem erbitterten Krieg um Zuständigkeiten führen kann. Die positive Absicht ist zwar immer eine Optimierung der eigenen Umstände, das negative Ergebnis ist in jedem Fall leider eine *Suboptimierung* des Gesamtsystems.

Normalerweise erwartet man von Managern Durchsetzungsvermögen und Stärke. Sie sollen in der Lage sein, um das zu kämpfen, was sie wollen oder brauchen: Mittel, Verantwortung, Lob und Respekt. Das Topmanagement hat dieses besitzergreifende Denken noch weiterentwickelt, indem es Abteilungen oder Zweigstellen, die ein bestimmtes Ziel erreichen oder gar übertreffen sollten, gewisse Anreize in Aussicht stellte und von Führungskräften erwartete, dass sie ihre Probleme im Alleingang lösten. Dieser Managementstil führte oft zu firmeninterner Konkurrenz und hatte oft zur Folge, dass die Lösungsstrategie einer Abteilung Schwierigkeiten in einer anderen auslöste.

Kluge Manager wissen, dass es bei allen Handlungen darauf ankommt, das große Ganze nicht aus den Augen zu verlieren und die unterschiedlichen Teilbereiche des Systems aufeinander abzustimmen, damit das Unternehmen optimale Ergebnisse erzielen kann. Doch auch Manager sind nur Menschen und wissen nicht immer, was das Beste für ihr Unternehmen ist.

Mitarbeiter kennen oft nur ihr begrenztes Umfeld

Vielleicht sind es in Ihrem Fall Ihre Mitarbeiter, die verhindern, dass Sie sich auf das gesamte System konzentrieren können. So etwas kommt vor, wenn Ihren Mitarbeitern nur das eigene Wohlergehen beziehungsweise das der Abteilung am Herzen liegt und sie auf diesen einseitigen Blickwinkel beschränkt sind. In diesem Fall müssen Sie ihnen dabei helfen, das Unternehmen als ganzheitliches System zu begreifen.

Zur Verdeutlichung ein Beispiel aus der Praxis: Die Leistungen Ihrer Mitarbeiter lassen zu wünschen übrig, und Sie als guter Manager fragen nach den Gründen. Ihre Mitarbeiter schildern Ihnen, was ihrer Meinung nach dafür verantwortlich ist – ein hoch komplizierter Bearbeitungsvorgang, der ihr Leben nur unnötig erschwert, ein Formular, das aus Prinzip ausgefüllt werden muss, ihrer Meinung nach aber völlig überflüssig ist oder eine Vorschrift, die effizientes Arbeiten dummerweise verhindert. Ihre Mitarbeiter können Ihnen also durchaus schildern, welche restriktiven Kräfte sie bei der Arbeit behindern, doch über deren Ursachen wissen sie rein gar nichts. Aus diesem Grund haben sie das Gefühl, gegen eine Wand zu laufen – manchmal sogar mit dem Kopf voran!

Sie als Manager stecken in der Zwickmühle. Sie könnten zwar die Situation Ihrer Mitarbeiter verbessern, indem Sie den Bearbeitungsvorgang vereinfachen, oder das Formular beziehungsweise die lästige Vorschrift abschaffen, aber das wäre nur eine kurzfristige Lösung. Unter Umständen erreichen Sie damit zwar einen Motivationsschub, aber der ist nicht unbedingt von Dauer – und außerdem wäre es ein ganz schlechter Managementstil.

Sie könnten sich aber auch dafür entscheiden, Ihren Mitarbeitern die Gründe, die sich hinter diesen vermeintlich restriktiven Kräften verbergen, und ihre Rolle im Kontext des gesamten Systems zu erklären. Vermitteln Sie ihnen das Gesamtbild einschließlich der Position, die sie darin einnehmen. Es ist vielleicht nicht unbedingt das, was Ihre Mitarbeiter gerne hören möchten, aber die Chancen stehen gut, dass ihre Motivation einen Aufschwung bekommt, da sie nun die Zusammenhänge sehen und verstehen. Gibt es jedoch keine einleuchtenden Gründe für diese restriktiven Kräfte, bitten Sie Ihre Mitarbeiter um Vorschläge, wie sie sich abschwächen oder sogar eliminieren lassen.

Die Herausforderung:
Das System verstehen und verbessern

Damit wären wir wieder am Anfang dieses Kapitels angelangt, wo es so schön heißt: »Machen Sie Ihren Mitarbeitern den Weg frei.« In jedem Unternehmen stößt man auf Grenzen oder Hindernisse – aus dem einfachen Grund, weil es in einem komplexen System mit sich gegenseitig beeinflussenden Elementen einfach nicht möglich ist, dass alles perfekt funktioniert. Es kann immer passieren, dass die rechte Hand nicht weiß, was die linke tut oder dass allgemeine Verwirrung herrscht.

Machen Sie das Beste aus dieser Binsenweisheit, akzeptieren Sie sie und informieren Sie sich so gut wie möglich über Ihr System und versuchen Sie, es zu verbessern. Die Erfahrung bringt Ihnen bei, Hindernisse aus dem Weg zu räumen. Diese Herausforderung, vor der jeder Manager steht, ist nun mal Teil Ihres Jobs. Nur wenn Sie sich eine ganzheitliche Denkweise aneignen, kann das System funktionieren, und auf diese Weise fördern Sie – ganz nebenbei – die Motivation Ihrer Mitarbeiter.

Checkliste für Ihren Erfolg

- Denken Sie ganzheitlich, das heißt, an das gesamte System. Bei jedem Unternehmen handelt es sich um ein komplexes soziales und mechanisches System, das voller dynamischer Kräfte und Muster steckt. Vergessen Sie nie, dass auch Faktoren außerhalb Ihres direkten Arbeitsumfelds die Motivation Ihrer Mitarbeiter beeinflussen.
- Machen Sie keinesfalls den Fehler, die Bedeutung der so-

zialen Interaktion der Mitarbeiter für das Unternehmen zu unterschätzen.

- Manager schätzen im Allgemeinen Angestellte, die in der Lage sind, sich an das bestehende System anzupassen. In der Regel zahlt man dafür aber einen hohen Preis: Mitarbeiter, die sich ständig an das System anpassen, werden es irgendwann einmal bekämpfen, sich damit abfinden oder kündigen. Für die meisten Mitarbeiter bedeutet diese Anpassung Stress – und Sie als Manager werden den Preis dafür zahlen müssen, denn dieser Stress macht sich sowohl in den Leistungen als auch der Motivation Ihrer Mitarbeiter bemerkbar.

- Gibt es restriktive Kräfte, die die Motivation Ihrer Mitarbeiter untergraben, sollten Sie in Gemeinschaftsarbeit versuchen, das System zu ändern oder diese Kräfte zu schwächen oder zu eliminieren.

- Vorsicht vor suboptimalen Ergebnissen. Stellen Sie Ihren Mitarbeitern alles zur Verfügung, was sie für ihren Job brauchen – Mittel, Verantwortung, Lob, und Respekt, aber behalten Sie dabei immer das Gesamtsystem im Auge. Eine eingeschränkte Sicht kann großen Schaden für das Unternehmen anrichten, da bestimmte Maßnahmen in einer Abteilung Gutes bewirken können, dafür jedoch in einer anderen schwerwiegende Probleme verursachen.

- Denken Sie immer an das Wohl Ihres Unternehmens. Nur so können Sie und Ihre Mitarbeiter Ihren Beitrag zum Erfolg der Firma leisten.

10.

Das ganze Team motivieren

In der Geschäftswelt lernt jeder Manager zunächst alles Wissenswerte über Marketingstrategien, Produktion und natürlich die Finanzen. Dabei wird aber allzu häufig übersehen, dass das Herz eines Unternehmens seine Mitarbeiter und deren Beziehungen zueinander sind, und es vor allem auf ihre Fähigkeit ankommt, sich zu einem Team zu entwickeln. Teamgeist spornt die einzelnen Mitglieder in der Regel an, ihr Bestes zu geben. Deshalb wollen wir in diesem Kapitel die Vorteile von Teamarbeit hervorheben und Ihnen erklären, wie Sie diese treibende Kraft fördern können.

Der menschliche Aspekt der Teamarbeit

Gerade bei anspruchsvollen Tätigkeiten sind zwei Faktoren äußerst motivierend: Zum einen die Chance, mit anderen gemeinsam auf ein bestimmtes Ziel hinzuarbeiten und zum anderen die Möglichkeit, dadurch etwas Einzigartiges zu leisten. Treffen diese beiden Faktoren zusammen, stehen dem Team alle Möglichkeiten offen.

Damit in Ihrem Unternehmen im Team gearbeitet wird, müssen Sie als Manager selbst *motiviert* sein und andere *motivieren* können. Nur wenn Sie wissen, wie sich die Teammitglieder untereinander verstehen, können Sie den Teamgeist und die Motivation – die treibenden Kräfte eines Teams – fördern.

Die Grundvoraussetzung für eine effiziente Teamarbeit ist, dass

Ihre Mitarbeiter wissen, dass Ihnen ihr Wohl am Herzen liegt. Nur dann kommen Sie ihrem Bedürfnis nach Verständnis und Anerkennung, aber auch Sicherheit entgegen. Ein vertrauensvolles Verhältnis ist die Grundlage dafür, dass Ihre Mitarbeiter hoch motiviert sind und effiziente, gute Arbeit im Team leisten.

Geschickt managen

Miteinander ins Bett gehen   Welche Rolle spielen zwischenmenschliche Beziehungen für die Motivation und für den Teamgeist? Fragen wir doch einmal jemanden, der sich damit auskennt: Lee Iacocca, der die Leitung des stark angeschlagenen Konzerns Chrysler übernahm und dem es gelang, das Ruder herumzureißen.

Er beschrieb seine damaligen Erfahrungen einmal mit diesen Worten: »Die Mitarbeiter aus der Konstruktionsabteilung sollten eigentlich mit ihren Kollegen aus der Fertigung ins Bett gehen. Damals haben sie aber noch nicht einmal miteinander geflirtet.«

Zu den ersten Maßnahmen Iacoccas gehörte es, diese beiden Gruppen zusammenzubringen.

Sich um seine Mitarbeiter kümmern

Es kostet Sie oder Ihr Unternehmen doch nichts, wenn Sie Ihren Mitarbeitern zeigen, dass Ihnen ihr Wohl am Herzen liegt. Das Einzige, was Sie brauchen, ist Energie. Mit ein bisschen Aufwand können Sie dem Betriebskapital Ihres Unternehmen – der Belegschaft – zu ungeahnter Größe verhelfen.

Wenn Sie als Manager Ihre Mitarbeiter motivieren möchten, müssen Sie Ihnen zeigen, dass Ihnen etwas an ihnen liegt. Was das genau bedeutet? Nun, Manager, die sich um ihre Leute kümmern,

• inspirieren sie zu besserer Arbeit,

- sorgen dafür, dass sich die Mitarbeiter bei ihrer Arbeit wohl fühlen,
- kennen die Stärken ihrer Mitarbeiter und fragen sie, was ihnen Spaß macht,
- sorgen dafür, dass das Team mehr leistet als seine Mitglieder im Alleingang,
- behandeln ihre Mitarbeiter wie Kollegen und nicht wie Untergebene,
- regen ihre Mitarbeiter an, etwas Neues auszuprobieren,
- behandeln sie fair und stets freundlich,
- hören zu, was ihre Mitarbeiter zu sagen haben und
- sorgen dafür, dass Angestellte und Management im Team arbeiten.

Mit anderen Worten inspiriert ein Manager, der sich um seine Mitarbeiter kümmert, sie dazu, ihre Arbeit gewissenhaft zu erledigen und steigert ihre Motivation.

Geschickt managen

Interesse an den Mitarbeitern zeigen   Kein Mensch wird sich dafür interessieren, was Sie alles wissen, bevor er nicht weiß, welches Interesse Sie an ihm haben.

Das ist der Grund, weshalb Manager niemals durch Computer ersetzt werden können – zumindest keine Manager, die sich um ihre Mitarbeiter und ihre Arbeit kümmern und sie fördern.

Mitarbeiterführung sollte aus dem Herzen kommen

Der englische Begriff »encouragement« (was soviel wie *Anregung* heißt) ist eine Ableitung des lateinischen Wortes »cor«, Herz. Wenn Sie also Ihre Mitarbeiter zu Höchstleistungen anregen, bedeutet das, dass Sie mit ganzem Herzen dabei sind und ihnen beweisen, dass sie Ihnen am Herzen liegen. Sie führen Ihre Mitarbeiter also mit Gefühl.

Ist Ihnen diese Vorstellung unbehaglich? Kein Grund zur Aufregung, wir alle haben ja einmal gelernt, dass Gefühle in der Geschäftswelt nichts verloren haben. Mit folgender Geschichte wollen wir Ihnen einen kleinen Anstoß geben, über Gefühle in der Arbeitswelt nachzudenken:

Als Barbara Walters General Norman Schwarzkopf nach dem Golfkrieg interviewte, fragte sie ihn auch, wie er anderen in Erinnerung bleiben wolle. Seine Antwort lautete: »Als jemand, der seine Familie geliebt hat und der seine Truppen geliebt hat. Und als jemand, der von beiden geliebt wurde«. Vermutlich haben nur sehr wenige der Fernsehzuschauer eine solche Antwort erwartet.

Schwarzkopf hatte als General nahezu unbeschränkte Befehlsgewalt über seine Truppen; er hätte ihnen auch anordnen können, in den Tod zu gehen. Er kümmerte sich jedoch von ganzem Herzen um seine Soldaten und wollte auch, dass sie das wissen. Das mag als Erklärung dienen, warum seine Truppen viel mehr als ihre bloße Pflicht erfüllten.

Natürlich können Sie Ihre Mitarbeiter nicht herumkommandieren wie General Schwarzkopf, doch wenn Sie ihnen zeigen, dass sie Ihnen wichtig sind, fördern und unterstützen Sie sie, sind mit ganzem Herzen dabei und steigern ihre Motivation.

Praxistipps

Der ideale Nachruf Was könnte der Schlüssel zur optimalen Zusammenarbeit mit anderen Menschen sein? Versuchen Sie doch einmal Ihren idealen Nachruf zu leben. Oder überlegen Sie sich einen passenden Grabspruch und leben Sie danach.

Wie soll man Sie in Erinnerung behalten? General Schwarzkopf hatte eine einfache Antwort auf diese Frage: Als jemand, der seine Familie geliebt hat und der seine Truppen geliebt hat. Und als jemand, der von beiden geliebt wurde.

Nehmen Sie sich ein bisschen Zeit und überlegen Sie sich Ihren eigenen Nachruf. Formulieren Sie ihn schriftlich, nicht mehr als 25 Wörter. Hängen Sie diese Zeilen an einer Stelle auf, die Sie ständig im Blickfeld haben. Und dann leben Sie danach.

Ein motivierender Führungsstil ist eine Angelegenheit des Herzens

Manager, die die Motivation ihrer Mitarbeiter ernst nehmen, setzen sich mit dem eigenen Führungsstil, ihren Mitarbeitern und natürlich ihrem Unternehmen auseinander. Diese Fürsorge motiviert sie selbst und andere. Trifft das auch auf Sie und Ihre Mitarbeiter zu?

Wie zeigen Sie Ihren Mitarbeitern Ihre Fürsorge? Ganz einfach: durch Respekt vor ihnen und ihrer Arbeit. Ermöglichen Sie, dass Ihre Mitarbeiter die Arbeit möglichst selbstständig und eigenverantwortlich erledigen können. Diesen Punkt haben wir ja bereits angesprochen. Sorgen Sie in Ihrer Abteilung für Menschlichkeit. Kennen Sie diesen Spruch von Anthony Eden: »Nichts ist unerträglicher als Regeln, denen man blind gehorchen soll«?

Sie müssen Ihren Mitarbeitern zur Seite stehen, wenn es brenzlig ist und sie Unterstützung brauchen. Wenn Sie Ihre Mitarbeiter bitten, sich besonders anzustrengen oder ungewohntes und unsicheres Terrain zu betreten, hilft ihnen Ihre Unterstützung und Fürsorge dabei, den Stress zu bewältigen, der dabei entstehen kann.

Ihr Führungsstil sagt etwas darüber aus, wie es um Ihre Fürsorge bestellt ist. Vermitteln Sie Ihren Mitarbeitern doch einfach folgende Botschaft: »Wir sitzen alle im selben Boot – wir sind ein Team.«

Inwieweit erfüllen Sie die Anforderungen an eine Führungskraft? Das ist zwar die Schlüsselfrage, aber eine detaillierte Beantwortung würde den Rahmen dieses Buches sprengen. Alles, was Ihnen dieses Buch zum Thema Motivation vermittelt, gilt auch für Führungsqualitäten: Sie können Ihre Mitarbeiter leichter beeinflussen und führen, wenn Sie Teil des Teams sind.

Was ist konkret damit gemeint? So, wie Sie Ihre Mitarbeiter am besten motivieren, wenn Sie ihnen gute Gründe liefern, sich mit vollem Einsatz ihrer Arbeit zuzuwenden und sich weiterzuentwickeln, spricht es für Ihre Führungsqualität, wenn Sie ihnen ein leuchtendes Vorbild sind, dem sie nacheifern möchten. Die besten Führungskräfte arbeiten eng mit ihren Mitarbeitern zusammen und unterscheiden sich nicht durch ihren höheren Rang, sondern durch das höhere Maß an Verantwortung. Die folgenden klugen Worte von Jules Ormont verdienen einen Ehrenplatz in jedem Büro eines Managers: »Ein guter Anführer stellt sich niemals über seine Untergebenen, er unterscheidet sich von ihnen nur dadurch, dass er mehr Verantwortung trägt.«

Begeisterung ist ansteckend

Damit Sie andere motivieren können, müssen Sie selbst motiviert sein. Diese Art der Motivation von Führungskräften muss tief aus dem Bauch kommen, aus dem Wunsch, etwas Wichtiges zu erreichen und durch die eigene Arbeit wirklich etwas zu bewegen. Ist diese Begeisterung vorhanden, springt der Funke der Leidenschaft auch auf Ihre Mitarbeitern über, denn echte Begeisterung ist ansteckend.

Um Ihre Mitarbeiter aus dem Herzen führen zu können, muss Ihnen Ihre Tätigkeit etwas bedeuten. Es geht nicht nur um Geld, Macht und klangvolle Titel, sondern darum, etwas Besonderes leisten zu wollen, sich von anderen abzuheben und die Dinge zum Besseren zu wenden.

Vorsicht!

Ganz ohne Zwang   Man kann unmöglich effiziente Arbeit als Manager leisten, wenn man dabei Gewalt oder Zwang anwendet. Der ehemalige General und Präsident der USA, Dwight D. Eisenhower, hat einmal gesagt: »Niemand führt andere, wenn er ihnen einen Schlag versetzt – das ist Körperverletzung, aber kein Führungsstil.«

Wenn Ihnen Ihr Job am Herzen liegt, werden Ihnen harte Arbeit und Stress wenig ausmachen. Dasselbe gilt auch für Ihre Mitarbeiter.

Mit Ihrer positiven und fürsorglichen Einstellung motivieren Sie auch Ihre Mitarbeiter, sich Gedanken über ihre Arbeit, ihre Kollegen und die Firma zu machen. So bauen Sie ein Team auf, das gemeinsame Ziele erreichen will.

Ein Team bilden: Was hat das mit Liebe zu tun?

Ein wichtiges menschliches Bedürfnis ist das nach Liebe und Anerkennung. Übertragen Sie dieses Bedürfnis auf die Arbeitswelt und Ihr Team, dann wird klar, dass es zu Ihren Aufgaben als Manager gehört, sich liebevoll um Ihre Mitarbeiter zu kümmern. Diese Art der Liebe entsteht, wenn man ein gemeinsames Ziel – die Arbeit – verfolgt.

Da wir gerade von Managern reden, die ihre Mitarbeiter auf gewisse Weise lieben: Da kommt uns unweigerlich Herb Kelleher in den Sinn. Es gibt zahlreiche Manager der Marke »hartgesotten«, für die es nichts Schlimmeres gibt, als die Begriffe Arbeitsplatz und Liebe in einem Atemzug zu hören. Nicht so Herb. Es ist wirklich wahr, dass an der New Yorker Börse für Southwest Airlines das Tickersymbol LUV (Love, Liebe) verwendet wird.

Ein gutes Team, das einen harmonischen Umgang pflegt, hängt weitgehend davon ab, inwieweit auch der Führungsstil des Managers von positiven Gefühlen geprägt ist. Natürlich kommt es aber auch auf die einzelnen Teammitglieder an. Dazu schreibt Kelleher in seinem Buch *NUTS! Southwest Airlines' Crazy Recipe for Business and Personal Success* (1996): »Wir suchen extrovertierte Mitarbeiter, die sich um ihre Mitmenschen kümmern und ihnen von ganzem Herzen helfen möchten.«

Wie Mitarbeiter zeigen,
dass sie sich um andere kümmern

Ebenso wie Ihr Umgang mit Ihren Mitarbeitern von liebevollen und fürsorglichen Gefühlen geprägt sein muss, gehört es zu Ihren Aufgaben als Manager, dafür zu sorgen, dass sich Ihre Mitarbeiter umeinander kümmern. Woran merken Sie, dass dies der Fall ist? Woher können Sie wissen, dass Ihren Mitarbeitern das Wohl ihrer Kollegen tatsächlich *am Herzen* liegt? Nachfolgend ein paar Indizien dafür:

- Teammitglieder nehmen auch Unannehmlichkeiten auf sich, um anderen zu helfen.
- Teammitglieder sind geduldig und fürsorglich im Umgang miteinander.
- Für Teammitglieder sind Liebe und Fürsorge ein Willensakt, zu dem sie sich entschieden haben.
- Teammitglieder freuen sich am Erfolg ihrer Kollegen. Neid und Eifersucht kommen nicht vor.
- Teammitglieder zeigen Mitgefühl und Verständnis für die Lage ihrer Kollegen. Sie identifizieren sich mit dem Leid anderer und haben den festen Vorsatz, ihnen zu helfen.
- Teammitglieder verzeihen sich gegenseitig. Sie sind der festen Überzeugung, dass ihre Kollegen es zu schätzen wissen, wenn ihnen verziehen wird, und sie in Zukunft verantwortungsbewusster handeln werden.

Praxistipps

Wir dürfen unser Leben nicht verschwenden   Nach James A. Autry bietet die Arbeit die Chance auf geistiges, persönliches und finanzielles Wachstum. Träte das nicht ein, würden wir einen Großteil unseres Lebens verschwenden.

Bitte beantworten Sie diese Frage: Lassen Sie es zu, dass Ihre Mitarbeiter ihr Leben vergeuden? Oder versuchen Sie nach besten Kräften, das Beste aus Ihrer gemeinsamen Zeit zu machen?

Wie gut können Sie Ihre Mitarbeiter durch Worte und Taten dazu anzuregen, sich umeinander zu kümmern? Manchmal fällt es schwer, sich natürlich zu verhalten und für andere da zu sein, weil das am Arbeitsplatz eher ungewöhnlich ist und mit Skepsis beobachtet wird. Aus diesem Grund rümpfen viele Menschen voller Misstrauen ihre Nase, wenn sie von Southwest Airlines hören, da dieses Unternehmen durchaus eine Sonderstellung innehat.

Wie können Sie als Manager für einen liebevollen Umgang innerhalb des Teams sorgen?

Was können Sie tun, damit sich Ihre Mitarbeiter gegenseitig unterstützen und die Arbeit im Team optimal klappt? Hier einige Tipps:

1. Seien Sie Ihren Mitarbeitern nicht böse. Verzeihen Sie eventuelle Fehler und sorgen Sie dafür, dass sie aus Fehlern lernen. Auf diese Weise sind Sie ein gutes Vorbild für den Rest des Teams.
2. Praktizieren Sie die goldene Regel.
3. Zeigen Sie Ihren Mitarbeitern, dass Sie sich sowohl privat als auch beruflich für sie interessieren.
4. Stehen Sie dazu, dass auch Sie auf die Unterstützung und das Wohlwollen Ihrer Mitarbeiter angewiesen sind.
5. Fürsorge ist mehr als ein bloßes Lippenbekenntnis, ist aber der Mühe wert. Sie müssen sich Tag für Tag aufs Neue bewusst dafür entscheiden und sich entsprechend verhalten.

Macht ein liebevoller Umgang sowohl in der Mitarbeiterführung als auch in Sachen Motivation tatsächlich so einen großen Unterschied? Nun, die Begriffe »Liebe« und »liebevoller Umgang« bedeuten in diesem Zusammenhang, dass Ihnen wirklich etwas an Ihren Mitarbeitern und deren Erfolg liegt, dass Sie sich darüber freuen, wenn ihnen ihre Arbeit gelingt und dass Sie ihnen helfen, wann immer sie Ihre Unterstützung brauchen.

Geschickt managen

Zusammen arbeiten   »Zusammen kommen ist der Anfang, zusammen bleiben der Fortschritt, und zusammen arbeiten der Erfolg.« *Henry Ford*

Henry Ford wusste um die Bedeutung von Motivation und Teamarbeit. Er hat der Welt gezeigt, was Produktivität heißen kann, wenn sich Arbeiter gemeinsam anstrengen.

Warum ist Teamarbeit so wichtig?

In manchen Unternehmen spielt die Teamarbeit deswegen eine so große Rolle, weil immer mehr Aufgaben nur abteilungsübergreifend erledigt werden können. In anderen Firmen dagegen ist Teamarbeit der Versuch, gegen Personalabbau und Umstrukturierungen anzugehen.

Moderne Teams und Teams von früher unterscheiden sich wesentlich. Es ist für uns nichts Außergewöhnliches mehr, wenn Teams entsprechend befugt sind und eigene Entscheidungen fällen können. Viele Manager weisen ihre Teams mit diesen Worten an: »Sie müssen selbst entscheiden, was jetzt wie erledigt werden muss.«

Die Teamarbeit an sich ist natürlich ein weitaus komplexerer Vorgang, als wenn ein Mitarbeiter alleine vor sich hinwerkelt. Im Team funktioniert es nicht, dass einer allein entscheidet, was wie getan wird. Manchmal dauert es auch ein wenig länger, bis ein Team mit einer Arbeit fertig wird, schließlich muss man sich ja über die jeweilige Vorgehensweise einigen.

Nun fragen Sie sich vielleicht, warum Sie überhaupt darüber nachdenken sollten, ein Team zu bilden. Kleiner Trost: Mit dieser Frage stehen Sie nicht alleine da – Tausende von Managern haben sie sich auch schon gestellt – und werden es vermutlich immer wieder tun, vor allem, wenn es mit einem Team einmal nicht so optimal gelaufen ist. Trotzdem ist die Antwort auf diese Frage ganz einfach: Im Allgemeinen überwiegen die Vorteile von Teamarbeit ihre Nachteile. Hier eine kurze Liste der wichtigsten Vorteile:

- Im Team werden Probleme schneller bewältigt.
- Teamarbeit löst einen Energieschub aus.
- Im Team lassen sich unterschiedliche Wissensstände, Erfahrungen und persönliche Eigenschaften optimal nutzen.
- Die Teammitglieder sind in der Lage, gemeinsam Arbeitsabläufe zu verbessern und somit Zeit und Kosten zu sparen.
- Die Arbeit im Team stärkt das Wir-Gefühl und bietet Sicherheit.
- Da die meisten Aufträge von mehreren Mitarbeitern bearbeitet werden müssen, macht Teamarbeit schlicht und ergreifend Sinn.

Bildet eine Gruppe von Mitarbeitern ein Team, entsteht das Gefühl der Gemeinschaft, gemeinsam verfolgter Ziele und Interessen. Es hängt natürlich von Ihren Fähigkeiten und Ihrem Feingefühl ab, ob ein dauerhaft zusammen arbeitendes oder projektbezogenes Team erfolgreich ist.

Was können Sie also tun, um Ihr Team in erfolgversprechende Bahnen zu leiten? Denken Sie immer daran, Sie als Manager sind auch hier tonangebend. Ihr Verhalten und Ihre Handlungen bestimmen das Klima, in dem Ihr Team arbeiten muss. Sie müssen von Anfang an auf den *Erfolg* Ihres Teams hinarbeiten. Wie das geht? Lesen Sie selbst:

1. Verdeutlichen Sie Ihrem Team Sinn und Zweck seiner Arbeit und geben Sie das Ziel eindeutig vor.
2. Gestatten Sie Ihrem Team, eigene Regeln aufzustellen.
3. Sorgen Sie dafür, dass Spaß und Humor nicht zu kurz kommen.
4. Ihr Team muss befugt sein, eigene Entscheidungen zu treffen und entsprechend zu handeln.
5. Stehen Sie Ihrem Team im Bedarfsfall zur Seite und halten Sie Ihre Versprechen.
6. Lassen Sie Ihr Team selbstständig Probleme lösen.
7. Ihr Team muss auch finanzielle Entscheidungen fällen können. Weisen Sie ihm einen bestimmten Etat zu.

8. Machen Sie sich auf Höhen und Tiefen gefasst. In manchen Phasen des Projekts läuft alles toll, in anderen klappt es weniger gut.
9. Sorgen Sie dafür, dass Ihr Team sein eigenes Belohnungssystem aufstellt.
10. Fördern Sie Teamgeist und Stolz auf die getane Arbeit.

Teamgeist verbindet

Vor allem der letzte Punkt aus der aufgeführten Liste ist für den Erfolg des Teams entscheidend. Teamgeist schweißt die Menschen zusammen, ist die treibende Kraft in einem Team, ein gemeinsames Ziel zu verfolgen.

Sie als Manager können Ihr Team noch stärker motivieren, indem Sie den Teamgeist nicht nur im Team fördern, sondern auch selbst ausstrahlen. Es hebt die Motivation und die Arbeitsmoral, wenn Sie Ihren Mitarbeitern zeigen, dass Sie an Ihr Team glauben und es tatkräftig unterstützen.

Fachbegrifffe

Synergie   Synergie ist das Ergebnis mehrerer Interaktionen, wobei die Gesamtsumme größer ist als die Summe seiner einzelnen Teile. Anders ausgedrückt erreichen Mitarbeiter im Team mehr, als es allen einzeln möglich wäre.

Höchste Synergie wird dann erreicht, wenn sich das Team aus Menschen mit den unterschiedlichsten Fähigkeiten und Erfahrungen zusammensetzt, wenn es ihm gelingt, Konflikte erfolgreich zu bewältigen, wenn die Arbeit Spaß macht und sich alle auch dann noch wohl fühlen, wenn es einmal Schwierigkeiten zu überwinden gilt.

Im Sport ist Teamgeist für uns alle völlig selbstverständlich. Doch wie sieht es damit in der Geschäftswelt aus? Schauen wir uns doch einmal ein Beispiel an:

USAA ist der Stolz von ganz San Antonio, Texas. Und das zu Recht. Diese Versicherungsgesellschaft weiß definitiv, wie sich Motivation und Leistungsbereitschaft ihrer Mitarbeiter auf hohem Niveau halten lassen. Gerade in der Versicherungsbranche sind hoch motivierte Mitarbeiter eher selten.

USAA fördert den Teamgeist auf unterschiedliche Weise. Das Unternehmen, das auf der Liste der 500 besten Arbeitgeber Amerikas immerhin auf Rang 88 steht, unterhält fünf betriebliche Kindertagesstätten auf dem Betriebsgelände, und etwa 80 Prozent der Belegschaft arbeit nur an vier Tagen die Woche. USAA ist auch für seine exzellenten firmeninternen Schulungen bekannt. Diese Firma wächst und gedeiht – ebenso wie ihr Gewinn!

Aus der Praxis

Teamgeist fördern   Im Zusammenhang mit Teamgeist denkt wohl jeder von uns sofort an Sport. In den meisten Fällen bleibt es bei dieser Analogie.

Nicht so bei USAA, einer führenden Versicherungsgesellschaft, die im Januar 1998 Platz 88 auf der Liste der besten Arbeitsgeber Amerikas einnahm. USAA motiviert seine Mitarbeiter und deren Teamgeist auf unterschiedlichste Art und Weise. So können die Mitarbeiter auf dem Betriebsgelände Softball, Fußball, Tennis und Golf spielen, und es gibt mehrere Fitness-Center.

Vielleicht können Sie Ihren Mitarbeitern diese Sportanlagen nicht bieten, aber auch Ihnen stehen bestimmt Möglichkeiten offen, den privaten und beruflichen Kontakt Ihrer Mitarbeiter zu fördern.

Möglicherweise sind Kindertagesstätten, die vier-Tage-Woche oder Schulungen in Ihrem Unternehmen nicht geplant. Trotzdem können Sie sich die Erfahrung und den Erfolg von USAA zunutze machen, indem Sie die folgenden Punkte – die Firmenpolitik von USAA – befolgen:

- Übertreffen Sie die Erwartungen der Kunden.
- Leben Sie nach der goldenen Regel.

- Seien Sie eine Führungspersönlichkeit.
- Leisten Sie Ihren Beitrag.
- Vorzüglichkeit muss Ihr Motto lauten.
- Arbeiten Sie im Team.
- Teilen Sie Ihr Wissen mit anderen.
- Machen Sie nichts komplizierter als es ist.
- Hören Sie gut zu und reden sie miteinander.
- Vergessen Sie den Spaß bei der Arbeit nicht.

Eigenverantwortliche Teams managen

Im Allgemeinen gilt, dass Teams umso erfolgreicher werden, je länger sie zusammenarbeiten. Da sich die Beziehungen der Teammitglieder mit der Zeit vertiefen, verfolgen sie gemeinsam dasselbe Interesse, ihre Aufgabe zu erledigen, und es wird für alle selbstverständlich, sich immer weiter zu steigern.

Durch die gemeinsame Arbeit lernen die Mitarbeiter, wie sie sich zu einer produktiven Gruppe entwickeln. Gleichzeitig lernen sie aber auch, selbstständiger zu werden.

Vorsicht!

Teamgeist lässt sich nicht erzwingen Widerstehen Sie der Versuchung, zu viel des Guten für Ihre Teams und den Teamgeist zu tun.

Teamgeist lässt sich nicht von oben nach unten verordnen oder erzwingen. Schöpfen Ihre Mitarbeiter auch nur den leisesten Verdacht, dass es sich um eine Managementtechnik handelt, ist es mit dem Teamgeist aus und vorbei. Lassen Sie also Ihre Mitarbeiter selbst entscheiden, was sie für ihre Arbeit brauchen und warten Sie ab, bis Sie darum gebeten werden. Ersticken Sie Ihre Mitarbeiter nicht mit Hilfsangeboten Ihrerseits – sonst erwecken Sie unter Umständen den Eindruck, permanent alles kontrollieren zu wollen.

Teamgeist entsteht von selbst, wenn die Zusammenarbeit klappt und man sich mit den einzelnen Mitgliedern, dem Team als Ganzem und der Zielsetzung identifizieren kann. Teamgeist gibt es nicht auf Rezept – Sie können nur dafür sorgen, dass das Umfeld stimmt und dem Teamgeist förderlich ist.

Teammitglieder lernen, die Initiative zu ergreifen, nicht nur wenn es darum geht, Probleme zu lösen und Verbesserungen in vollem Umfang zu nutzen, sondern auch wenn es gilt, eventuelle Schwierigkeiten und sich auftuende Möglichkeiten bereits im Vorfeld zu erkennen. Mit der Zeit sind die Mitglieder immer weniger auf Ihre Hilfe als Manager angewiesen, bis sie irgendwann fast alles alleine erledigen können.

Ist Ihr Job dann gefährdet oder überflüssig? Nein, denn Ihre Aufgabe ist und bleibt es, Ihre Teams zu unterstützen.

Eigenverantwortliche Teams unterstützen

Sie haben sich also dazu entschieden, Ihr Team einfach machen zu lassen? Glückwunsch – und Beileid! Irgendwie ist es so ähnlich, als ginge Ihr Kind zum ersten Mal in die Schule, oder? Eigentlich verspüren Sie den dringenden Wunsch, Ihr Kind an der Hand zu nehmen und es den ganzen Tag zu begleiten, aber Sie wissen nur allzu gut, dass es besser ist, sich zurückzulehnen und den Dingen ihren Lauf zu lassen.

Glücklicherweise gibt es einige Strategien, mit deren Hilfe sich der Erfolg Ihres Teams so gut wie sicher einstellen wird. Und hier sind sie:

- Besprechen Sie mit Ihren Mitarbeitern, was es bedeutet, im eigenverantwortlichen Team zu arbeiten. Klären Sie in jedem Fall Zuständigkeiten und Befugnisse.

- Erläutern Sie die logische Grundlage für die Arbeit eines selbstständigen Teams.
- Legen Sie gemeinsam mit Ihren Mitarbeitern die Erfolgskriterien fest.
- Unterstützen und bestätigen Sie den Teamleiter.
- Liefern Sie kontinuierlich positives Feedback, gehen Sie insbesondere auf die erreichten Erfolge des Teams ein – das motiviert!
- Stellen Sie klar, wie der Einzelne von der Arbeit im Team profitiert.

Fachbegriffe

Eigenverantwortliches Team   Damit ist ein Team gemeint, das sich ohne direkte Kontrolle um seine Projekte kümmert. Allein das Team ist für alle Entscheidungen und Vorgehensweisen verantwortlich.

Die Kreativität in Teams fördern

Ganz im Gegensatz zur weit verbreiteten Annahme hat Kreativität nicht unbedingt etwas mit Spontaneität zu tun und entspringt auch nicht irgendeinem Gen, das wir möglicherweise von unseren Ahnen geerbt haben. In der Praxis müssen wir teilweise *planen*, spontan zu sein.

Stellen Sie Ihren Mitarbeitern Zeit und Raum zur Verfügung, damit sie ihre Kreativität entfalten können. Schon bald wird jeder kreativer sein und aktiv zum Brainstorming beitragen.

Wenn Sie Ihre Mitarbeiter dazu bringen, ihre gewohnten Denkbahnen zu verlassen und Fantasie zu entwickeln, werden ihnen Lösungen für Probleme einfallen, von denen sie – und Sie selbst – nicht einmal wussten, dass sie überhaupt existierten. Mitarbeitern fallen, wenn wir sie nur lassen, überraschend hilfreiche, effiziente und sogar profitable Lösungen ein, die wir uns in unseren kühnsten Träumen nicht hätten vorstellen können. Teamarbeit und Kreativität gehen Hand in Hand.

Praxistipps

TEAMWORK Hier ein kreativer Vorschlag: Denken Sie sich ein Team-Akronym aus, das heißt, Sie bilden aus den Buchstaben eines Wortes lauter neue Begriffe, die dann auch noch einen vernünftigen Satz ergeben. Wir haben uns für Teamwork entschieden:

Together (zusammen)
Everyone (jeder)
Accomplishes (erreicht)
More (mehr)
With (mit)
Organization, (Organisation,)
Responsibility, and (Verantwortung und)
Knowledge (Wissen)

Im Deutschen funktioniert es aufgrund der Satzstellung natürlich nicht, aber wir sind uns sicher, dass Ihnen bestimmt ein passender Begriff einfallen wird. Übrigens, Akronyme sind nicht für jedes Team geeignet, aber bei den meisten verstärken sich dadurch das Zusammengehörigkeitsgefühl, das planmäßige Vorgehen und die Motivation.

Teams, Teams, Teams

Wie wir bereits zu Anfang dieses Kapitels erläutert haben, steht und fällt ein Unternehmen mit seinen Mitarbeitern und ihren Beziehungen zueinander. Mitarbeiter sind das Herz und die Seele, Kopf und Bauch unserer Firmen (siehe Kapitel 9). Kluge Manager wissen sich die vielen Vorteile der Beziehung ihrer Mitarbeiter zueinander zunutze zu machen und damit für einen Motivationsschub zu sorgen.

Vielleicht gelingt es Ihnen ja, dass sich Ihre Mitarbeiter zu eigenverantwortlichen Teams entwickeln. Dann herzlichen Glückwunsch. Es könnte aber auch sein, dass das Arbeitsklima in Ihrem Unternehmen dafür nicht geeignet ist. Trotzdem können Sie das Wir-Gefühl Ihrer Mitarbeiter fördern. Was Sie davon haben? Na, zum Beispiel: Mitarbeiter, die motiviert sind, immer noch mehr zu geben und noch besser zu sein. Das Zusammengehörigkeitsgefühl ist das A und O der Motivationssteigerung in Teams.

Checkliste für Ihren Erfolg

- In der Geschäftswelt geht es um Menschen und ihre Beziehung zueinander. Kluge Manager setzen auf Teamarbeit, da im Team mehr erreicht wird, und sich die Teammitglieder gegenseitig motivieren.
- Gemeinsam sind wir stark – das gilt insbesondere für Teams. Vor allem zwei Punkte entscheiden über den Erfolg eines Teams: Zum einen der Wunsch, etwas zu bewirken und zum anderen der Wille, für andere da zu sein. Ersteres hilft uns, über unseren eigenen Tellerrand hinauszusehen und gemeinsam mit anderen das große Ziel zu verfolgen, während uns zweiteres motiviert, unsere Arbeit im Team und die dabei entstehenden Beziehungen als sinnvoll und wertvoll zu empfinden.
- Motivierende Manager wissen, worauf es bei der Mitarbeiterführung ankommt, und kümmern sich um ihre Leute und die Firma. Diese Fürsorge spiegelt sich im Umgang mit den Mitarbeitern wider.
- Psychologen behaupten, dass unser Wunsch nach Liebe und Anerkennung am stärksten ausgeprägt ist. Lautet Ihr Ziel kreative und effektive Teamarbeit, müssen Sie einen liebevollen Umgang mit Ihren Mitarbeitern pflegen, sie ermutigen und inspirieren – nicht nur durch schöne Worte, sondern auch durch Taten.
- Zur Teamarbeit gehört der Teamgeist. Diese unglaublich starke Antriebskraft schweißt die Menschen zusammen

und sorgt dafür, dass sie das gemeinsame Ziel beharrlich verfolgen. Motivieren Sie Ihr Team und fördern Sie den Teamgeist, indem Sie Ihren Mitarbeitern die Initiative überlassen, auch wenn es um neue Aufgaben oder Lösungen dringlicher Probleme geht. Ermutigen Sie Ihre Mitarbeiter zu kreativem Denken: Teamarbeit und Kreativität gehen Hand in Hand.

11.
Das synergistische Potenzial
voll ausschöpfen

Die Kapazität des menschlichen Hirns ist nahezu unbegrenzt und übertrifft in Sachen Komplexität und Leistung sogar die modernste Technologie: Es kann pro Sekunde bis zu 30 Milliarden Bits an Informationen verarbeiten, ein Computer bräuchte für dieselbe Rechenleistung Kabel mit einer Länge von etwa 10 000 Kilometern. Die erforderliche Energie ist kostengünstig und reichlich vorhanden: Sauerstoff aus dem Blut und etwas Glukose.

Das Zusammenspiel von Gehirn und Nervensystem – ein unglaubliches Netzwerk mit Nervenfasern von über 160 000 Kilometern Länge – könnte als Synergie bezeichnet werden. Über dieses Netzwerk, das sich aus Abermilliarden von Neuronen zusammensetzt, interpretiert das Nervensystem die von den Organen empfangenen Informationen und sendet diese dann an das menschliche Gehirn, was dann wiederum die entsprechenden Befehle an die Muskeln weiterleitet.

Alles in allem ein synergistisches Wunderwerk. Sämtliche Teile des Systems sind perfekt aufeinander abgestimmt und vollbringen jede Minute wahre Meisterleistungen.

Denken Sie nun einmal an Ihre Mitarbeiter. Als Manager und Führungskraft haben Sie die Möglichkeit, ihr synergistisches Potenzial voll auszuschöpfen. Ihre Mitarbeiter sind mit allen notwendigen »Kabeln« im Gehirn ausgestattet. Das Einzige, was Sie tun müssen, ist, sich diese synergistische Energie zunutze zu machen, damit Sie die gewünschten Resultate erzielen.

In diesem Kapitel wollen wir uns damit befassen, wie Sie die motivierende Kraft des Synergieeffekts in Ihrem Unternehmen freisetzen können.

Im Team aus dem Vollen schöpfen

Seite an Seite miteinander zu arbeiten ist eine großartige Gelegenheit für Ihre Mitarbeiter, sich gegenseitig zu helfen, zu inspirieren und voneinander zu lernen. Unglücklicherweise leidet das Zusammengehörigkeitsgefühl der Belegschaft stark unter Personalkürzungen und Umstrukturierungen – auch wenn alles daran gesetzt wird, Teams zu bilden, wie in Kapitel 10 beschrieben wurde. Einem klugen Manager gelingt es trotz dieser widrigen Umstände, das Wir-Gefühl unter seinen Mitarbeitern zu fördern und aus dem synergistischen Potenzial zu schöpfen.

Arbeiten Menschen in Gruppen oder zumindest paarweise, können Sie dazu beitragen, dass sie zur Höchstform auflaufen. Synergie entsteht auch dann, wenn Angestellte ihre Kollegen beobachten und miterleben, wie sie ihre Arbeit richtig erledigen. Dem Erfolg anderer beizuwohnen, kann motivierend sein, da sich das Gefühl einstellt: »Hey, was der oder die kann, kann ich auch.« Schon bald danach werden Sie sich an den Folgen dieses Motivationsschubs erfreuen können.

Das ist doch genau Ihr Ziel, oder? Sie möchten das Zusammengehörigkeitsgefühl unter Ihren Mitarbeitern stärken. Ihnen liegt viel daran, Synergie zu fördern und ein Arbeitsklima zu schaffen, in dem sich die Menschen wohl fühlen und Teil der großen Familie sein wollen.

Erfolg ist ansteckend

Erfolg ist ansteckend. Wir alle stimmen diesem Spruch zu, wissen aber eigentlich nicht genau, warum. Aus diesem Grund wollen wir Ihnen nun von Sam, einem zehnjährigen Jungen, und seiner Erfahrung mit dem Baseballteam Little League erzählen.

Die Spielsaison war kurz vor ihrem Ende. Sam war am Boden zerstört. Wieder einmal hatte er den Ball nicht getroffen. Er ärgerte sich zwar mordsmäßig darüber, war aber nicht sonderlich überrascht. Schließlich hatte er die ganze Saison über keinen einzigen Treffer erzielt. Er verließ das Spielfeld mit den Tränen kämpfend. Seine Pechsträhne war ihm nicht nur peinlich, er war auch völlig frustriert. Little League würde in Zukunft wohl ohne ihn auskommen.

Als nächster war Sams bester Freund Marty an der Reihe. Auch er hatte noch keinen einzigen Treffer gemacht, woran sich auch in den nächsten Minuten nichts änderte. Langsam schlich Marty zu Sam auf die Spielerbank und setzte sich völlig enttäuscht neben ihn.

Auf der Heimfahrt versuchte Sams Mutter die beiden Freunde zu trösten: »Hört mal, Jungs, es ist doch bloß ein Spiel. Ihr habt euer Bestes gegeben – und es ging doch um nichts.« Sams Vater nickte zustimmend.

Das war zuviel für Sam: »Oh doch! Ich schaffe es einfach nicht, diesen blöden Ball zu treffen. Weißt du eigentlich, dass Marty und ich die Einzigen sind, die in der ganzen Saison noch keinen Treffer erzielt haben? Alle in der Schule machen sich über uns lustig oder beschimpfen uns. Wir sind die totalen Verlierer«, brach es aus ihm heraus. Marty sagte gar nichts.

Nun schaltete sich Sams Vater ein: »Okay, Jungs. Die Saison dauert noch drei Monate. Ab morgen trainieren wir jeden Tag. Und das Einzige, was wir üben werden, ist den Ball zu treffen. Was meint ihr?«

Die beiden Jungen stimmten seinem Vorschlag zu, weil sie der Überzeugung waren, dieser Plan könnte helfen.

Am nächsten Tag trafen sich Sam, Marty und Sams Vater nach der Schule im Park. Sams Vater zeigte den Jungen alle Tricks, den Ball zu treffen.

»Gut, Marty, und jetzt mit vollem Schwung und den Schläger gerade halten. Genau so. Super, Junge. Und noch mal. Schau auf den Ball. Du musst voll draufhauen. Na, mach schon. Du musst beobachten, wohin der Ball fliegt.«

Jeden Nachmittag nach der Schule ging das stundenlang so

weiter. Endlich war Wochenende, und die Jungen mussten zu einem Freundschaftsspiel antreten.

Zur Verwunderung aller gelang Marty ein Doppel. Ein breites Grinsen zog sich über sein Gesicht, man konnte ihm ansehen, wie glücklich er war, als er auf dem zweiten Base stand.

Auch Sams Vater war mächtig stolz auf ihn. Plötzlich dachte er mit Schrecken an seinen Sohn und wie furchtbar es wäre, wenn ihm kein Treffer gelänge. Er betete darum, dass sich Sam an das Training und die vielen Tricks erinnerte.

Jetzt war Sam als Schläger an der Reihe. Den ersten Ball verpasste er um Haaresbreite. Beim zweiten Ball machte Sam einen Schlagfehler. Er stand da und wusste genau, dass er nur noch eine letzte Chance hatte.

»Bitte«, dachte sein Vater, »denk dran, was ich dir beigebracht habe!«

Den nächsten Ball verwandelte Sam in einen Homerun! Als die beiden Jungen die dritte Base hinter sich gelassen hatten und zur Homebase rannten, sprangen ihre Spielkameraden von den Bänken, und der Jubel nahm kein Ende. Natürlich gewann ihr Team.

Und die Moral von der Geschichte: Warum denn nicht ich?

Auf dem Heimweg hielt Sams Vater bei einem Italiener an, um den Sieg mit einer Runde Eiscreme gebührend zu feiern. Er war auch mit sich selbst ziemlich zufrieden. »Ich bin ja so stolz auf euch beide! Ein Doppel und ein Homerun! Das Training hat sich ja wirklich gelohnt, oder?«

Sam schaute seinen Vater an, als ob er sagen wollte: »Na, du hast aber nicht viel kapiert, oder?«

Sams Vater konnte sich keinen Reim auf diesen Blick machen und fragte nach, was das Training ihrer Meinung nach gebracht hatte.

»Also, Dad«, platzte Sam heraus, »es war echt lieb von dir, dass du uns geholfen hast. Aber unser Training hatte nichts mit meinem

Homerun zu tun. Als ich sah, wie Marty der Doppel gelang, habe ich mir gedacht: ›Was Marty kann, kann ich auch!‹«

Aus dieser Geschichte lernen wir: Es spielt keine Rolle, wie sehr Sie Ihre Mitarbeiter schulen oder anleiten, sie müssen ihren Erfolg selbst wollen und an ihn glauben. Genau das passierte, als Sam Marty beobachtete. Er glaubte felsenfest daran, dass er genauso gut sein konnte wie Marty. Dieser Glaube an seine Fähigkeit brachte ihm letztendlich den gewünschten Sieg, weil auf einmal die nötige Motivation vorhanden war.

Was hat denn eigentlich das Training gebracht? Das werden wir nie wissen. Doch ein guter Trainer wertet den Sieg seiner Mannschaft nicht als persönlichen Verdienst. Ihn interessiert nur, wie gut seine Spieler sind und wie sie sich auf Erfolg »programmieren« lassen.

Geschickt managen

Der Wunsch nach Erfolg   Denken Sie bitte immer daran, dass Motivation aus uns selbst kommt. Sie können nur an diese bereits vorhandene Motivation appellieren und versuchen, sie zu verstärken. Geben Sie Ihren Mitarbeitern die Möglichkeit, zu lernen, das Gelernte umzusetzen und zu gewinnen!

Wenn Sie Ihre Mitarbeiter häufig ermutigen und unterstützen, werden sie an ihren persönlichen Erfolg glauben, und jeder Teilsieg wird einen weiteren nach sich ziehen, da sie ihre Kräfte bündeln und gemeinsam ihr Potenzial erkennen werden.

Lernen am Vorbild

Wir alle können wohl ganz leicht nachvollziehen, weshalb Sam sich dachte: »Das kann ich auch!«, als er Marty während des

Spiels beobachtete. Diese Reaktion ist völlig normal, Alter oder Umstände spielen dabei keine Rolle. Auch als Manager können Sie sich diese Reaktion zunutze machen: Beobachten Sie andere Abteilungen oder Unternehmen, die großartige Erfolge vorweisen und nehmen Sie sich ein Beispiel daran.

Zwei Manager eines Call-Centers verbrachten einmal einen ganzen Nachmittag damit, sich die Telefonate anzuhören, die ein leitender Angestellter mit den Kunden führte. Gegen Ende dieses Arbeitstags waren beide Manager motiviert und geradezu versessen darauf, es einmal selbst auszuprobieren. Sie konnten es nicht fassen, dass diese Beobachtung sie dazu anregte, ein kreatives Brainstorming durchzuführen und ihre gewohnten Denkbahnen zu verlassen. Beide Manager kamen zu dem Schluss: »Wenn der Abteilungsleiter das kann, können wir das auch!«

Wenn Sie sich optimale Praktiken zum Maßstab setzen, indem Sie sämtliche Informationen darüber einholen – unterschiedliche Quellen heranziehen und auswerten – und die Erfolge als Bezugsgröße festlegen, an der Sie sich orientieren, bringt das zwei entscheidende Vorteile. Der erste liegt auf der Hand: Sie können die Qualität Ihres Unternehmens entscheidend verbessern. Der zweite ist etwas versteckt: Benchmarking kann einen wahren Motivationsschub auslösen.

Fachbegriffe

Benchmarking Sie lernen mit dieser Methode – der Festlegung von Bezugsgrößen und dem anschließenden Vergleich – von anderen. Zunächst müssen Sie herausfinden, welche Abteilung oder welches Unternehmen unangefochtener Spitzenreiter ist. Dann sammeln Sie sämtliche Informationen – firmeninterne oder externe – darüber und werten sie aus. Nun vergleichen Sie Ihre Abteilung mit anderen und legen fest, welche Arbeitsabläufe zu verbessern sind.

Nachfolgend ein paar Tipps, wie Sie dabei vorgehen können:

1. Schritt: Stellen Sie ein Benchmarking-Team zusammen. Achten Sie darauf, Mitarbeiter auszuwählen, die über organisatorisches Geschick, analytische Fähigkeiten und Kreativität verfügen und flexibel reagieren können. Zum Teamleiter geeignet ist jeder, der das Vertrauen vieler Kollegen genießt und der auch mit Mitarbeitern aus anderen Firmen zusammen arbeiten kann.

2. Schritt: Erklären Sie Benchmarking und den Sinn Ihrer Aktion. Auch hier gilt wie für alle anderen Arbeitsbereiche, dass Ihre Mitarbeiter wissen müssen, warum sie etwas tun sollen. Fragen Sie nach, ob Sinn und Zweck des Benchmarking verstanden wurden. Es geht nicht darum, andere Unternehmen nachzuahmen, sondern deren Wissen auf Ihr Unternehmen zuzuschneiden und anzuwenden.

3. Schritt: Planen Sie eine Strategie. Erstellen Sie eine Liste. Planen Sie die weitere Vorgehensweise. Konzentrieren Sie sich auf den Sinn dieser Aktion, und entscheiden Sie dann, was wer wann wo und wie tun muss. Welche Informationen braucht das Team? Woher bekommt es diese Informationen? Wer erledigt was? Wo? Wann? Wie werden die benötigten Informationen beschafft – telefonisch, per Fax, E-Mail, durch persönliche Gespräche oder über Umfragen? Wie werden diese Informationen an die Teammitglieder weitergegeben?

4. Schritt: Führen Sie eine Bestandsaufnahme durch. Bitten Sie Ihr Team, Ihre Abteilung oder Firma zu bewerten, um herauszufinden, welche Bereiche verbessert werden müssen. Ihren Mitarbeitern muss klar sein, wie wichtig die Informationen sind, die beschafft werden müssen, bevor sie mit dem Benchmarking-Projekt beginnen.

5. Schritt: Nutzen Sie alle möglichen Informationsquellen. Bei der Beschaffung der für Sie relevanten Informationen dürfen Sie sich nicht nur am Marktführer orientieren. Sie können auch von Ihrer Konkurrenz oder jungen Unternehmen, die auf Erfolgskurs sind, lernen. Beschaffen Sie sich deren Werbematerial, kaufen Sie ihre Produkte, reden Sie mit Kollegen aus anderen Firmen oder surfen Sie im Internet. Gelingt es Ihrer Konkurrenz, anderen in Ihrer Branche immer eine Nasenlänge voraus zu sein? Wie schafft sie das? Besorgen Sie sich alle Informationen über Wettbewerbsvorteile und die Gründe, weshalb Ihr Unternehmen seinen Mitbewerbern hinterherhinkt.

6. Schritt: Informieren Sie sich über die Best Practices anderer Unternehmen, die nicht in Ihrer Branche tätig sind. Auch Branchenaußenseiter sind durchaus als Vorbild für Sie geeignet. Sind Sie beispielsweise im Bankwesen tätig, sollten Ihre Mitarbeiter versuchen, so viel wie möglich über eine Fluggesellschaft herauszufinden. Ist Ihr Unternehmen in der Produktion tätig, halten Sie nach einen Lebensmittellieferanten Ausschau. Ganz im Gegensatz zu der weit verbreiteten Auffassung werden Best Practices häufig mit messbarem Erfolg von einer Branche in die andere übertragen. Wenn Sie immer nur darüber nachdenken, *was* Sie tun, treffen Sie sehr wahrscheinlich auf *Hindernisse*. Doch wenn Sie darüber nachdenken, *wie* Sie Ihren Geschäften nachgehen, und was Sie von anderen lernen können, eröffnen sich Ihnen bestimmt schon bald neue tolle *Möglichkeiten*.

Vorsicht!

Informieren Sie sich zuerst über die eigenen Vorgänge Sie gehen doch auch erst dann einkaufen, wenn Sie wissen, was Sie brauchen, oder? Auf Benchmarking übertragen heißt das, dass Sie genau wissen müssen, was wie verbessert werden sollte.

Die Zeit, die Sie für eine Analyse der aktuellen Situation benötigen, lohnt sich auf jeden Fall. Nur so können Sie sich ein exaktes Bild über eventuelle Missstände machen, planen, was sich dagegen tun lässt, und die Verbesserungen anschließend in vollem Umfang nutzen.

7. Schritt: Leiten Sie Ihre Ergebnisse an alle weiter, die Ihnen geholfen haben. Bedanken Sie sich bei allen Menschen, die Ihnen freundlicherweise die Best Practices ihres Unternehmens zur Verfügung gestellt haben. Lassen Sie ihnen die Ergebnisse Ihres Benchmarkings zukommen. Behandeln Sie die Ihnen überlassenen Informationen vertraulich.

8. Schritt: Benchmarking muss regelmäßig erfolgen. Benchmar-

king darf für Sie keine einmalige Angelegenheit sein, schließlich messen Sie sich auf diese Weise mit den Besten der Besten und sind in Sachen Best Practices immer auf dem neuesten Stand. Probieren Sie doch mal einen Newcomer aus. Nutzen Sie die Hilfsbereitschaft anderer nicht übermäßig aus. Wendet sich ein anderes Unternehmen an Sie, weil dort gerade Benchmarking praktiziert wird, sollten Sie das als Kompliment verstehen – und genau so reagieren, wie Sie es umgekehrt auch erhoffen.

Geschickt managen

Dankeschön!   Sie müssen sich grundsätzlich bei allen Unternehmen bedanken, die Ihr Benchmarking-Projekt bereitwillig unterstützt haben. Leiten Sie ihnen doch einfach die Ergebnisse Ihrer Untersuchung weiter. Selbstverständlich müssen Sie alle erhaltenen Daten vertraulich behandeln.

Sobald Ihr Team sämtliche Informationen beschafft und ausgewertet hat, muss das Ergebnis im ganzen Unternehmen bekannt gemacht werden. Fordern Sie Ihr Team auf, die Kollegen und Vorgesetzten um weitere Ideen zu bitten. Das ist Wissensmanagement par excellence. Außerdem wird so sichergestellt, dass alle Mitarbeiter in den Lernprozess einbezogen werden, was sich durchaus positiv auf die Motivation auswirkt.

Werkzeuge

Zuerst zum Telefon greifen   Fürs Benchmarking gilt: Der Griff zum Telefon kann viel Zeit ersparen, da Sie dann sofort über die nötigen Informationen verfügen. Außerdem trägt ein Telefongespräch dazu bei, den Kontakt zu vertiefen und vielleicht einen Kunden oder künftigen Geschäftspartner zu gewinnen.

Machen Sie Gebrauch von den klugen Köpfen um Sie herum

Wenn Mitarbeiter Informationen sammeln und weitergeben, wenn sie Ideen und Vorschläge austauschen, baut sich jede Menge synergistisches Potenzial auf. Kluge Manager wissen, wie sie dieses Potenzial in vollem Umfang ausschöpfen können.

Geschickt managen

Beziehen Sie Ihre Mitarbeiter mit ein   Der Gründer der Supermarktkette Wal-Mart, Sam Walton, hat einmal gesagt: »Der Schlüssel zum Erfolg liegt darin, in seinen Laden zu gehen und seinen Verkäufern zuzuhören. Gerade, wenn es um Änderungen geht, muss jeder die Gelegenheit haben, sich zu äußern. Unsere Verkäufer und Lagerarbeiter hatten eigentlich immer die besten Ideen.«

Haben Sie sich schon immer gefragt, warum in manchen Unternehmen Mitarbeiter ihre Ideen und Verbesserungsvorschläge in rauen Mengen direkt beim Management einreichen, während in anderen Firmen sozusagen tote Hose ist? Woran mag das nur liegen? Sicherlich nicht an den Mitarbeitern – eher an der Firmenkultur. Sollen die Mitarbeiter überhaupt mitdenken und ihre Ideen preisgeben, oder besteht die Gefahr, verhöhnt und ausgelacht zu werden? Sind Anregungen willkommen oder nicht?

Wenn Sie nachfolgende Tipps beachten, werden Ihre Mitarbeiter Sie schon bald mit neuen Ideen überhäufen:

- **Fragen Sie immer wieder nach.** Geben Sie nicht auf! Bitten Sie Ihre Mitarbeiter immer wieder um Verbesserungsvorschläge und lassen Sie sie wissen, dass jede Anregung auf offene Ohren stößt. Mit der Zeit lernen Ihre Mitarbeiter, dass sie Ihnen vertrauen können, vor allem, wenn ihre Vorschläge in die Praxis umgesetzt werden.

- **Halten Sie sich mit Ihrer eigenen Meinung zurück.** Manche Mitarbeiter trauen sich nicht mehr, Ihnen ihre Vorschläge mitzuteilen, wenn Sie bereits den ersten Schritt gemacht haben. Lassen Sie also grundsätzlich zuerst Ihre Mitarbeiter zu Wort kommen und haken Sie nach, damit sie ihre Vorschläge detailliert ausbreiten können.
- **Schränken Sie das Themengebiet ein.** Manche Mitarbeiter sind schlicht und einfach überfordert, wenn sie ihren Gedanken freien Lauf lassen sollen, vor allem dann, wenn sie das erste Mal an einem Brainstorming teilnehmen, weil ihr vorheriger Vorgesetzter einen anderen Managementstil praktiziert hat. Um die Sache einfacher zu machen, können Sie eine bestimmtes Problem oder einen Arbeitsvorgang schildern, über dessen Lösung Ihre Mitarbeiter dann nachdenken sollen.
- **Veranstalten Sie eine Art Wettkampf.** Bitten Sie um Vorschläge, wie sich dieses und jenes in Ihrem Unternehmen verbessern lässt. Wie können zum Beispiel Arbeitsvorgänge beschleunigt und wo kann Geld eingespart werden? Stellen Sie einen Preis für den ersten bis dritten guten Vorschlag in Aussicht.
- **Reagieren Sie prompt auf die Ideen Ihrer Mitarbeiter.** Wir alle wollen Feedback, und je eher wir es bekommen, umso sicherer fühlen wir uns. Lassen Sie es unter keinen Umständen zu, dass einer Ihrer Mitarbeiter sagen kann: »Was ist eigentlich aus meinem Vorschlag geworden, den ich vor zwei Monaten gemacht habe?« Reagieren Sie prompt auf Verbesserungsvorschläge, auch wenn Ihre Reaktion nur aus der kurzen Mitteilung besteht, dass Sie über einen Vorschlag nachdenken.
- **Stellen Sie klar, dass Sie alle im gleichen Boot sitzen.** Optimal für den Gedankenaustausch ist es, wenn Sie mit Ihren Mitarbeitern auf gleicher Wellenlinie liegen. Dazu müssen diese Ihre Ziele und Visionen kennen.

Natürlich steht es Ihnen frei, die genannten Vorschläge abzuwandeln und auf Ihre Mitarbeiter zuzuschneiden. Wichtig ist, dass Sie ein bestimmtes System – in welcher Form auch immer – entwickeln. Lassen Sie sich zum Beispiel eine neue E-Mail-Adresse extra für diesen Zweck geben, oder hängen Sie einen Kasten auf, in den Vorschläge eingeworfen werden können. Lassen Sie Ihrer Kreativität freien Lauf, teilen Sie Ihren Mitarbeitern mit, wie Sie zu neuen Ideen kommen, und lassen Sie sie an ihrem persönlichen Denkprozess teilhaben. Holen Sie vorher die Zustimmung Ihres Vorgesetzten ein, und nehmen Sie Ihren Mitarbeitern die Angst vor möglichen Strafen, wenn sie aktuelle Abläufe kritisieren und sie verbessern wollen. Schließlich wollen Sie doch Vorschläge hören, oder?

Vorsicht!

Die Kunst des Ablehnens   Es besteht keine Notwendigkeit für Sie, sich auf alle Verbesserungsvorschläge Ihrer Mitarbeiter einzulassen. Allerdings müssen Sie die Kunst des Ablehnens beherrschen. Stoßen Sie Ihre Mitarbeiter nicht vor den Kopf, und bringen Sie sie keinesfalls in eine peinliche Situation, wenn ein Vorschlag einmal nicht geeignet ist.

Hier ein Beispiel, wie Sie eine Idee taktvoll, aber dennoch direkt ablehnen können: Vielen Dank für Ihren Vorschlag, den Sie mir am _____ unterbreitet haben. Der Umsetzung Ihres Vorschlages steht Folgendes entgegen: _____. Falls Sie mir diesbezüglich eine Alternative anbieten können, wäre ich Ihnen sehr dankbar, denn ich weiß Ihre Vorschläge und Ihren Teamgeist wirklich zu schätzen.

Praxistipps

Tolle Belohnungen   Wie können Sie den Mitarbeiter belohnen, der die beste Idee hatte? Vielleicht ist die schönste Belohnung ja die, wenn die eigene Idee umgesetzt wird und man im allgemeinen Ansehen steigt. Andererseits haben auch Geschenke wie T-Shirts, Urkunden, Anstecknadeln oder Füller ihren Reiz. Oder Sie laden das ganze Team zum Essen ein oder verteilen einen Gutschein für ein Kerzenscheindinner zu zweit auf Firmenkosten.

Denkbar sind natürlich auch Erfolgsprämien, deren Höhe sich danach richtet, wie viel Geld die Firma durch den Verbesserungsvorschlag spart.

Auch diese Art der Belohnung sollten Sie einmal ausprobieren: Fragen Sie Ihre Mitarbeiter nach ihren Wünschen. Sind Sie sicher, dass jeder eine Sonderprämie möchte? Das erfahren Sie nur, wenn Sie danach fragen.

Dummerweise helfen die besten Absichten und Zusicherungen rein gar nichts, wenn Ihre Mitarbeiter bereits schlechte Erfahrungen mit Verbesserungsvorschlägen machen mussten. In diesem Fall können Sie ihnen anbieten, dass solche Vorschläge anonym von Ihnen zu den zuständigen Bearbeitern weitergeleitet werden. Auf diese Weise riskieren Ihre Mitarbeiter nichts. Mit der Zeit werden sie dann merken, dass ihre Ängste unbegründet sind – und Sie haben einen weiteren Mitarbeiter von Ihren Methoden überzeugt. Jeder Mitarbeiter hat seinen eigenen Verstand – so viel steht fest. Nur, was machen Sie aus diesem geistigen Potenzial?

Schaffen Sie ein Arbeitsklima, das kreatives Denken ermöglicht, in dem Feedback und Anerkennung auf der Tagesordnung stehen und gute Ideen belohnt werden.

Energie auftanken

Als Manager sind Sie manchmal so beschäftigt damit, überall Schwierigkeiten zu beseitigen, dass Ihnen kaum die Zeit bleibt, für frischen Wind im Unternehmen und unter Ihren Mitarbeitern zu sorgen. Mitarbeiter müssen aber hin und wieder Energien auftanken, denn die Arbeit zehrt an den Kräften und laugt die Menschen auf Dauer aus.

Kreative Manager wissen, wie sie die Batterien ihrer Mitarbeiter neu aufladen können. Manager, die sich darum bemühen, dass ihre Angestellten wieder zu neuen Kräften gelangen, denken an die Zukunft und planen sie entsprechend.

Wenn Sie nachfolgende Tipps beachten, verhindern Sie nicht

nur, dass Ihre Mitarbeiter schnell »verschleißen«, sondern sorgen auch dafür, dass sie auftanken können.

1. **Denken Sie immer an das Gesamtbild.** Machen Sie Ihren Mitarbeitern klar, welche Rolle sie für das Unternehmen spielen. Dann fällt es ihnen leichter, sich und ihre Arbeit als Teil des Gesamterfolgs zu sehen.
2. **Fördern Sie Innovationen.** Ohne Innovation keine Zukunft, so lautet die Devise in der modernen Geschäftswelt. Mitarbeiter müssen alles besser, schneller, kostengünstiger, flexibler und innovativer erledigen. Bringen Sie die Dinge ins Laufen, indem Sie ein maßgeschneidertes Innovationsprogramm erstellen. Findet sich in Ihrem Unternehmen niemand, der dazu in der Lage ist, und möchten Sie nicht auf externe Berater zurückgreifen, sollten Sie Ihr eigenes Programm auf die Beine stellen. Die Regale in den Buchläden stehen voll mit Ratgebern über innovatives Denken wie zum Beispiel *Denkanstoß* und *Der kreative Kick* von Roger van Oech. Finden Sie heraus, wie andere Unternehmen innovatives Denken fördern, und probieren Sie diese Methoden mit Ihren Mitarbeitern aus.
3. **Ziehen Sie Ihre Mitarbeiter in Ihren Bann.** Strahlen Sie Optimismus aus, lassen Sie alle spüren, dass Sie von Ihrer Sache überzeugt sind, regen Sie Diskussionen über unterschiedliche Standpunkte an und sprechen Sie so laut, dass Sie jeder hören kann. Charisma ist nicht jedermanns Sache, aber Sie können sicherlich noch an Ihrer persönlichen Ausstrahlung feilen.
4. **Bekämpfen Sie Mittelmäßigkeit.** Machen Sie sich für Änderungen stark – immer und überall! Bekämpfen Sie Mittelmäßigkeit mit allen Ihnen zur Verfügung stehenden Mitteln, denn sie ist die Wurzel allen Übels und lähmt den Tatendrang und die Motivation Ihrer Mitarbeiter. Glauben Sie nicht, dass keine Notwendigkeit besteht, etwas zu ändern oder zu verbessern, wenn im Grunde alles klappt. Ruhen Sie sich nicht auf diesen Lorbeeren aus, sonst zieht die Konkurrenz schon bald an Ihnen vorbei.

5. **Loben Sie Ihre Mitarbeiter.** Wenn es darum geht, einen Mitarbeiter zu kritisieren, sind viele Manager schnell bei der Sache, ganz anders jedoch, wenn sie jemanden loben sollen. Mitarbeiter wollen wissen, ob sie ihre Arbeit gut erledigen und ob sie das Richtige tun. Stärken Sie das Selbstbewusstsein Ihrer Mitarbeiter durch ehrliches Lob und Komplimente. Feiern Sie Ihre gemeinsamen Erfolge regelmäßig.

6. **Stecken Sie Ihre Mitarbeiter mit Ihrer guten Laune an.** Zeigen Sie Gefühl. Denken Sie jeden Morgen als erstes darüber nach, warum Sie gerne arbeiten und weshalb Ihnen das Wohl Ihrer Mitarbeiter am Herzen liegt. Wenn Ihnen tatsächlich keine Gründe einfallen, brauchen Sie professionelle Hilfe – oder einfach ein paar Tage Urlaub. Anschließend bringen Sie diese freudigen Gefühle zum Ausdruck. Zeigen Sie Ihren Enthusiasmus und Ihre Begeisterung bei der Arbeit. Sie wissen doch: Wie man in den Wald hineinruft, so schallt es heraus.

Vorsicht!

Ruhen Sie sich nicht auf Ihren Lorbeeren aus! Sie wundern sich jetzt sicherlich über diese Warnung, zumal Sie eben erst gelesen haben, dass Erfolg ansteckend ist. Das stimmt zwar, aber trotzdem dürfen Sie sich nicht auf Ihrem Erfolg ausruhen.

Dr. Oliver Wendell hat einmal geschrieben: »Entscheidend für unser Leben ist nicht, wo wir gerade stehen, sondern wohin wir gehen.« Als Manager müssen Sie unter allen Umständen verhindern, dass der Erfolg Ihres Unternehmens als selbstverständlich und sicher gilt. H. Tom Collard war ähnlicher Meinung, als er sagte: »Erfolg ist der Weg – nicht das Ziel.«

Mehr Energie – mehr Synergie

Ohne Energie kann es auch keine Synergie geben. Fühlen sich die Menschen erschöpft oder ausgelaugt, können sie in der Regel nicht halb so viel leisten wie sonst. Wenn Sie Ihren Mitarbeitern zu mehr Energie verhelfen, profitieren sie nicht nur im Berufs-, sondern auch im Privatleben davon.

Wie Sie das bewirken können, erfahren Sie jetzt:

- **Achten Sie auf gesunde Ernährung und Pausen.** Essen Ihre Mitarbeiter während der Arbeit gar nichts oder zu viel, und machen sie nicht regelmäßig eine Pause, verzichten sie auf eine wichtige Möglichkeit, sich zu entspannen und aufzutanken. Kein Wunder, wenn ihre Leistung dann nachlässt. Gehen Sie mit gutem Beispiel voran und nehmen Sie Ihr Mittagessen zusammen mit Ihren Mitarbeitern ein, und legen Sie öfter mal eine Pause ein.
- **Lachen ist die beste Medizin.** Beim Lachen werden bestimmte Stoffe vom Gehirn freigesetzt, die anregend für Körper und Geist sind. Lachen hat aber auch etwas Befreiendes. Nutzen Sie also jede Gelegenheit dazu!
- **Sportliche Betätigung ist wichtig.** Fordern Sie Ihre Mitarbeiter dazu auf, sich einer Aerobic- oder Jogginggruppe anzuschließen oder einfache Gymnastikübungen zu machen. Diese Art der körperlichen Bewegung kostet so gut wie nichts und erfrischt Leib und Seele. Auch hier sollten Sie mit gutem Beispiel vorangehen. Gewöhnen Sie sich einen morgendlichen Jogginglauf an und bitten Sie Ihre Mitarbeiter, sich Ihnen anzuschließen. Sie werden sehen, wie gut ihnen allen 20 Minuten an der frischen Luft tun.
- **Achten Sie auf die richtige Atemtechnik.** Sie haben schon richtig gelesen. Atmen ist etwas ganz Natürliches, und trotzdem atmen viele von uns nicht richtig. Gewöhnen Sie es sich und Ihren Mitarbeitern an, täglich ein paar Mal tief durchzuatmen. Das führt zu neuer Energie. Probieren Sie auch einmal diese Übung: Vier oder fünf Mal tief einatmen, dann bis fünf zählen und den Atem dabei anhalten und wieder ausatmen. Dabei ge-

langt mehr Sauerstoff ins Blut und damit auch ins Gehirn. Sie werden den Energieschub sofort spüren.

Zusammenarbeit

Das ist die wahre Bedeutung von Synergie: zusammen arbeiten. An sich eine völlig natürliche und einfache Sache – nur leider nicht in der Arbeitswelt. Glücklicherweise ändert sich daran etwas, und der Stellenwert der Zusammenarbeit wächst, zum einen weil uns Experten immer wieder erklären, wie wichtig das »intellektuelle Kapital« eines Unternehmens ist und zum anderen, weil wir selbst positive Erfahrung mit Teamarbeit gesammelt haben. Im Grunde genommen geht es um nichts anderes, als Menschen dazu zu bringen, zusammen zu arbeiten und ihre Fähigkeiten dabei in vollem Umfang zu nutzen. Und das Beste daran ist der enorme Motivationsschub!

In diesem Kapitel haben Sie erfahren, wie Sie das Beste aus Ihren Mitarbeitern herausholen können. Wir wollen Sie mit unseren Tipps und Richtlinien zum Nachdenken bringen – über das Potenzial Ihrer gesamten Belegschaft und die enorme Kraft, die hinter dieser Ansammlung von klugen, kreativen und neugierigen Köpfen steckt. Nutzen Sie dieses Potenzial! Die Mühe lohnt sich – und Sie wissen ja, dass Synergie auch die Motivation erhöht.

Checkliste für Ihren Erfolg

- Fördern Sie das Zusammengehörigkeitsgefühl Ihrer Mitarbeiter. Dadurch steigern sich der synergistische Effekt und natürlich auch die Motivation.
- Ermuntern und unterstützen Sie Ihre Mitarbeiter. Wenn sie an ihren Erfolg glauben, wird er sich schneller einstellen als erwartet.
- Helfen Sie Ihren Mitarbeitern dabei, von anderen zu lernen. Achten Sie auf Abteilungen oder andere Firmen, die

Großartiges leisten und orientieren Sie sich an deren Erfolg.

- Schaffen Sie ein Arbeitsklima, in dem Ihre Mitarbeiter offen über alles reden können, ohne Angst vor Repressalien haben zu müssen. Sorgen Sie für Feedback und Anerkennung und belohnen Sie gute Ideen. Machen Sie Ihren Mitarbeitern klar, dass Sie sich grundsätzlich über Verbesserungsvorschläge freuen.
- Bieten Sie Ihren Mitarbeitern die Möglichkeit, sich zu entspannen und aufzutanken.

12.

Alles unter einen Hut bringen

Mittlerweile sind Sie ja bestens über die internen und externen Faktoren, die uns motivieren, informiert. Sie haben Interessantes über die menschliche Natur erfahren und wissen, wie Sie Ihre Mitarbeiter zu unternehmerischem Denken bringen. Sie haben gelernt, Motivation und Leistung miteinander zu verknüpfen und wissen, dass die Mitarbeiterleistung auch vom Arbeitsklima abhängt. Natürlich ist Ihnen auch bewusst, welche Rolle Wertvorstellungen, Humor, Synergie und Teamarbeit für Ihre Mitarbeiter spielen.

Nun ist es an der Zeit, all diese Faktoren unter einen Hut zu bringen. Schließlich wäre alles umsonst, wenn Sie das Gelernte nicht umsetzen. Und wie wir schon im Vorwort erwähnten, sollen Sie dieses Buch nicht nur *lesen*, sondern auch danach *handeln*! Erst wenn Sie die praktischen Tipps täglich anwenden, ziehen Sie wahren Nutzen aus diesem sinnvollen und effizienten Managementtool. Andererseits können Sie dieses Buch aber auch weglegen und im Regal verstauben lassen. Es ist Ihre Entscheidung!

Entweder Motivation oder Mittelmäßigkeit

Wie wichtig ist Motivation eigentlich? Motivation ist alles! Vielleicht sind Sie ja der gebildetste, erfahrenste, talentierteste und fähigste Manager aller Zeiten. Doch wenn es Ihren Mitarbeitern an Motivation fehlt, ist der Mittelmäßigkeit Tür und Tor geöffnet. Das Thema Motivation ist alles andere als einfach. Wie wir bereits ausführlich besprochen haben, setzt sich Motivation aus vielen Elementen zusammen. Hier ein paar Tipps, mit deren Hilfe Sie alle Elemente unter einen Hut bringen können:

- Investieren Sie in die Weiterentwicklung Ihrer Mitarbeiter. Die Chance auf persönliches und berufliches Wachstum motiviert und inspiriert gleichermaßen. Diese Investition lohnt sich für jedes Unternehmen.
- Ermöglichen Sie es Ihren Mitarbeitern, voneinander zu lernen und sich gegenseitig zu unterstützen. Das erweitert nicht nur den geistigen Horizont Ihrer Leute, sondern steigert auch ihre Motivation.
- Bereiten Sie Ihre Mitarbeiter gründlich auf anstehende Veränderungen vor und beteiligen Sie sie daran: Fördern Sie ihr kreatives Denkvermögen und die Fähigkeit, Probleme zu lösen und sorgen Sie dafür, dass Gelegenheiten nicht ungenützt verstreichen.

In diesem Kapitel geht es darum, wie Sie das Beste aus dem menschlichen Kapital machen können. Dabei kommt es vor allem auf Sie selbst in Ihrer Funktion als Manager an, da Sie in großem Umfang dafür verantwortlich sind, welches Arbeitsklima unter Ihrer Anleitung und Führung entsteht.

Geben Sie Ihren Mitarbeitern die Chance, dazuzulernen und sich weiterzuentwickeln

Engagieren Sie sich dafür, dass Ihre Mitarbeiter kontinuierlich geschult werden und sich weiterentwickeln, denn nicht nur die Mitarbeiter selbst, sondern auch das Unternehmen profitieren davon. Die Vorteile, mit hoch qualifizierten und vielseitig einsetzbaren Menschen arbeiten zu können, verstehen sich eigentlich von selbst. Den Mitarbeitern wird ihre Arbeit mehr Spaß machen, wenn sie ihre Aufgaben aus dem Effeff beherrschen und auch verantwortungsvollere Tätigkeiten übernehmen können.

Bieten Sie Ihren Mitarbeitern die Möglichkeit zu lernen, sich weiterzuentwickeln und zu wachsen, dann erweitert sich ihr geistiger Horizont und Zusammenhänge werden deutlich. Durch ihre neuen Fähigkeiten, aber auch durch ihr Arbeitsumfeld steigert sich ihre Motivation. Wenn Sie möchten, dass Ihre Mitarbeiter kontinuierlich dazu lernen, sollten Sie es halten wie Peter Drucker, der bekannte Managementguru, der das Erfolgsrezept des Gründers von IBM mit diesen Worten zusammengefasst hat: »Thomas Watson hatte nur eines im Kopf: Schulungen, Schulungen und nochmals Schulungen.« Das Leben ändert sich ständig – und wer da nicht mitzieht, bleibt unweigerlich zurück.

Welche Schulungsmaßnahmen sind die besten? Nun, das hängt davon ab, in welcher Branche Ihr Unternehmen tätig ist, welche Anforderungen Sie stellen, und es kommt natürlich auf Ihre Mitarbeiter an. Manche Unternehmen bevorzugen es, wenn Schulungen streng nach Plan und in eigenen Räumen stattfinden, während andere es ihrer Belegschaft überlassen, Fortbildungsmaßnahmen eigener Wahl zu nutzen – eine Möglichkeit, seinen Mitarbeitern innovatives Denken und Eigenverantwortlichkeit zu ermöglichen.

Geschickt managen

So einfach wie das ABC

A: Bei Unternehmen, die viel in Mitarbeiterschulungen und andere Fortbildungsmaßnahmen investieren, ist der Marktwert viel höher als bei Firmen, die das nicht oder nur in geringem Umfang tun.

B: In Unternehmen, die großen Wert darauf legen, dass sich ihre Mitarbeiter kontinuierlich weiterentwickeln, ist die Produktionsrate wesentlich höher als in Firmen, die das nicht tun.

C: Ausschlaggebend für den langfristigen Erfolg eines Unternehmens ist ein gesundes und produktives Verhältnis zwischen Managern und Mitarbeitern.

Gerade in diesem Zusammenhang sind Arbeitsklima, Firmenkultur und das Verhalten der Führungskräfte von enormer Bedeutung. Auch die besten Schulungen helfen nichts, wenn bei Ihren Mitarbeitern daran kein Interesse besteht, weil sie wissen, dass Fortbildungsmaßnahmen grundsätzlich nicht unterstützt werden. Wenn sich Ihre Mitarbeiter nicht mit Ihrem Unternehmen identifizieren, und wenn für Sie persönlich Schulungen zu nichts anderem dienen, als Ihren Mitarbeitern das nötige Handwerkszeug zu verschaffen, das sie ohnehin für ihre Arbeit brauchen, dürfen Sie sich über mangelndes Interesse wahrlich nicht wundern.

Studien belegen eindeutig, dass Firmen, die ihren Mitarbeitern praxisnahe Schulungen und Übungsmöglichkeiten bieten, auf der Gewinnerseite stehen. Die Loyalität zur Firma ist stärker ausgeprägt, Arbeitsvorgänge werden kontinuierlich optimiert, es wird weniger Abfall produziert, die Zusammenarbeit klappt besser, und die Kundenzufriedenheit genießt oberste Priorität. Es zeigt sich also immer wieder, dass sowohl die Belegschaft als auch das Management von Fortbildungsmaßnahmen profitieren.

Wenn Sie Ihre Mitarbeiter bitten, darauf zu achten, was ihrer Meinung nach verbessert werden könnte, ist Ihnen der Erfolg so gut wie sicher. Aus diesem Grund wird es Sie nicht weiter überraschen, dass 85 Prozent aller amerikanischen Unternehmen ihre Mitarbeiter in alle möglichen Entscheidungen und Änderungen einbeziehen.

Mitarbeiter fördern – aber wie?

Mitarbeiterförderung stellt vielleicht die schwierigste Aufgabe für Manager dar. Welche Schulungen oder Fortbildungsmaßnahmen sind geeignet? Ist es besser, Mitarbeitern Schulungsmöglichkeiten nur *anzubieten*, an denen sie freiwillig teilnehmen können? Sollte man das Interesse an Schulungen mit gewissen Anreizen zusätzlich *fördern*? Sollte man es von ihnen *verlangen*? Muss die Schulung auf ureigenste Firmeninteressen oder auf die persönlichen Interessen der Mitarbeiter zugeschnitten sein? Soll beides berücksichtigt werden, gibt es da so etwas wie einen goldenen Mittelweg? Wie viel Geld dürfen Schulungsmaßnahmen kosten, und wie viel Zeit oder sonstige Mittel sollten dafür investiert werden?

Es ist ein Ding der Unmöglichkeit, auf all diese Fragen eine allgemein zutreffende Antwort zu geben. Hier jedoch ein paar Punkte, die Sie sich durch den Kopf gehen lasen sollten:

- Stimmen Sie Schulungen auf den vorhandenen Bedarf ab. Fragen Sie Ihre Mitarbeiter nach ihren Wissenslücken, bevor Sie Kurse oder Ähnliches buchen oder selbst halten. Nur bei regelmäßigen Weiterbildungsmaßnahmen ist gewährleistet, dass in der Themenauswahl sowohl die Interessen der Mitarbeiter als auch des Unternehmens gewahrt werden.
- Überlegen Sie sich Alternativen und seien Sie flexibel. Lerninhalte lassen sich auf die unterschiedlichste Art und Weise vermitteln. Verlassen Sie gewohnte Denkbahnen und suchen Sie neue Methoden und unterschiedliche Örtlichkeiten für Ihre Schulungen.
- Lernen ist ein bewusster Vorgang. Sie können Ihren Mitarbeitern zwar klar machen, dass Schulungsbedarf besteht, aber den ersten Schritt müssen sie selbst tun. Man kann niemanden zwingen, etwas zu lernen. Ihre Mitarbeiter müssen die Verantwortung für ihr persönliches und berufliches Wachstum tragen.
- Verlassen Sie sich nicht zu sehr auf den Schulungsleiter. Ihre Mitarbeiter müssen Schüler und Lehrer in einer Person sein. Es ist nicht die Aufgabe eines Schulungsleiters, Ihre Mitarbeiter zum Lernen zu motivieren – dafür sind ausschließlich Ihre Mitarbeiter zuständig.
- Achten Sie auf den richtigen Zeitpunkt. Schulungen machen nur dann Sinn, wenn ein direkter Zusammenhang und eine zeitliche Verbindung zwischen der jeweiligen Tätigkeit und dem vermittelten Wissen bestehen. Am besten lernt es sich, wenn man auf die vermittelten Kenntnisse angewiesen ist. Außerdem ist somit gewährleistet, dass sich die Kosten dafür rechnen.
- Schulungen müssen auf die Mitarbeiter zugeschnitten sein. Stimmen Sie Ihre Schulungsmaßnahmen auf die Bedürfnisse Ihres Unternehmens und Ihrer Mitarbeiter ab. Berücksichtigen Sie die Aufnahmefähigkeit Ihrer Mitarbeiter. Überschwemmen

Sie sie nicht mit Informationen und hoffen dann darauf, dass schon irgendetwas hängen bleiben wird. Das funktioniert in der Praxis nicht!

- Probieren Sie die VEMA-Methode. Werfen Sie Methoden über Bord, die nicht funktionieren und wenden Sie das VEMA-Prinzip an: Vergiss es und mach's anders!

Werkzeuge

Lernstudios Richten Sie Lernstudios in Ihrem Unternehmen ein. Fragen Sie zunächst Ihre Mitarbeiter, welches Wissen und welche Fertigkeiten sie sich gerne aneignen möchten. Erkundigen Sie sich, wie sich diese Lerninhalte vermitteln lassen können, und koordinieren und organisieren Sie anschließend fortlaufende Seminare und Workshops. Nutzen Sie Lernstudios als effizientes Mittel, um das in Ihrem Unternehmen gewünschte Leistungsniveau zu erreichen.

Wie können Sie feststellen, ob sich die Investition von Geld, Zeit und Energie gelohnt hat? Welche Vorteile werden Sie bemerken können? Wie lässt sich das Ergebnis von Schulungen messen? Erkennen Sie weitere Vorteile von Fortbildungsmaßnahmen?

Mithilfe nachfolgender Checkliste können Sie feststellen, wo in Ihrem Unternehmen Schulungsbedarf besteht:

- Ermitteln Sie den aktuellen Schulungsbedarf. Beobachten Sie dazu Ihre Mitarbeiter. Bei einem Leistungsabfall sollten Sie sich fragen, ob sich die Ursache mithilfe von Schulungen beseitigen lässt.
- Engagieren Sie nur die besten Schulungsleiter. Der Preis bestimmt die Qualität von Seminaren und Workshops. Sparen Sie keinesfalls an der falschen Stelle. Entscheiden Sie sich für einen Schulungsleiter, der bereits Erfahrung mit Ihrer Branche und den notwendigen Schulungsinhalten hat.
- Helfen Sie Ihrem Seminarleiter, Ihnen zu helfen. Selbst der be-

ste Schulungsleiter kann nur dann zu Höchstform auflaufen, wenn er Ihren Bedarf genau kennt. Informieren Sie ihn über die jeweilige Situation, Ihre Mitarbeiter und Ihre Firmenkultur – und alles andere, was er noch wissen muss, um gute Schulungen abhalten zu können.

- Lassen Sie Ihre Mitarbeiter selbst die Lernziele aufstellen. Stellen Sie sicher, dass jeder Schulungsteilnehmer einen Aktionsplan entwickelt, der festlegt, wie er das Gelernte in die Praxis umsetzen kann. Das dürfte kein Problem sein, vor allem, wenn die Fortbildungsmaßnahme auf den aktuellen Bedarf zugeschnitten ist. Zwei Gründe sprechen für die Aufstellung eines derartigen Plans: Erstens vergisst man Gelerntes schnell wieder, wenn man es nicht üben oder anwenden kann. Zweitens ist das Interesse an einem Seminar umso höher, wenn man sich vorher überlegt, wie man das vermittelte Wissen später einsetzen kann.
- Achten Sie darauf, dass praxisbezogen gelernt wird. Viele Menschen lernen besser, indem sie etwas praktisch üben. Das gilt insbesondere für bestimmte Bearbeitungsvorgänge. Geben Sie Ihren Mitarbeitern die Gelegenheit, ihr neues Wissen sofort in der Praxis anzuwenden. Dann macht das Lernen umso mehr Spaß und Ihre Mitarbeiter können sich direkt an den Ausbilder wenden, wenn noch etwas offen ist.
- Vermitteln Sie Sinn und Zweck von Schulungen. Bevor Schulungsmaßnahmen stattfinden, müssen Sie Ihrem Vorgesetzten, dem Seminarleiter und Ihren Mitarbeitern das Lernziel erklären. Schildern Sie im Detail, was Ihre Mitarbeiter nach dem Kurs können sollen. Räumen Sie Ihren Angestellten die Möglichkeit ein, Kursablauf und Themenschwerpunkt mit zu gestalten. Anschließend müssen die Teilnehmer das neu erlernte Wissen sofort in der Praxis ausprobieren können.
- Halten Sie vor der Schulung eine Besprechung mit Ihren Mitarbeitern ab. Besprechen Sie, was jeder Einzelne von dem Kurs erwartet. Gehen Sie unmittelbar nach Abschluss der Schulung den Aktionsplan mit jedem einzelnen Teilnehmer durch.
- Beurteilen Sie den Aktionsplan. Nach Abschluss des Seminars sollten Sie den jeweiligen Aktionsplan zur Umsetzung des Ge-

lernten mit Ihren Mitarbeitern im Detail ausarbeiten. Stellen Sie sicher, dass alle von den Schulungsmaßnahmen profitieren.

Geschickt managen

Konkrete Zielsetzungen Welches Ziel soll durch eine Schulung erreicht werden? Nun, das hängt natürlich von der jeweiligen Schulung ab. Allgemein lässt sich jedoch sagen: Je spezifischer das Ziel formuliert wird, umso besser. Besuchen Ihre Mitarbeiter zum Beispiel einen Computerkurs sollte das Ziel lauten: »Textdateien in Druckvorlagen importieren« oder »Schrifttypen und -größen ändern« und nicht »Einführung in das Desktop-Publishing-Programm der Firma XYZ«.

Bei Schulungen kann es passieren, dass die Teilnehmer mit Informationen regelrecht bombardiert werden. Später können sie diese Informationsflut nicht anwenden, weil es einfach zu viel auf einmal war. Werden die Ziele eines Kurses im Vorfeld festgelegt, entspricht der Lernprozess eher Ihren Erwartungen – und die Teilnehmer sind aufnahmefähiger.

Erstellen Sie ein Supervisionsprogramm

Nachdem Sie das Thema Fort- und Weiterbildung Ihrer Mitarbeiter zur Zufriedenheit aller abgeschlossen haben, ist es Zeit, sich ein Supervisionsprogramm auszudenken.

Als Manager stecken Sie vermutlich bis über beide Ohren in Arbeit: Sie müssen dafür sorgen, dass der Kopierer funktioniert, die Computer gewartet werden und den Wartungsvertrag für die Drucker verlängern – und noch vieles andere mehr. Es gehört jedoch auch zu den täglichen »Wartungsaufgaben« von Führungskräften, dafür zu sorgen, dass die Motivation der Mitarbeiter auf hohem Niveau bleibt – eine Aufgabe, die nur allzu oft in Vergessenheit gerät. Eine gute Methode dafür ist ein Supervisionsprogramm.

Teamarbeit im Unternehmen umzusetzen ist eine tolle Methode, Probleme gemeinsam zu lösen und innovatives Denken zu fördern. Machen wir uns nichts vor: Mitarbeiter, die auf sich selbst gestellt arbeiten – vor allem Berufsanfänger oder neue Mitarbeiter –, tun sich oft sehr schwer damit, ihrem Manager zu sagen: »Das verstehe ich jetzt aber nicht« oder »Ich habe gerade einen Fehler gemacht.«

Diesen Mitarbeitern fällt es vermutlich leichter, ihre Gedanken und Gefühle mit einem Kollegen oder einem Manager zu besprechen, der als Supervisor auftritt.

Fachbegriffe

Supervisor   Jemand, der sein Wissen und seine Erfahrung einbringt, um einen anderen auf verständnisvolle Art und Weise zu Höchstleistungen zu motivieren.

Supervision motiviert auch den Supervisor selbst

Das Management einer Telefongesellschaft im mittleren Westen Amerikas hat sehr schnell erkannt, welche Vorzüge ein Supervisionsprogramm bietet.

In diesem Unternehmen bot jeder Mitarbeiter freiwillig an, für ein Jahr Supervisor eines Kollegen zu werden. Schon bald zeigte sich, dass beide Parteien davon profitierten. Ein Spiel, bei dem alle Beteiligten auf der Gewinnerseite standen!

Nach ein paar Jahren war fast jeder im Unternehmen als Supervisor für einen Kollegen zuständig gewesen. Die Folgen? Die Motivation der Mitarbeiter war – ebenso wie der Profit – enorm gestiegen, während die Fluktuation erheblich gesunken war. Das Supervisionsprogramm erwies sich als effiziente Methode, Mana-

Vorsicht, Falle!

Auf keinen Fall den Bock zum Gärtner machen Hüten Sie sich vor Supervisoren, die sich ständig beschweren, murren und womöglich noch unfreundlich mit den Mitarbeitern umgehen. Das hat mit Supervision rein gar nichts zu tun – ganz im Gegenteil, die Motivation wird darunter leiden. Auch ein Leistungsanstieg ist in diesem Fall nicht zu erwarten. Prüfen Sie jeden, den Sie zum Supervisor ernennen wollen, sorgfältig.

Forschungen haben gezeigt, dass sich neue Mitarbeiter innerhalb eines Jahres nach einem anderen Job umsehen, wenn sie innerhalb der ersten 60 bis 90 Arbeitstage eine negative Einstellung gegenüber dem Unternehmen entwickelt haben.

ger und Mitarbeiter gleichermaßen an das Unternehmen und ihre Tätigkeit zu binden. Eine tolle Idee!

Disney und seine ganz besondere Art der Mitarbeiterrekrutierung

Im amerikanischen Magazin *Training* war einmal zu lesen, dass amerikanische Arbeitgeber Unsummen in die Personalrekrutierung stecken, ganz zu schweigen von der Zeit, die dafür aufgewendet wird. Das Magazin schrieb weiterhin, dass 85 Prozent aller Unternehmen mit mehr als 100 Mitarbeitern ein formelles Einstellungsprogramm entwickelt haben.

Lynn Densford schrieb in *Corporate University Review*, dass Disney in den nächsten 20 Jahren die Einstellung von mindestens 20 000 neuen Mitarbeitern (von Disney liebevoll »Mitwirkende« genannt) plant. Bei diesem Unternehmen bedeutet das jede Menge Training und Supervision!

Geschickt managen

Supervisions-Checkliste   Mithilfe dieser Aufzählung können Sie sicherstellen, dass Ihr Supervisionsprogramm ein voller Erfolg wird:

- Finden Sie anhand einer Mitarbeiterbefragung heraus, zu welchen Themen Schulungsbedarf besteht.
- Führen Sie vor Schulungsmaßnahmen eine Leistungsbewertung durch.
- Wiederholen Sie diese Bewertung unmittelbar nach Abschluss der Schulung und dann erneut 18 Monate später.
- Befragen Sie Ihre Mitarbeiter, ob sie über die für ihre Arbeit erforderlichen Kenntnisse verfügen und ausreichend Unterstützung erhalten.

Disney hat eine ganz eigene Einstellungspolitik: In der Einarbeitungszeit für neue Mitarbeiter stehen als erstes Stolz auf das Unternehmen und die Arbeitsmoral auf dem Programm. Teil der überaus erfolgreichen Firmenkultur von Disney ist die Motivierung der Belegschaft durch kontinuierliche Schulungen.

In den ersten Tagen nach der Einstellung erfahren die neuen Mitarbeiter alles über die Firmengeschichte, Firmenphilosophie, Wertvorstellungen und den erstklassigen Kundenservice, für den Disney weltweit bekannt ist.

Als nächstes absolvieren die neuen Mitarbeiter eine Art Praktikum, bei dem sie zum ersten Mal spüren, was es heißt, für dieses »Märchenland« zu arbeiten. Das Praktikum findet nicht in Schulungsräumen statt, sondern die Mitarbeiter werden von den Personalchefs zwei Tage bis zwei Wochen lang an ihrem neuen Arbeitsplatz begleitet. Diese Form der Einarbeitung entspricht dem Grundsatz, dass man in der praktischen Anwendung viel besser lernt als durch rein theoretische Vorträge.

Disney bietet auch dezentralisierte Fortbildungskurse an und hat somit die traditionelle Form der Weiterbildung verlassen. Bei

Disney lernen die Mitarbeiter vom ersten Tag an durch eigene Erfahrung.

Bereiten Sie Ihre Mitarbeiter auf Änderungen vor

Über die Beschaffung von Industriegütern, moderner Technologie und Kapital muss sich heutzutage wohl kaum noch ein Unternehmen Gedanken machen. Der Handel damit lässt sich in Sekundenschnelle über Computer vollziehen. Die modernen technologischen Möglichkeiten bedeuten eine große Herausforderung für Sie und Ihre Mitarbeiter, da sie kontinuierliche Veränderungen innerhalb der Arbeit mit sich bringen. Wie gut Sie Ihre Mitarbeiter auf den Umgang mit ständigen Veränderungen vorbereiten, beeinflusst die Konkurrenzfähigkeit Ihrer Firma in nicht unerheblichem Maß. Wer auf Änderungen gut vorbereitet ist, kann mit Zuversicht in die Zukunft blicken, wer nicht, muss sich davor fürchten. Was glauben Sie, welche Einstellung zu Veränderungen wohl motivierender ist?

In jedem Unternehmen sind Neuerungen und Veränderungen heiß diskutierte Themen, die immer wieder Kopfzerbrechen bereiten – auch den Mitarbeitern. Gestern schien alles noch in bester Ordnung zu sein, doch heute springen plötzlich viele Kunden ab und gehen lieber zur Konkurrenz, die über neuere und schnellere Technologien verfügt. Auch ein akuter Mangel an qualifizierten Fachkräften ist ein schwerer Schlag für jede Firma. Es kann sogar vorkommen, dass sich aufgrund kurzlebiger Modeerscheinungen plötzlich kein Mensch mehr für Ihre Produkte interessiert.

Was können Sie tun? Ganz einfach, Sie machen Ihren Mitarbeitern klar, dass ein Wandel die beste Gelegenheit ist, an seinen Konkurrenten vorbeizuziehen und dass man keine Angst davor zu haben braucht – schlagen Sie hierzu noch einmal Kapitel 3 auf. Verwenden Sie die in diesem Buch geschilderten Tipps und Tricks, dann kann eigentlich nichts mehr schief gehen.

Denken Sie an die zahlreichen Beispiele über die erfolgreichen innovativen Unternehmen, die wir in diesem Buch kurz vorgestellt haben. Freuen Sie sich über Veränderungen, anstatt sie vermeiden zu wollen. Übernehmen Sie die Verantwortung für die produktive Zusammenarbeit mit Ihren Mitarbeitern und gestalten Sie gemeinsam die anstehenden Veränderungen in Ihrer Firma. Warten Sie nicht tatenlos ab, wie sich die Welt um Sie herum ändert und erwarten Sie nicht, dass andere Ihren Job für Sie erledigen. Warum gehen Sie nicht folgendermaßen vor? Besprechen Sie mindestens einmal im halben Jahr mit Ihren Mitarbeitern, welche Änderungen voraussichtlich auf sie zukommen werden und welche Probleme, aber auch Chancen damit verbunden sind. Bitten Sie Ihre Mitarbeiter um Anregungen, welche Produkte oder Dienstleistungen ihrer Meinung nach in den kommenden Jahren gefragt sein werden. Ihr Ziel sollte immer sein, dass Ihre Mitarbeiter die Zukunft als Chance begreifen und über die sich bietenden Möglichkeiten nachdenken.

Vielseitigkeit und Flexibilität fördern

Wie wichtig ist es eigentlich, Zukunftspläne zu schmieden und sich auf Änderungen vorzubereiten? So wichtig, dass es über Leben oder Tod entscheiden kann.

Etwa zwei Jahre, nachdem das Buch *Auf der Suche nach Spitzenleistungen* von Tom Peters und Robert Waterman auf der Bestsellerliste stand, hatten 14 der darin als die am besten geführten 43 Unternehmen mit erheblichen finanziellen Schwierigkeiten zu kämpfen.

Es war beileibe nicht so, dass den beiden Autoren ein Fehler unterlaufen wäre und sie die falschen Unternehmen ausgewählt hatten. Damals standen Firmen wie Wang Labs, Kodak, K-Mart, Avon und Atari an der Spitze. Tatsache war, dass die Manager dieser Unternehmen es völlig versäumt hatten, sich auf den Wandel um sie herum einzustellen. Sie ignorierten sämtliche Anzeichen dafür – und das kam sie teuer zu stehen.

Das amerikanische Magazin *Business Week* zog daraus seine eigenen Rückschlüsse und veröffentlichte eine Studie, der zufolge es die Unternehmen »versäumten, auf Änderungen zu reagieren«.

Das ist auch heute noch so, denn immer wieder gibt es Unternehmen, die Konkurs anmelden müssen, da sie nicht auf den ständigen Wandel eingestellt sind und rechtzeitig neue Wege eingeschlagen haben.

Sehen Sie es doch einmal so: Änderungen sind toll! Änderungen sind etwas Großartiges! Änderungen motivieren! Ob sich ein Wandel positiv oder negativ auf Ihre Mitarbeiter auswirkt, hängt jedoch davon ob, wie gut sie darauf vorbereitet sind und welche Einstellung sie dazu haben. Es ist Ihre Aufgabe, als Manager dafür zu sorgen, dass sich Ihre Mitarbeiter auf mögliche Änderungen vorbereiten, sodass sie entsprechend gut und spontan reagieren können – vor allem wenn es sich um eine Entwicklung handelt, die sich im Grunde genommen schon länger abgezeichnet hat.

In Kapitel 11 haben wir uns mit dem Thema Benchmarking befasst – sicherlich eine gute Methode, kommende Änderungen vorwegzunehmen und sich darauf einzustellen. Außerdem kann man sich auf diese Weise damit auseinandersetzen, ob die eigene Produktpalette oder das Dienstleistungsangebot auf die Zukunft ausgerichtet sind. Änderungen vollziehen sich nur in den seltensten Fällen über Nacht – man muss einfach nur die Augen offen halten. Denken Sie doch einmal an einen Immobilienmakler, der in seinen Angeboten nicht auf die mehrfach in der Presse angekündigten Änderungen der Steuergesetze eingeht. Kein Wunder, wenn er finanzielle Einbußen erleidet und Klienten verliert.

Einer der Marktführer im Einzelhandel, Sears, geriet in erhebliche Schwierigkeiten, weil er sich nicht von der Vergangenheit lösen konnte und in keinster Weise auf die sich abzeichnenden Änderungen in seiner Branche einging. Sears war aber nicht der Einzige, der blind für die Zukunft war: Auch andere Unternehmen wie Bonwit Teller, Bloomingdale's, Saks Fifth Avenue und Macy's durchlebten äußerst schwierige Zeiten – sie alle waren vom Konkurs bedroht und mussten Kredite in Millionenhöhe aufnehmen.

Sears, die Warenhauskette, die sich vor allem durch ein vielfältiges Angebot und erstklassigen Kundenservice einen Namen gemacht hatte, erlitt bereits in den siebziger Jahren einen Imageverlust. Das Unternehmen ignorierte schlichtweg die Bedürfnisse seiner

Kunden und machte sich überhaupt keine Gedanken um die sich bereits abzeichnende Entwicklung – Fachgeschäfte und große Einkaufszentren schossen auf einmal wie Pilze aus dem Boden. Doch Sears sah immer noch keinen Grund, die Produktpalette zu erweitern. Das Unternehmen wurde unverändert geführt wie schon in den sechziger Jahren und konzentrierte sich hauptsächlich auf eine Zielgruppe, die allerdings vom Aussterben bedroht war: Hausfrauen, die genug Zeit hatten, den ganzen Tag einkaufen zu gehen.

Neue Firmen wie The Gap und The Limited erschienen auf der Bildfläche und schnappten Sears eine Menge Kunden weg. Auch im Bereich von Haushaltsgeräten erlitt Sears, bedingt durch seine Hauptkonkurrenten Wal-Mart und Target, erhebliche Umsatzverluste, und der Spielwarengroßhändler Toys-R-Us setzte noch eins drauf.

Erfolgreiche Unternehmen tendieren bedauerlicherweise dazu, sich auf ihren Lorbeeren auszuruhen und versäumen es, ihre Produkte oder Dienstleistungen dem künftigen Bedarf anzupassen.

Wir wollen Ihnen das Happy End jedoch nicht vorenthalten: Sears erlebte ein großartiges Comeback und gewann viele seiner Kunden zurück. Im Grunde genommen wurde die alte Firmenkultur über Bord geworfen und ein Neuanfang gewagt. Sie wissen jedoch selbst, wie schwer es ist, einmal verlorene Kunden wiederzugewinnen.

Und was können wir von Sears lernen? Es ist Ihre Aufgabe als Manager, Ihr Unternehmen gut gerüstet in die Zukunft zu führen. Mit dem Managementstil aus alten Zeiten kommen Sie hier allerdings nicht weit! Sie müssen schon heute wissen, was morgen kommt. Und Sie müssen Ihre Mitarbeiter auf Änderungen vorbereiten und dafür sorgen, dass Ihre Produkte und Dienstleistungen aktuelle gesellschaftliche und ökonomische Trends berücksichtigen.

Sie können andere motivieren!

Jedes Unternehmen kann durch neue Situationen in die Knie gezwungen werden, falls es die Belegschaft nicht ausreichend auf die Zukunft vorbereitet oder die Motivation der Mitarbeiter zu wünschen übrig lässt, was sich wiederum auf deren Einstellung und Verhalten auswirkt. Darum ging es ja die ganze Zeit in diesem Buch. Wenn Sie die darin enthaltenen Ratschläge und Tipps befolgen, wird es sich als wertvolles Managementtool erweisen und verhindern, dass Sie und Ihre Mitarbeiter Opfer von Mittelmäßigkeit und Bequemlichkeit werden.

Letzten Endes ist dieses Buch aber nicht mehr wert als die Seiten, auf die es gedruckt wurde, sofern Sie sich nicht daran machen, den Inhalt in Taten umzusetzen, die sich positiv auf das Verhalten Ihrer Mitarbeiter auswirken. Nur dann können Sie von sich behaupten, ein motivierender Manager zu sein.

Aufgrund Ihrer Fähigkeiten haben Sie es schon sehr weit gebracht: Immerhin sind Sie Manager. Jetzt sollten Sie unverzüglich im Sinne dieses Buchs aktiv werden, damit Sie sich zu einer noch erfolgreicheren und effizienteren Führungskraft entwickeln, die ihre Mitarbeiter motivieren kann.

Checkliste für Ihren Erfolg

- Mit der Motivation steht und fällt einfach alles! Mangelnde Motivation Ihrer Mitarbeiter führt letztendlich zur Mittelmäßigkeit.
- Engagieren Sie sich für die kontinuierliche Schulung Ihrer Mitarbeiter. Ihr Unternehmen profitiert davon, da es über besser qualifiziertes Personal verfügt. Ihre Mitarbeiter profitieren davon, weil sich ihnen die Gelegenheit bietet, etwas zu lernen und sich weiterzuentwickeln, ihren geistigen Horizont zu erweitern, Zusammenhänge besser zu erkennen und neue Motivation zu finden.
- Die Art der Weiterbildung ist nicht halb so wichtig wie das Umfeld. Unterstützen Sie Fortbildungsmaßnahmen Ihrer Mitarbeiter und sorgen Sie dafür, dass ein großer Teil der Belegschaft an den angebotenen Kursen teilnimmt.
- Schulungen müssen auf den konkreten Bedarf zuge-

schnitten sein. Ermitteln Sie als Erstes, wo Wissenslücken bestehen. Danach kümmern Sie sich um kompetente Schulungsleiter, denen Sie Ihren Bedarf, die jeweiligen Umstände und Ihre Firmenkultur erläutern und Wichtiges über Ihre Mitarbeiter berichten. Anschließend müssen Ihre Leute Aktionspläne entwickeln. Geben Sie eindeutige Lernziele vor. Besprechen Sie mit Ihren Mitarbeitern vor Kursbeginn, was sie sich davon erwarten. Nach Kursabschluss muss der Umsetzungsplan neu überarbeitet werden.

- Die Weiter- und Fortbildung beginnt mit Schulungen, die jedoch sinnvollerweise mit einem Supervisionsprogramm ergänzt werden sollten.
- Bereiten Sie Ihre Mitarbeiter auf die vermutlich größte Herausforderung vor – den Wandel. Wie gut Sie darin sind, entscheidet vermutlich über das Schicksal Ihres Unternehmens.

Danksagung

Als erstes möchten wir uns bei unserem Herausgeber, John Woods, bedanken, einem Mann, der sich durch sein großes Talent auszeichnet, anderen zum Erfolg zu verhelfen. Vielen Dank dafür, dass er uns auf unserem Weg bei jedem einzelnen Schritt unterstützt hat – er hat erheblich dazu beigetragen, dass wir unser Projekt so zielstrebig zu Ende bringen konnten. Ein herzliches Dankeschön auch an den Herausgeber von CWL, Bob Magnan, der großartige Arbeit geleistet hat, und an Peter Vogt, der uns ein hervorragender Lektor war.

Als nächstes wollen wir uns bei all unseren Kunden und den Unternehmen bedanken, die wir im Laufe unserer Recherchen zu diesem Buch kontaktiert haben. Es würde den Rahmen dieser Danksagung sicherlich sprengen, sie alle namentlich aufzuführen. Besonderer Dank auch allen engagierten und motivierten Mitarbeitern, die sich die Zeit genommen haben, unsere Fragen zu klären und uns bereitwillig ihre Erfahrungen und Sichtweisen geschildert haben.

Schließlich möchte sich Anne herzlich bei ihrer Familie bedanken – ihrem Ehemann David Thomley, ihrer Tochter Autumn Bruce, ihrer Mutter Grace O'Donnell Carra sowie ihrer Schwester Rose Marie Trammell – für ihre liebevolle Unterstützung beim Verfassen dieses Buches. Außerdem dankt sie folgenden Personen, die nicht nur zu den einfallsreichen Geschichten in diesem Buch beigetragen haben, sondern ganz wesentlich durch ihre spontan motivierenden Managementstile auch den Inhalt mitgestaltet haben – ihrem Freund fürs Leben Trever Cartwright, ihren »Motivationshelden« Teresa Byrne-Dodge, Sherry Hancock, Marshall Bruce, Carole Herman, Joan Smith und – in liebevollem Gedenken – Herb Panvelle.

Jims persönlicher Dank gilt den Hunderten von Sozialwissenschaftlern, Dozenten und Managern, deren Überzeugungen, Ratschläge und Mut gewissermaßen als Prüfstand für den neuen Managementstil herhalten mussten, auf dem dieses Buch basiert. Es sind zu viele, als dass sie namentlich genannt werden könnten, aber alle zusammen waren doch eine beständige Quelle der Inspiration für Jim und seine Arbeit.

Register

Anerkennung 13, 15, 27, 33, 36, 73, 78, 81 f., 101, 151, 154, 200, 214, 219
Anführer, der beste 95
Angst 18, 21 f., 24, 36, 46, 55, 63, 92, 100 f., 126, 151, 213 f.
– Ursachen 102
Anreize 10, 15, 18, 20, 22, 24, 26, 81, 85, 223
Arbeitsklima 25, 28 f., 33, 36, 39, 76 ff., 85, 97, 123, 130, 135 f., 172, 178, 200, 203, 214, 219 ff.
– vertrauensvolles 115, 157
Atmosphäre
– leistungsfördernde 77
– motivierende 9 f.
– vertrauensvolle und zuversichtliche 112

Bedürfnisse
– emotionale 101
– individuelle 15, 33, 37
– körperliche 13, 32 f., 36, 39
– soziale 32 f., 37, 39
Beförderungen 15, 20, 104
Belohnung 15, 22, 71 ff., 79, 119, 213
– Einschränkungen 72
– finanzielle 70
– Form 71, 81

Benchmarking 207 ff., 233
Beziehungen, persönliche 23, 102
Brainstorming 32, 35, 54 f., 198, 212

Demotivatoren 140, 145, 163
– Leistungsbeurteilungen 143 f., 164
Denken
– ganzheitliches 168
– innovatives 42, 53, 215, 222, 228
– kreatives 54, 56, 201, 214
– unternehmerisches 11, 40 ff., 46, 51, 57, 68, 90 ff., 220
Diplomatie 115

Eigeninitiative 20, 29, 92
Einstellung, innere 31
Einstellung neuer Mitarbeiter 145 f.
– körperliche Verfassung 147
– Vorstellungsgespräche 145 f.
Empowerment 87 f., 90, 93
Encouragement 185
Energie 54, 83, 127, 202, 214, 217
Entscheidungsbefugnisse 17, 88
Erwartungshaltung 74, 77 f., 83

Faktoren
– demotivierende 141, 164 f., 168
– extrinsische 15, 18

Federal Express 148
Feedback 37, 70, 143, 145, 152 ff.,
 157 f., 164, 198, 212, 214, 219
 – richtig vermitteln 155
Fehler 15, 29, 38, 46 f., 52, 83, 88,
 111, 114, 156 f., 161, 170, 177,
 191
Firmen
 – Firmenphilosophie 44, 49,
 120 ff., 125 f., 133, 146, 230
 – Firmenpolitik 31, 42, 153, 178,
 195
 – *siehe auch* Unternehmen
Fortbildungsmaßnahmen 223,
 225 f., 235 f.
 – Lernstudios 225
 – Schulungen 38, 44, 54, 81, 195,
 222 ff., 226 f., 230, 235 f.
Führungsstil 28, 169, 187 ff.

Gewinnbeteiligung 40, 45, 80 f.

Höchstleistungen 11, 13, 24, 48, 57,
 74, 77, 82, 85, 130, 163, 185,
 228
Humor 56, 83, 128 ff., 133, 135,
 137 f., 193, 220

Isolation 170

Kommunikation 22, 94, 129
 – offene 113
Kompetenz 17, 101, 111, 161
 – missbrauchen 31
Konflikte 129, 194
Konkurrenz
 – Angestellte und die 50
 – informieren über die 48
 – Konkurrenzprofile 48 f.
Konsens 29, 176
Kräfte
 – restriktive 174 f., 178, 180, 182
 – systemimmanente 178

Kreativität 27, 29, 36, 54 f., 83, 94,
 127, 139, 198, 201, 208, 213
Kritik 36, 92, 152 ff., 156, 161
 – Rücksicht auf Gefühle nehmen
 157

Lebensperspektive, positive 107
Leistung
 – acht Schritte zur Leistungssteige-
 rung 62
 – Definition 60
 – Zusammenhang zwischen Moti-
 vation und 59
Leistungsbewertung 68
Leistungsstandards 61, 63 f., 66 ff.,
 70, 85
Lob 15, 37, 72, 81 f., 101, 137,
 150 f., 154, 158 f., 182, 216
 – richtig loben 159 f.
Loyalität 122, 126 f., 139, 223

Macht 89 f., 93
Manager
 – Managementstil 28 ff., 61, 86,
 116, 123, 179 f., 212, 234
 – Verhältnis zu Mitarbeitern neu
 gestalten 94
 – Vorbild 84, 104, 188
 – Ziele 9, 13, 63
Menschenverstand, gesunder 31, 94,
 96, 106
Methoden 21 f., 24, 54, 60 f., 83,
 150
 – Bunte Fahnen 56
Mitarbeiter
 – Bedürfnisse 34, 36, 38 f., 50, 84
 – die Besten halten 149 f.
 – Einstellung zu ihrer Arbeit 22
 – introvertierte 19
 – mit einbeziehen 78, 211
 – Rolle 42 f., 57, 62, 64, 94, 96,
 103, 180, 215
 – Umgang mit 30, 190;
Mitarbeiterbefragung 36, 230

Mitarbeiterführung 18, 126, 143, 145, 191, 200
Mittelmäßigkeit 104, 215, 220, 235
Motivation
– drei Z's 16 f., 24
– Einfluss auf die 13 f., 21, 23
– intrinsische 15 f., 18, 23
– kontinuierlich aufrecht erhalten 98
– untergraben 65;

Nachruf, der ideale 186
Natur, menschliche 11, 25 ff., 39, 150, 220

Open-Book-Management 45

Personalrekrutierung 229
Potenzial
– Definition 109
– menschliches 107 ff.
– synergistisches 9, 202, 211
– ungenutztes 35
Prämien 15 f., 37, 45, 71, 80
Progressive Insurance 133 f.
Pygmalioneffekt 75 f., 78, 85

Regelwerke 96, 175
Respekt 30, 95, 113, 187
Risiken
– eingehen 9, 41, 51 f.
– einschätzen 53
– kalkulierbare 42, 50, 52
– Risikobereitschaft 50 f., 57
Routine 10, 102

Sabotage 22, 120
Sears 233 f.
Selbstbewusstsein 19, 92, 101, 127, 139, 141, 160 ff., 164, 216
– stärken 162
Selbstmotivation 11, 86 f., 93, 98, 100, 105, 124

Selbstverwirklichung 32 f., 38 f.
Sicherheit 32 f., 37, 39, 69, 117, 156
SMART-Taktik 100
Sondervergütung 80
Southwest Airlines 130 ff., 189, 191
Spaß 11, 15 ff., 19, 27, 39, 83, 127 ff., 139, 164, 172, 185, 193, 196, 226
Supervisionsprogramm 227 f., 230
– Supervisions-Checkliste 230
Synergie 11, 179, 194, 203; 217 f., 220
System, ganzheitliches 165 f., 168 ff., 180, 182
– das System ändern 175
– Suboptimierung 179
– und Motivation 173
– verbessern 181

Teams
– eigenverantwortliche 196 ff.
– Teamarbeit 11, 17, 29, 51, 143, 183, 192 f., 199 ff., 218, 220, 228
– Teamgeist 17, 183 f., 194 ff., 200
– Umgang innerhalb 191
Theorien
– Hierarchie der Bedürfnisse 32 ff.
– Theorie X 26 ff., 39
– Theorie Y 26 ff., 39
Training, arbeitsplatzübergreifendes 66

Unternehmen
– Geschäftsprozesse 44
– soziale Verantwortung 122, 126
– »spaßige« 138 f.
– Ziele 18, 26, 42, 44, 84
Unterstützung 30, 35 ff., 64, 70, 78, 164, 187, 191
USAA 195

Verantwortung 27, 29, 40 f., 55, 86 ff., 97 f., 100, 232

– Selbstverantwortung 93
– Veränderungen 231 f.
– Verantwortlichkeit 103
Vertrauen 109 ff., 117, 126
– Definition 110
– verlieren 118
– zwölf goldene Regeln 112
Visionen 124 ff., 212

Weiterentwicklung, persönliche
  22 f., 24, 36, 38, 221

Wertvorstellungen 25, 104, 121 ff.,
  171, 230
– Begriff 121

Zuckerbrot und Peitsche 59, 87, 89
Zufriedenheit 10, 17, 24, 82, 127,
  139
Zusammenarbeit 16 f., 22, 24
Zuständigkeiten 17, 24, 64 f., 66,
  88, 197
Zwang 27, 188

Gut beraten.
Besser weiterkommen.

Dorothea Bartnik
Das müssen Sie über Management wissen
Betriebswirtschaftliches Know-how
für junge Führungskräfte
2001. 200 Seiten
ISBN 3-593-36679-7

Wer sein Fachgebiet beherrscht, ist noch lange nicht gerüstet für eine Führungsposition. Hier wird plötzlich ganz anderes Wissen vorausgesetzt: über Unternehmensstrategie, Management, Personal, Marketing und Finanzen. Dieses Buch gibt eine kompakte und kompetente Einführung in alles, was junge Führungskräfte wissen müssen.

Hedwig Kellner
Karrieresprung durch Selbstcoaching
Fragen, die Sie sich stellen sollten,
wenn Sie vorankommen wollen
2001. 248 Seiten
ISBN 3-593-36712-2

Hedwig Kellner, eine der führenden Karriereberaterinnen Deutschlands, stellt in diesem Buch viele Fragen: schwierige und leichte, unangenehme und herausfordernde. Man muss sie nur ehrlich beantworten und dazu ihre Tipps und Warnungen beherzigen, um die Weichen für die eigene Karriere selbst zu stellen.

Gerne schicken wir Ihnen unsere aktuellen Prospekte:
Campus Verlag · Kurfürstenstr. 49 · 60486 Frankfurt/M.
Tel.: 069/97 65 16-0 · Fax -78 · www.campus.de

campus
Frankfurt / New York